92 Tage plus Kein-Kontakt

Manja Kendler

92 Tage plus
Kein-Kontakt

Ein Schutzgarten-Ratgeber für Menschen in
und nach narzisstischer Gesellschaft

Haftungsausschluss und allgemeiner Hinweis
Die hier dargestellten Inhalte dienen ausschließlich der
neutralen Information und allgemeinen Weiterbildung.
Sie stellen keine Empfehlung oder Bewerbung der be-
schriebenen oder erwähnten diagnostischen und thera-
peutischen Methoden, Behandlungen oder Arzneimittel
dar. Der Text erhebt weder einen Anspruch auf Vollstän-
digkeit noch kann die Aktualität, Richtigkeit und Ausge-
wogenheit der dargebotenen Information garantiert werden. Der Text ersetzt keinesfalls die fachliche Beratung
durch einen Arzt, Therapeut oder Apotheker und er darf
nicht als Grundlage zur eigenständigen Diagnose und Beginn, Änderung oder Beendigung einer Behandlung von
Krankheiten verwendet werden. Konsultiere bei gesundheitlichen Fragen oder Beschwerden immer den Arzt des
Vertrauens. Die Autorin übernimmt keine Haftung für
Unannehmlichkeiten oder Schäden, die sich aus der Anwendung der hier dargestellten Information ergeben.

1. Auflage 01.06.2020

Copyright © 2020 Manja Kendler
manjakendler.de

Foto Manja Kendler Rückseite von Manuel Kumpf

Alle Rechte vorbehalten.

ISBN: 9798638334888

Für wen ist dieses Buch gedacht?

Für Menschen in und nach narzisstischer Gesellschaft, die sich schützen wollen und Unterstützung suchen, den Kontaktabstand beizubehalten. Auch wenn der Eindruck entsteht, dabei handele es sich vorwiegend um Partnerschaften auf intimer Beziehungsebene und häuslicher Gewalt, denen hier im Buch besondere Aufmerksamkeit zuteilwird, der notwendige Kontaktabstand nach psychischer Gewalterfahrung betrifft auch Mobbingopfer, wie Schüler, Arbeitnehmer und Geber. Ebenso können Unbekannte, Therapeuten, Ärzte, Freunde oder Familienmitglieder bis hin zu den eigenen Kindern narzisstischen Missbrauch ausüben. Eines vieler Dogmas über Narzissten: Auf einen kommen 5 Opfer im unmittelbaren Umfeld. Die Betroffenen Opfer benötigen, um narzisstischen Missbrauch zu verstehen und zu entkommen, Kontaktabstand und eine Art Fahrplan für den Überlebensmodus. Eine stürmische Zeit, die ihnen nach dem Unwetter bevorsteht. Sich aus toxischen Beziehungen zu lösen und derlei Missbrauch zu verarbeiten, ist eine Heldenreise.

Jenen Reisenden ist dieses Buch gewidmet.

Inhaltsverzeichnis

8

9

Auf der anderen Seite

Es sind weit mehr als 520 Transformationen, die eine Reise wie diese beinhaltet. Vermutlich ist Dir im Moment noch nicht annähernd bewusst wie, wann und warum dies passiert. Was passiert, wenn Du wartest, diesen Weg für Dich zu gehen?

Er wird mit jedem Tag ein Stück schwerer und die Angst vor dem Loslaufen wird gedüngt. Dieses Buch soll die ersten Schritte unterstützen sowie den Überlebensmodus lebenswert gestalten. Es kann kein Schmerz nehmen und es ersetzt keine persönlichen Gespräche oder eine Therapie. Praktisch brauchen Seele, Körper und Geist nur eines: Ruhe. Theoretisch stürmt es Bäume, Dreck und Wurzeln fliegen einem um die Ohren und doch existieren viele Wege da durch. Das beweisen die Geschichten der Frauen und Männer, die es gewagt haben.

Menschen sind individuell und doch brauchen wir, ab und zu im Leben Wegweiser. So wie Du Dich gerade für dieses Buch entschieden hast, oder dagegen. Ich bin dafür, dass Du auf Dein Bauchgefühl hörst, Dir Raum und Zeit gibst und lade Dich ein, mich als Ratgeber auf Dein Abenteuer mitzunehmen. Mit diesen Seiten erfülle ich mein Ziel, das Buch zu schreiben, welches ich gerne gehabt hätte und in dieser Welt zu existieren weiß. Einen Schutzgartenführer durch die eisigen 92 Tage plus Winterzeit. Gebundene Erfahrungen und Wissen für den Überlebensmodus. Ich wünsche mir, dass Du sicher aus der Gefahrenzone des Wunderlandes durch jenen Überlebensmodus kommst, hin zum lebenswerten Leben.

Was ist narzisstischer Missbrauch?

Narzisstischer Missbrauch bleibt oft unentdeckt und ist hierzulande noch ein gefühltes Tabuthema. Wenn ich jemanden kurz beschreiben müsste, wie es sich anfühlt, dann fällt mir oft, der Frosch im Wasserkochtopf ein, der nicht merkt, wie es heißer und heißer wird. (Ja das würde ein Frosch nie tun, es ist eine Metapher). Die Psychologie teilt die Folgen des Missbrauchs, in die gleiche Kategorie, wie sexuellen oder körperlichen Missbrauch ein. Durch die reine Verletzung, der Psyche, wird es oft zu spät, bis gar nicht entdeckt. In unserer „Ellenbogen"-Gesellschaft wird Narzissmus akzeptiert und gefördert.

Narzisstischer Missbrauch ist eine Form des emotionalen Missbrauchs und spricht dem Missbrauchten, das Recht auf Gefühle und Bedürfnisse ab. Dabei wird, die emotionale Abhängigkeit ausgenutzt, bewusst verletzt und somit missbraucht. Nicht jeder narzisstische Missbrauch hat einen psychopathologischen Hintergrund. Doch wenn, funktionalisieren und manipulieren Narzissten andere, nach ihren Bedürfnissen. Es gibt weibliche und männliche „Täter" und jeder Mensch kann theoretisch in ihre Falle tappen. Die Seiten des Missbrauchs sind vielfältig, um ein paar zu nennen: Entwerten, Mobbing, passive Aggression, Lügen, Isolation des Partners, Ausschweigen (Verweigerung von Kommunikation), leere Versprechen, Grenzen überschreiten, Ablehnung und Entwertung der Gefühle des Partners, Dominanz und Kontrolle, Wortverdrehungen, Torpedieren und Sabotieren, Drohungen und emotionale Erpressung. **Typische Merkmale eines narzisstischen Missbrauchs:** Das Gefühl auch in Begleitung „allein", zu sein. Selbstzweifel. Unterschiedliche Krankheitssymptome ohne Erklärungen. Verleugnungen (er/sie meint es ja nichts so, wird sich ändern). PTBS (Posttraumatische Belastungsstörung). Schlaflosigkeit / Ruhelosigkeit. Gedächtnisverlust (Minimierung des Hippocampus).

Extreme Angst, um die eigene Sicherheit. Depression. Scheinbar fehlende Durchsetzungsfähigkeit von eigenen Grenzen. Das Gefühl: verrückt zu werden. Unterdrückte Wut. Konstante zweite Vermutung. Entscheidungsschwierigkeiten. Suizidale Gedanken. Selbstvorwürfe/ständiges Entschuldigen.

Narzisstischen Missbrauch

– Erkennen, Verstehen und Entkommen

Es sind unterschiedliche Phasen, in denen jede Menge an und unter der Oberfläche passiert, in denen man sich fließend vor und zurückbewegen kann. Dies fühlt sich völlig unzumutbar an und manchmal auch euphorisierend, doch erkennt man nicht die Parameter, die dazu führen (Realitätsverschiebung, Selbstwahrnehmung, Bedürftigkeit, Bewusstsein) und versteht im Herzen, der Seele und im Geist, wird es unnötig schwer.

Die ersten beiden Phasen gleichen mehr einem Modus, der aus meiner Sicht nur unter bestimmten Voraussetzungen, zu verlassen ist.

#Wunderlandmodus – Das Verstehen

Menschen, die noch nicht viel über die Auswirkungen von narzisstischem Missbrauch und einer narzisstischen Persönlichkeitsstörung oder pathologischen narzisstischen Zügen defizitär und extrem wissen, so auch Außenstehende von toxischen Beziehungen, befinden sich aus meiner Sicht: im Wunderlandmodus!

Wissen allein reicht nicht aus, den Wunderlandmodus zu verlassen.
Es existieren viele Berichte, die neuen Nebel kreieren, wichtige Informationen kommen einfach noch nicht an.

Neben dem Wissen ist es wichtig seine eigene Realität neu entdecken zu wollen, ohne sich an das Trauma zu binden. Eine schwierige Aufgabe, in der man sich schnell verirren kann oder verdrängt.

Hier ist Unterstützung von Experten notwendig. Narzisstischer Missbrauch hat nicht immer einen pathologischen Ursachengrund, es ist aus meiner Sicht überlebenswichtig sich mit den Auswirkungen und möglichen pathologischen Hintergründen zu befassen, für uns als Gesellschaft.

#Überlebensmodus – Das Erkennen

So nenne ich die Phase nach der Trennung/Erkenntnis und beginnenden Kein-Kontakt, auch die Entgiftungsphase genannt. 92 Tage Minimum doch je verwurzelter der Missbrauch, desto länger zieht sich diese Phase. Hier ist psychologische, finanzielle und soziale Absicherung und Unterstützung notwendig. Herz, Kopf und Seele brauchen Zeit und Geduld das große Bild dahinter, neben dem Verstehen auch zu erkennen und wie es die Bezeichnung schon ausdrückt: zu überleben.

„Wenn meine Wunden sichtbar wären ..."
... das sind sie bei emotionalem Missbrauch oft nicht.

Die Herausforderung ist, den Blick auf sich selbst zu richten, ohne zu richten. Die Verwirrung und Verneblung des Wunderlandmodus auf ein Bewusstsein zu lenken, welches Dir guttut aber auch zu erkennen, was nicht und wie Du da Deine Grenzen setzen kannst.

#Erholungsphase/Lernmodus und Fortgeschrittene

– Das Entkommen

Ab einem gewissen Punkt und mit der passenden Unterstützung spürt man sich jeden Tag mehr. Jetzt wäre ein guter Zeitpunkt Traumatherapie zu nutzen und sich

nicht zu unter-
oder überfordern. Gesunde Grenzen austesten, Selbstliebe täglich praktizieren, Plänen und Träumen nachge-
hen. Neues erlernen und Altes zu integrieren oder auszusortieren. Es ist je nach Dauer der narzisstischen Strukturen und Ausmaß der Prägung ein Lebensweg.
Dieses Buch widmet sich speziell dem Überlebensmodus. Vom Opfer zum Überlebenden angelehnt an die ersten 92 Tage Kontaktabstand.

Warum 92 plus mehr Tage?

3 Monate … So lange braucht der Körper, um alle Zellen,
die am toxischen Kreislauf beteiligt sind, zu entgiften.
Nicht nur die Haut als Kontaktorgan auch unser Gehirn
und neuronales Netzwerk sind nach toxischen Beziehungen in Mitleidenschaft gezogen. Es braucht Zeit, um unnötige Verbindungen und Gedankenmuster zu reinigen.
Die Vergiftung steckt in uns selbst und wird durch Gefühle wie Schuld, Scham, Wut, Trauer und Ängste sowie
Stress manifestiert. Man spricht von toxischer Scham, ver-
nichtender Wut oder den krankmachenden Stress. Dafür
haben wir, im besten Falle, einige Möglichkeiten in uns,
um uns selbst zu regulieren, was die Gefühle betrifft sowie die Möglichkeit Unterstützung zu fordern. Jenes vermeiden oft die Opfer des narzisstischen Missbrauchs, zum
Beginn ihrer Reise.

Dafür sind jetzt innere Ressourcen wichtig, unser Unterbewusstsein kann direkt darauf zugreifen. Es greift nur
lieber auf vertraute Verdrängungsmuster zurück. Das,
was wir uns unbewusst aneignen, lässt uns nicht so einfach wieder los, dafür brauchen wir eine Art Landkarte,
die uns da raushilft.

Kein-Kontakt ist eine lebenslange Entscheidung, doch die
ersten Tage, Wochen, Monate … sind die schwierigsten.

Es braucht Skills (Disziplin in Wissen, Anwendungen, Nichthandlungen und Zulassen) oder besser beschrieben: Übung und Anleitungen. Das Schutzgärtnern ist mein Begriff dafür, sich diese Skills zu erarbeiten und sich den Weg selbst zu gestalten. Das Ziel von 92 Tagen Kein-Kontakt, ist es, es so beizubehalten. Persönlichkeitsgestörte Narzissten, Soziopathen, Psychopathen ändern sich nicht, Du kannst es schon. Menschen mit starken Zügen brauchen den Willen und die therapeutische Unterstützung daran zu arbeiten.

Warte nicht vergebens darauf. Was geschehen ist, ist geschehen. Akzeptiere was ist und gönn Dir den Abstand um zu erkennen, zu verstehen und zu entkommen.

Warum „Kein-Kontakt"?

Um sich von einer narzisstischen Beziehung zu erholen und gesunde Grenzen aufzubauen, ist Schutz unumgänglich. Das Problem dabei ist, dass bereits der Gedanke an die toxische Person ausreicht, um chemische Prozesse im Körper auszulösen. Wie ein Virus ist das Gedankenfeld auf die Person fixiert. Das eigene Leben und Befinden ... bleibt dabei auf der Strecke.

Man lebt(e) in einer dysfunktionalen und ungesunden Beziehung und in Abhängigkeit. Der Verleugnungsmodus, in dem man alles entschuldigen kann, funktioniert hingegen sehr gut.

Doch genau der heizt den Opfer-Täter-Kreislauf erneut an. Es ist wahr, die Anwesenheit des narzisstischen Menschen, fühlt sich körperlich auch gut an, völlig unabhängig wie sie einen behandeln. Ursache sind chemische Vorgänge und erfolgreiche Manipulation.

Einige Narzissmus-Opfer wurden bereits in der Kindheit darauf getrimmt, bei Vernachlässigung und fehlender Empathie für ihre Bedürfnisse, die Eltern bedingungslos zu lieben. Nach einer Trennung neigen narzisstische

17

Menschen dazu, erneut Kontakt aufzunehmen, jedoch nur, um das Spiel des Missbrauchs erneut zu vollziehen. Manche bewusst andere unbewusst. Vom klassischem "Lass uns Freunde bleiben", über "ich wollte noch was klären", bis hin zum Stalking oder Hetzkampagnen. So oft man es zu lässt, so oft wird man verletzt werden. Narzissten sind Grenzen fremd und unverständlich, sie kennen nur ihre eigenen und selbst die, akzeptieren sie bei anderen nicht.

Die Opfer und oft auch das gesamte Umfeld werden verantwortungslos ausgesaugt und liegengelassen, sobald sie ihre Funktion nicht mehr erfüllen. Das klingt nicht nur hart, das ist es auch, besonders wenn es unerwartet passiert. Da krankhafte Narzissten dazu neigen ihre Quellen genau zu kontrollieren, sind sie darin geübt, zu erspüren, wann ihnen jene nicht mehr genügend Treibstoff (Bewunderung/Status/Sicherheiten) bieten und suchen sich Ersatzquellen. Es ist eine der schwierigsten Aufgaben, diese Handlungen nicht persönlich zu nehmen und sich nicht mehr als Energiespender anzubieten. Akzeptanz und Nichthandlung. Das Bindungssystem ist auf volle Aktivierung angesetzt und es die Illusion und Täuschung ja selbst wie in einigen Ausnahmefällen körperliche oder sexuelle Gewalt, ändern vorerst keine Gefühle. Vielen ist nicht bewusst, dass sie durchgängig Agape (die aufopfernde bedingungslose Liebe) praktizieren und nur Pragma, der pragmatischen Liebe oder gar eine Nichtliebe dienen. Einige Opfer bringen Abhängigkeitstendenzen mit, andere ko-narzisstisches Verhalten. Im Laufe einer narzisstischen Beziehung entwickeln Partner der Narzissten Abhängigkeit und Ko-Narzissmus. Doch ehe man sich diesen Themen öffnen und widmen kann, ist es nötig, all das Aufgesaugte auszuleiten. Zu erkennen, dass man Opfer ist/war und aus diesem Kreislauf auszusteigen. Betroffene müssen entgiften, dies ist nur möglich ohne Kontakt.

Wie geht „Kein-Kontakt"?

Bestehende Verbindungen löschen und blockieren. Das betrifft jede Verbindung und auch jegliche Erinnerung. Bilder, E-Mails, Social-Media-Verbindungen, Geschenke. Für gemeinsame Kinder, oder andere klärungsbedürftige Inhalte ist es notwendig den Kontakt über Dritte zu vereinbaren. Es ist nicht mit einer normalen Trennung zu vergleichen, eher wie mit einem Drogenentzug. Nur dadurch, dass DU selbst die Kontrolle zurückgewinnst und Meister der Situation wirst, ist es möglich, Kraft zu regenerieren. Erst wenn Dir bewusst wird, in welcher gefährlichen Situation Du Dich befunden hast, und dass die traumatischen Belastungen ihre Zeit brauchen auszuheilen, oft mehrere Jahre. Kein Kontakt zu haben, ist die Entscheidung, sich nicht mehr von fadenscheinigen Antworten, Schweigen und unbeantworteten Fragen kommandieren zu lassen. Es ist der Schritt in die Richtung zu Dir. Deine Pläne und Träume, Deine Wunden, die jetzt heilen dürfen. Und dafür ist der Kontaktabstand wichtig, um Dich und in Dir. Ein schützendes Umfeld ist notwendig und mit Unterstützung machbar. Nutze dafür Beratungsangebote Deines Wohnortes. Viele Vereine und Organisationen haben die Möglichkeit, finanzielle Unterstützung zu bieten. Es ist die "The End"-scheidung der inneren Stimme zu vertrauen, der Intuition. Des Neuanfangs. Selbstbewusst das neue Selbstvertrauen zu stärken und gesunde Grenzen aufzubauen. Selbstfürsorge neu zu erlernen. Gelingt dies, wird man vor Narzissten freiwillig das Weite suchen, bis dahin ist es wichtig, sich vor ihnen zu schützen, und das funktioniert nur über:
KEIN-KONTAKT!

Wie arbeite ich mit diesem Buch?

Im Idealfall hast Du bereits, bevor Du diesen Weg beschreitest, einen Blick für dieses Buch. Ein Großteil der Partner von narzisstischen Menschen wird verlassen. Hier ist der Entschluss sich zu schützen und für kein Kontakt oft genauso schwer, wie eine Trennung auszusprechen. Selbst wenn die Trennung schon hinter Dir liegt, entscheidend sind: der bewusste Wandel sowie die Entscheidung die Veränderung in Dir mitzugestalten. Ich lade Dich ein, Deiner Seele dabei zu helfen, den Unterschied am Ende zu feiern. In meiner Vorstellung holst Du Dir zu diesem Buch ein Blankobuch dazu. Bist Du ein Vielschreiber, sollte sich das auch in der Größe bemerkbar machen.

Erfahrene Coaches und Trainer wissen, ohne Interaktion kein Effekt. Dabei ist das handschriftliche Notieren eine der besten Varianten neuen Ideen, Gedanken und Wissen Raum zu bieten. Zum einen habe ich praktische Vorschläge zum anderen, ist es erwiesen, dass Tagebuch schreiben, ein wichtiges Ventil ist. Diese spezielle Zeit braucht ein Extrabuch für seine Kapitel. Dein Buch. Es ist eine Metamorphose und um die Schmetterlingsflügel auch zu nutzen, ist Sichtbarkeit von Nöten. Ein Schmetterling kann seine eigenen Flügel nicht sehen. Ich wünsche Dir, dass Du Deine nicht nur siehst, sondern auch bewusst gestaltest und sie nutzen wirst. Alles hat seine Zeit. Der Heilungsweg nach narzisstischem Missbrauch ist in der Anfangsphase Überlebensmodus bedingt. Man kann diesen Modus vorübergehend überspringen, es ist dann eine Frage der Zeit ihn nachzuholen.
Geschieht das nicht, oder bleibt der Kontakt ohne mögliche Abgrenzung bestehen ... ist die Wahrscheinlichkeit im Opferstatus, selbstentfremdet zu verharren, sehr hoch. Es liegt an Dir, Deine Bedürfnisse im Innersten kennenzulernen. Das heißt, dass Du einerseits mit diesem Buch eine

Tag-für-Tag Anleitung findest, andererseits gibt es kein Schema F für jeden. Wann etwas wichtig wird, für einen selbst, ist ein individueller Weg. Interessiert Dich ein Thema dann spring ruhig vor und zurück.

Du befindest Dich schon im Kontaktabstand?
Sehr gut, auch dann ist dieses Buch nützlich, zum Nachvollziehen der eigenen Geschichte und sich für den Rest des Lebens zu wappnen. Die Grundidee ist jedem Tag dieser Entgiftungsphase ein Warum und unterstützende Gedanken und Hinweisen zu geben.

Das Geheimnis der Schutzgärtnerin

Liebe Alice/ Lieber Hutmacher,
Du irrst durch Wunderland und hier, im Kaninchenbau, versteckt sich die Welt hinter den Spiegeln. Es ist an der Zeit, zu Dir zurückzukehren, wieder Deinen echten Namen zu tragen, einen eigenen individuellen Schutzgarten anzulegen. Dieser Lebensabschnitt von Umschwung, ist dem Chaosprinzip untergeordnet, und zwar einem wahnsinnigen Durchrütteln. Das lässt sich nicht abstellen, man kann gefühlt: weder zurück, noch nach vorn. Das scheinbare Feststecken fühlt sich machtlos an und dabei ist es, die Macht pur!

Warum?

Tja, Implosion kann gewaltige Kräfte mit sich bringen und Wege frei sprengen, wie den Weg zu sich selbst. Die Raupe, die sich zur gallertartigen Masse verpuppt, weiß wohl kaum etwas vom Schmetterling. Manchmal heißt es Flügel ausbreiten... und trocknen lassen, bevor Du Weiterfliegen kannst. Das ist Magie denn, woran es jetzt zu glauben gilt, sind diese universellen Kräfte und Gesetze. Ich nenne es das Baddabing!
Dieses Baddabing bringt die Ordnung ins Chaos, auch

wenn es uns nicht so vorkommt. Feinstoffliche Prozesse geschehen im Stillen. Und es verhält sich so, dass es ein oben und unten gibt, jedoch auch eine Mitte, und genau da sind wir Menschen und versuchen uns mit Vorliebe an Gut oder Böse, rechts oder links, oben oder unten zu orientieren. Im Tarot gibt es die Karte des Rades/Wandel und dieser findet stetig statt. Du kannst außen am Rand die Geschwindigkeit erleben, doch in der Mitte ist es ruhig. Und diese Mitte ist erstrebenswert, nur halt oft in Momenten, wie diesen nicht greifbar. Und auch das ist okay. Atme! Achte darauf, dass Du tief und ruhig ein und ausatmest. In den Bauch. Fällt es Dir schwer, leg Dich dazu auf den Rücken und Deine Hände oder einen ähnlich schweren Gegenstand auf den Bauch dabei.

Alles im Leben hat seine Zeit und diese jetzt, wird womöglich Deine Intensivste. So ist es, wenn wir Menschen uns weiterentwickeln und erinnern, wer wir sind.

Dazu braucht es manchmal wenig Aktion, mehr die innere Bewegung und die wiederum, braucht ihre Zeit. Jetzt ist ein wichtiger Neubeginn bepackt mit Umbruchsgefühl, auch wenn es sich gerade nicht so anfühlt, wie Neuanfang, sollte es das, ich bin da gedanklich bei Dir. Willkommen in Deinem individuellen, neuen Abenteuer! Ich wünsche Dir Mut, Kraft, Zuversicht und ein überdimensionales Baddabing.

Deine Schutzgärtnerin

1. Tag Die X-Liste und ein Baddabing!

Dauerhafter emotionaler Missbrauch hinterlässt Spuren. Sichtbare und unsichtbare. Manipulatoren sind darauf aus, ihr Umfeld zu kontrollieren.

Manche bewusst, andere unbewusst. Es ist an der Zeit Dir die Kontrolle über Deinen Verstand zurückzuholen.

Es ist völlig normal, sich weder richtig vorzustellen zu

können, wie das gehen soll, noch zu wissen, was danach kommt. Dieser Klammergriff wird jetzt auch nicht puffartig verschwinden, doch jeder Tag Abstand wird Dich dabei unterstützen. Ich lade Dich ein, das sichtbar werden zu lassen für Dich. „Wenn der Tag vorbei ist, mach ich drei Kreuze!", ist nicht nur eine Redewendung, sondern auch neurologisch sinnvoll es praktisch umzusetzen. Mindestens ein Kreuz, für jeden Tag. (Auch jegliches andere Zeichen darf hier herhalten) Nutze dafür nicht Dein Buch nutze ein extra Blatt Papier (noch besser eine Pappe), von mir aus auch ein Holzstück oder was auch immer sich eignet zu markieren. Für jeden Tag - 'Kein-Kontakt' kommt am Ende des Tages, ein dickes X, eine Blume oder was Dein Symbol für geschafft ist, auf das Kunstwerk. Meins war sehr düster … heute würde ich Pflanzen doodeln. Oder eine Kerze nehmen, in der ich sie eingraviere, um abschließend mir am Ende selbst ein Licht anzuzünden. Das, was Du wählst, ist das Richtige! Wichtig wäre, es durch die Hand fließen zu lassen, künstlerisch kreativ zu werden. So beobachtest Du Deinen Fortschritt und verbindet ihn, mit einem kleinen täglichen Ritual.

Ich wünsche Dir, dass Du, auch wenn Du Dich wie zu groß, zu klein, zu entkräftet, verunsichert, wertlos oder verzweifelt und panisch fühlst, dennoch genau, wie es mir erging, zwischendurch aufatmest. Dann, wenn Du diese Anflüge verspürst und bewusst wahrnimmst, in denen dieses Gefühl einer neuen Hoffnung auftaucht. Es gibt da draußen mehr, als diese toxische Beziehung. Es gab ein Leben vor der Erkenntnis und es wird eins danach geben. Das Baddabing, welches zu Dir dringt, als besäße das Universum einen Zauberstab, mit dem es Dein Feld berührt. Hast Du sie schon kennengelernt, diese vibrierende Energie in Dir, um Dich? Diese Sekunden, in denen das Luftholen, bis in den Unterbauch gelingt. Heilige Momente. Spüre diese Verbundenheit. Lass das Leben draußen toben, geh in Deine Mitte, sooft Du kannst. Im Überlebensmodus gibt es zwei Regeln, die Du Dir selbst setzen solltest dabei und diese wären:

1. Kontaktabstand

2. Atme!

Und was zu viel ist, ist zu viel. Manchmal reicht die Kraft, um gerade so das Kreuz am Ende zu machen, ich nenne es Fortschritt und Kräfte regenerieren. Jeden Tag mehr und auch mal weniger. Wenn es Dir so, wie anderen Schutzgärtnern und mir ergeht, wird dieser Tag heute der Beginn vom Rest Deines Lebens sein. Dein ganz eigenes Baddabing. Nein das Datum spielt am Ende keine Rolle, doch rückwirkend wird vielleicht auch für Dich dieser Tag ein Befreiungsschlag. Narzisstischer Missbrauch macht verletzlich, sensibel und unsicher.
Niemand kann Dir sagen, was Dir guttut außer die Stimme in Dir und ich weiß wie schwer es ist, sie gerade jetzt zu hören, vielleicht weil sie nach Ruhe schreit? Gönn Dir!

2. Tag Die No-Go-Liste

das Wundermittel gegen den Kreislauf

Emotionaler Missbrauch wiederholt sich im Kreislauf.
Ich nenne es den Teufelskreis mit Ampelwarnsystem.

Die Grünphase, in der es läuft und Idealisierung stattfindet.

Die Gelbphase, in der es zu Spannungen und Entwertungen kommt.

Die rote Phase, in der es eskaliert und die Verwerfung der Beziehung erfolgt.

Danach folgt **die Verdunklungsphase**, in der das Gehirn eine Art schwarzes Loch entwickelt, für all das was, da nicht funktioniert. Verdrängung und Verleugnung ist die Folge. Vermutlich hast Du Dich selbst dabei erlebt, wie du aktiv versuchtest, erneut in die Beziehung zu gelangen oder durch Protestverhalten Deinen Beziehungswillen signalisiertest. Kein-Kontakt ist eine Nichthandlung. Ich weiß, wie schwer sich diese anfühlt, wie es einen innerlich zerreißt, oder gefühlt abstumpfen lässt. Der Druck, den Du eventuell verspürst, ist aus meiner heutigen Sicht Wut und nötige Energie. Wenn Du (so wie ich damals) das, für völlig obskur hältst, weil Du Dich kraftlos fühlst, gib Dir Zeit. Ich habe Wochen gebraucht, um damit umzugehen, anderen gelingt es gleich. Die meisten benötigen mehrmalige Anläufe.

Beginne eine Bestandsaufnahme dabei halte ich es für notwendig eine Ausgeglichenheit zwischen dem rationalen, dominanten, männlichen Prinzip zum intuitiven, gefühlsbetonten weiblichen Prinzip zu bewahren. Das hat weniger mit dem biologischen Geschlecht zu tun, sondern ist die Einheit in uns selbst. Yin und Yang.

Das Rationale: Die No-Go-Liste

Auf diese Liste gehören alle Handlungen, Sätze, Nichthandlungen, die Du mit diesem Menschen erlebt hast, die gegensätzlich Deine Werte- und Beziehungsvorstellungen waren. Nutze ein Extrablatt dafür. Notiere Stichpunkte die Dir einfallen und all das, was hochkommt in Dir. Lass Dir dafür ruhig mehrere Tage Zeit. Der Sinn dahinter ist 1. Sich wortwörtlich vor Augen halten kann, was man akzeptiert hat und 2. dem Verdrängten, Raum zu bieten. Die ersten Tage ist es sinnvoll, diese No-Go-Liste bei sich zu haben, denn die Erinnerung fragt nicht, ob es gerade ein passender Moment für sie ist.

Lege später diese Liste ebenerdig ab, heißt: zu Deinen Füßen.

Das Intuitive

Um mit Dir und Deinen Gefühlen in den Kontakt zu kommen, ist es hilfreich sich ohne Wertung die Gefühle, die in einem aufkommen, niederzuschreiben.
Ich fühle mich: hilflos, allein … betäubt, unruhig, wütend, unruhig?!
Das Warum und Wie ist zu diesem Zeitpunkt nicht weiter von Belang, für diese Liste. Jedoch ist es ratsam, auch dafür sich die Zeit zu nehmen und sich das alles von der Seele zu schreiben. Nutze dafür Dein Buch oder ein Tagebuch. Wenn Dir das Aufschreiben zu viel ist, nutze die Möglichkeit von Sprachaufnahmen für Dich.
Ich habe mir selbst über 20 Stunden erzählt, geweint, geflucht und versucht zu erklären oder die wesentlichen Fragen zu stellen. Parallel dazu habe ich geschrieben. Und ja da war manchmal alles, was ich dieser Tage getan habe. Das Gute ist, so kann man einerseits diesen Druck loswerden, ohne sich in Gefahr damit zu bringen, mit den unpassenden Menschen darüber zu sprechen zum anderen wendet man unbewusst die Beobachtertaktik an.

Gefühle kommen und gehen, ich halte jedes Gefühl für Anschauens wert, bevor es uns unbewusst steuert. Später mehr dazu. Es ist nicht unüblich, dass einem unter Schock, nicht gleich alles einfällt oder das Blatt leer bleibt. Nutze Deine tägliche X-Liste um hinzufühlen. Wenn das Benennen der Gefühle noch schwerfällt, eignen sich auch Farben, um sich Ausdruck zu verschaffen. Gib Dir Zeit, X für X mit dem Wissen: Das sind notwendige Phasen.

3. Tag Klick-Surr Effekt? Ab jetzt ohne mich!

Heute möchte ich Dir eine Manipulationstaktik näher vorstellen, die unerkannt schnell zu Missverständnissen führt. Achtung dieser Text könnte triggern, wenn Du Dich heute weniger bereit fühlst dafür, überspring diesen Tag und widme Dich Dingen, die Dir guttun.

Vor der Spannungsphase und nach der Eskalation, folgt in Missbrauchskreisläufen die erneute Idealisierung. Auch Honeymoon-Phase genannt, jene ich gern den frisch Verheirateten überlasse und den Begriff im Missbrauch-Kreislauf etwas fehlbesetzt sehe, denn sie hat für die meisten nichts mit algorithmischen Blumenmeeren, Bettung auf Rosen und ‚Happy Life' Beziehung zu tun.

Unbewusste Manipulation

Es sind oft nur Brotkrümel und leere Versprechen. Und die reichen aus. Ein „Ich ändere mich" oder ein lang ersehntes Kompliment, ein gemeinsames Date und whooooosh wieder alles beim Alten, aber wieso?

So erinnere ich mich an folgende meiner Gedanken und Zustände: ich verdiene es vielleicht nicht, glücklich zu sein, ich muss mich mehr anstrengen für ein gutes Leben, *Warum passiert das immer mir?* erhöhte Wachsamkeit, Alleinsein-Gefühl, kaputt sein, Hoffnungslosigkeit, ich wurde oft verletzt, überwältigt von der Vergangenheit der Beziehung, Scham, Rückzug, Abwärtsspirale und so weiter … Der Gedanke, die Beziehung zu beenden, nahm mir den Atem.

Das absehbare Verschlimmern meiner bisherigen Situation, durch das Beenden, erzeugte Zukunftsängste, Angst vorm Loslassen und regelrechte Krämpfe (Anzeichen der Sucht). Ich sah nicht das komplexe Bild, sondern nur den Teilausschnitt, sobald es Linderung meines Zustandes versprach. In diesem Stadium ist man Opfer.

Auch von sich selbst. Der ganze Stress, der bereits in Spannungs-, Eskalations- sowie der Trennungs- oder On-Off-Phasen entsteht, wartet nur auf den Krümel Hoffnung und Entspannung. In diesem Modus (Wunderland und Überlebensmodus) lösen sich alle Grenzen auf. Statt daran zu arbeiten, neigt man dazu, unreflektiert in den geringsten Widerstand zu gehen. Dabei erkennt man kaum wie der scheinbar geringste Widerstand mehr einer Selbstbestrafung gleicht. Viele Betroffene arbeiten an sich, wollen mehr investieren oder mehr verzichten, mehr annehmen, weniger bedürftig sein. Soweit der richtige Ansatz, solange sie sich parallel, aus toxischen Beziehungen lösen.

Jetzt kommen die Manipulatoren ins Spiel. Deren Ziel ist es, ihren Treibstoff und Reaktionen zu bekommen. Dafür gehen auch sie den Weg, des geringsten Widerstandes.

Dafür legen sie eine Art kognitives Empathie-Verständnis, für die Bedürfnisse ihrer Quellen an. Teils durch Nachforschung, teils durch Zuhören und Beobachten. Nicht zu verwechseln mit mitfühlender Empathie.Sie setzen einen - für ihr Ziel, objektiv positiv wirkenden Trigger. Das ist das Knöpfchen, was sie bedienen. Der Krümel, doch nicht die Sahnetorte mit Topping! Ein positiver Trigger, wirkt Langzeit gut, ohne negativ Folge. So auch welche, die wir uns selber setzten, ein bestimmter Song, der uns positiv pusht, die Lieblingsschokolade, der Lieblingsduft. Oder welche die von außen wirken, wie das zwanglose Lächeln Fremder, wenn keine niedere Absicht dahinter folgt. Eine schöne Aussicht oder ein Straßenkünstler, der uns auf andere Gedanken bringt. Betrug sowie Manipulation funktioniert unter dem Deckmantel der Freundlichkeit, Zuwendung und Bedürfniserfüllung. Für jeden mit verdeckten Bedürfnissen eine Falle.

Die Idealisierungsphase

Manipulation nach dem Klick-Surr Verhalten.

Der Klick- surr Effekt findet im Verkauf Anwendung. Zwischenmenschlich, in der Politik, den Medien und im Tierreich. Robert B. Cialdini hat den Begriff geprägt und ist damit dem Schubladendenken durch tierische

Instinkte auf die Schliche gekommen. Jemand drückt bewusst einen Knopf (Reiz, Trigger) und es löst eine zu erwartende automatische Handlung aus. Schöneres Licht in der Obst-und-Gemüse-Abteilung, die Annahme, dass teuer automatisch Qualität bedeutet, sympathische Tupperwarepartys. Über die Sympathie für den Peiniger in toxischen Beziehungen, erfolgt der Klick-Surr Effekt durch: Verleugnen, Vergessen, Verzeihen, Hoffnung schüren. Offene Türen, für den erneuten Missbrauchskreislauf.

Die Illusion steht und blendet alle anderen Aspekte der Beziehung aus. Man spricht hier auch vom Haloeffekt. Der Partner, die Partnerin wird idealisiert mit einem Heiligenschein, weil … und dieses kleine „weil" ist ebenso ein „klick-surr" laut Cialdini. Die meisten Menschen hören dem, was nach dem „weil" kommt nicht mehr zu, doch das „weil" ist der Klick in der Bitte. Achtet einmal darauf! Das wirkt, wenn nur sehr kurz positiv. Bedingt, durch hormonelle Entspannung, die dem „bereits entstandenen" Stress limitiert. Nicht etwa, weil eine Beziehung „möglicherweise" nun doch funktionieren könnte. In Wahrheit nimmt so der Stress unmerklich jedes Mal zu. Ich habe mich teils selbst so erniedrigt, dass allein die Akzeptanz meiner Partner über diese Tatsachen hinaus, weiter an der Beziehung mit mir festzuhalten, mich meine Bedürfnisse in Frage und in den Schatten stellen lies. Ein Knopfdruck genügte und ich war bereit, vieles dafür zu tun. Ich habe am Ende, förmlich nach dem „Klick" gebettelt. Das Gefühl, es würde darauf hin erneut schlecht laufen, ist der Trugschluss. Da es bereits schlecht lief oder nie ernsthaft gut. Das lässt sich auf Dauer konditionieren und mit einem geringen Aufwand – klick – über den geringsten Widerstand, ist ein „surr" (öffnen der Tür) erreicht. Erkennst Du, wie diese Knöpfe bei Dir gedrückt werden können und die Tore Deines Schutzgartens offenstehen?

Vielleicht hast Du das alles bereits gelesen oder gehört? Es ist wichtig, diese Mechanismen zu begreifen, und das braucht auch seinen Moment oder mehrere. Aus meiner Sicht ist es notwendig, diese Krümel zu entdecken. Sich selbst zu verstehen. Die Illusion auch annehmen. Dazu ist es nötig, die schönen Gesten zu hinterfragen, damit man sie erkennt und diese Knöpfe schützt. Ein zugegeben nüchternes Thema, doch gerade in einer Phase wie den Überlebensmodus wird dies unverstanden, zur nächsten Falle in den Manipulationskreislauf.

Vielleicht fällt Dir heute dadurch das Kreuz leichter.

Gönn Dir ein heißes Getränk, eine Kuscheldecke sowie die Kompetenz zukünftig einen Blick für derartige Manipulationen zu besitzen.

4. Tag Es braucht mehr Raum und Zeit

Es gab diesen Tag in meinem Leben, wo ich mich entschloss, bis hier hin und nicht weiter. Es war ein Sommertag, doch der Sommer war, wie ein höhnendes Lachen. Der Duft der Blumen fast eine Beleidigung, ja verströmt nur das Leben. Ihr habt ja keine Beziehungsprobleme. Sie nickten mir zu und schrien zurück: Du doch auch nicht mehr. Meine Beziehung zu Blumen ist wiederhergestellt, in die Beziehung von damals bin ich nicht zurück. Ich habe noch nie einen radikaleren Schnitt vollzogen, obwohl ich den eher vorher abbekam. Ist man Opfer geworden von narzisstischem Missbrauch und diesem länger als ein halbes Jahr ausgesetzt, kommt man kaum aus dieser Situation ohne Verwundungen. Ich weiß nicht, wie es Dir ergangen ist, ich bin völlig umnebelt dem Tod von der Klippe gesprungen. Gefühlt bin ich mehrmals gestorben. Doch mit dem Entschluss, diesen Kreislauf zu verlassen, änderte sich das Sterben. Es wurde mir bewusst. Ab dem Tag, an dem mein Schutz sich bemerkbar machte, und ich verstand, einen Weg aus dem Kaninchenbau gefunden zu haben, wusste ich, wie ich das geschafft habe. Ich bin nicht allein da durch. Ich hatte einen guten Bekannten, den ich Tag und Nacht anrufen konnte, ich hatte eine Therapie gute Coaches, Freunde, Familienaufstellung und das Wichtigste: den Glauben daran, dass ich es schaffen kann, aus dem Spiralloch rauszukommen. Mir war es nicht möglich, in der ersten Zeit arbeiten zu gehen, ich hatte nicht mal eine. Aus der Praxis weiß ich, einige Betroffene sind gut beraten, weiter ein soziales Netzwerk und Arbeit um sich zu haben, andere nicht. Jeder ist da individuell, auch eine verletzte bzw. belastete Seele hat das Recht, sich krankschreiben zu lassen. Sich Hilfe zu suchen oder im Akutfall vorübergehend medikamentöse Begleitung verschrieben zu bekommen. Geh in Dich und versuche da mal nachzuspüren, wie es mit Deinen Kraftressourcen aussieht. Womöglich bist Du müde und schlaflos zu gleich. Wenn die Unruhe kommt, schau es Dir an!

Indem wir uns zurücklehnen in Ausnahmesituationen, kann es gelingen, das Gefühl besser zu analysieren. Aus Unruhe wird: Das Gefühl wegrennen zu wollen, einen ruhigen Ort aufzusuchen oder laut schreien zu wollen. Aus Chaos: Das Gefühl Sachen ordnen zu wollen, sich selbst ordnen zu wollen. Aus „Ich kann nicht mehr" - ein „Für heute reicht es mir, ich gönn mir Ruhe." Das heißt, wir lernen dabei, auf uns selbst regulierend zu wirken. Geh aktiv laufen, rennen wenn Dir danach ist, es ist ein typischer Reflex aus der Urzeit der Menschen.
Fang an, Dinge auszusortieren, zu ordnen, wenn das Chaos herrscht. Und gönn Dir Pausen und Ruhe.

Hier noch ein Gedanke zu wichtigen Terminen … die man ja nicht verpassen sollte.
Vielleicht ist es besser, einen Termin zu verpassen, als sich selbst? Wenn ein Knochenbruch besteht, der in der Bewegung einschränkt vielleicht kurz vor dem Wochenende und erst Montag der Chefarzt drauf sehen kann, käme

man auf die Idee, das Wochenende wild feiern zu gehen? Da hätte man schon Bedenken den Bruch zu strapazieren, oder? Leider neigt unsere Gesellschaft dazu, momentan genau das sich abzuverlangen. In ein paar Jahren wird die technische Entwicklung uns da entgegenkommen, sie wird uns jedoch kaum unsere Traumata und emotionale Arbeit abnehmen. Da lernt der Mensch noch, sich erwachsen zu verhalten, und wandelt oft noch in seinen Kinderschuhen. Du befindest Dich in einem kalten Entzug, doch Du bist völlig frei, Dich dabei selbstwirksam zu unterstützen. Der erste Schritt, sich einzugestehen, dass man gegen einen emotionalen Bus gerannt ist und es okay ist, sich danach überfahren zu fühlen. Du kannst jetzt den Fokus auf den Bus, Zug oder … richten, unter dessen Räder Du gekommen bist, Dich noch mal davor werfen … es wird weiterhin schmerzhaft sein. Bitte sorge für ausreichend Nahrung im Haus und wenn Du kannst, geh laufen, spazieren und wenn es nur um den Block ist und es das Einzige ist, wozu Du fähig bist. Es hilft den Zellen, sich zu regenerieren und den Hirnhälften, Gedanken zu ordnen. Du liest, es braucht mehr vor allem Zeit und den Raum dafür. Gib sie Dir!

5. Tag Realitätschecks und Deine Trost-Box

Was Du benötigst, für die nächsten Tage ist vermutlich immer wieder der Check zur Realität.
Dafür sind vertraute Menschen sehr hilfreich. Deine No-Go-Liste und je nach dem, wie weit Du für Dich schon gekommen bist das Wissen über Narzissmus, narzisstischen Missbrauch und Hilfe zur Selbsthilfe. Ich sitze hier und mein Realitätscheck sagt mir, so gern ich es abdecken möchte, ist mit diesem Buch nur ein Richtungshinweis möglich und Anleitungen dazu, da jeder Weg individuell ist sowie die Geschichte dahinter, kann es keine Pauschalanleitung geben. Menschen, die emotionalen Missbrauch

innerhalb toxischer Beziehungen erleben und erkennen, haben die herausfordernde Aufgabe, aus diesen Kreisläufen herauszutreten. Das ist schmerzhaft, kostet Kraft und viel Mut (und Humor), doch es ist 520 Mal leichter als in diesen Kreisläufen zu verbleiben. Es ist nicht nur ein Schalter, den es umzulegen geht, es ist eine Art Hauptschalter, um das ausgediente Programm zu deinstallieren.

Warum sind diese Realitätschecks so wichtig?

Eine der gängigsten Manipulationsarten ist das Entwerten und Verwirren. Gaslighting ist die große Überschrift der gesamten Taktiken, innerhalb der Beziehung mit narzisstischen Menschen. Der Begriff wurde in die Psychologie übertragen, aus dem Theaterstück: Das Haus der Lady Allquist, welches später unter dem Titel: Gaslicht, verfilmt wurde. Die Wahrnehmung wird umnebelt und das Gefühl kommt auf, der eigenen nicht mehr zu trauen, wie die alte Lady, die durch die Wandbeleuchtung im Stück in die Irre geführt wird. Ich dachte, ich hatte, aber vielleicht habe ich es ja doch nicht, wenn es der andere sagt? Ich könnte schwören, ich habe das erlebt/gehört/gesehen und nun sieht es wohl so aus, als ob das nie geschehen ist. So was passiert, jedem hin und wieder. Das ist allein kein Merkmal der Auswirkungen von Gaslighting. Wiederum gibt es auch jede Menge andere Ursachen fälschlicher Wahrnehmung (Psychosen, Drogenmissbrauch, andere Störungen), die das Bewusstsein beeinträchtigen können.

Narzisstischer Missbrauch hat zur Folge, dass man selten bei einer Meinung bleibt ohne eine zweite hinzuzufügen, die die vorangegangenen Erkenntnisse relativiert.

„Er war immer beleidigend." Folgt zum Beispiel: „Aber er konnte auch so nett sein!"

„Er ist narzisstisch." Folgt: „Oder bin ich der Narzisst?"

„Er hat mich nie unterstützt," folgt „aber er hat den Urlaub bezahlt."

„Ich schaffe das," folgt „Ich schaffe das nie!"

„Sie gönnt mir nichts!" Folgt „Sie meint es nicht so!"

„Sie können mich nicht leiden." Folgt: „Das bilde ich mir bestimmt nur ein."

Wahrscheinlich hast Du diesen letzten Satz auch schon hier und da, von anderen zu hören bekommen? Wichtig ist jetzt, dass Du Menschen findest, die ohne zu werten, hinterfragen! Nicht jedem ist es vergönnt solche Menschen, um sich zu haben. Hier sind Berater, die sich mit emotionalem Missbrauch und traumatischen Erfahrungen auskennen, sehr hilfreich. Von Selbsthilfegruppen rate ich diesbezüglich eher ab, dazu später mehr.
Erkennst Du bei Dir auch diese immer, nie, alles, jeder - Glaubenssätze? Verstehe, dass Du ein schwarz-weiß-Denken angenommen hast, welches ein natürlicher Überlebensreflex ist. Tja, vor ein paar Jahren war es immens wichtig innerhalb kürzester Zeit zu entscheiden, was man macht, wenn der Säbelzahntiger in den eigenen Garten latscht. Dann war es wichtig, sich zu entscheiden: Flucht oder Kampf? Diese Überlegung dürfte Dir bekannt vorkommen. Doch beides ist keine Lösung, eher Teil des Kreislaufs. Es ist keine Flucht, Kein-Kontakt zu wählen. Es ist eine durch und durch bewusste Entscheidung, sich vor und generell in narzisstischer Gesellschaft zu schützen. Aus meiner Sicht gibt es, hat der Missbrauch bereits stattgefunden, keinen Weg mit Narzissten umzugehen, außer sie zu umgehen. Sich auf seine eigene Realität und Wahrnehmung zu besinnen. Bei diesem Spiel: ich denke, vs. was sie wollen was Du denkst nicht länger mitzuspielen. Auch du allein kannst Dir gute Fragen stellen und direkt notieren, um einen Realitätscheck durchzuführen.

Diese sind:

Was fühle ich gerade?

Worauf soll es mich hinweisen?

Was denke ich?

Wie real ist dieser Gedanke?

Was wünsche ich mir?

Was kann ich persönlich aktiv tun oder lassen, um dies zu erreichen?

Natürlich wäre hier ein Mensch, mit dem man gemeinsam da draufschaut eine ideale Ausgangsposition, dennoch kann man dies hin und wieder für sich allein prüfen. Und wenn man diesen Gefühlen Raum lässt und zum Beobachter seiner Gedanken wird, dann ist es ratsam, eine Trost-Box zur Hand zu haben. Wie der Name sagt, für die Momente, wenn Dich die Emotionen aufwühlen oder überkommen. Sorge gut um Dich für die kommende Zeit. Tröstende Elemente waren mir wichtig und nützlich. Leider ist bei so einer Entgiftung das 'sich daran erinnern, gut sich selbst zu umsorgen' oft sehr schwer. Sorge vor. Die Box ist so eine Schatztruhe der Erinnerung. Sie verdient einen sichtbaren Platz.

Was gehört da rein?

Alles, was Dir guttut! Meiner Erfahrung nach wissen die meisten Menschen, was ihnen guttut und sie tröstet. Falls Du es für Dich noch nicht weißt, was das ist, atme. Der erste Schritt ist, sich einen Aufbewahrungsgegenstand zu suchen, den man offiziell zur Trost-Box erklärt, dann fühlt Deine Intuition, die kommenden Tage genau, was da hineingehört. Es folgen ein paar Beispiele.

Bildaffirmationen, der Lieblingsort, das Lieblingstier oder Lieblingsmenschen Fotos, Zeichnungen alles, was Dir beim Anschauen ein wohliges Gefühl zaubert. Erinnerungen Spittel des Herzens, Badezusatz, Gesichtsmaske, Fuß-Peeling, CBD Kaugummis oder Öl, Bachblütenessenz, Lavendel, Süßigkeiten-Vorrat, Taschentücher, Dein Lieblingstee oder/und ein Einhorn?! In meiner Trost-Box ist auch ein knalliger Nagellack, der Geruch lässt mich runterkommen und die Farbe bringt mich auf andere Gedanken. Auch wenn meine Überlebensmodus-phase Jahre weit hinter mir liegt, meine Box habe ich noch und mir beibehalten. Du liest, es ist eine individuelle Geschichte, wie praktisch jede Reise. Zeit, Luft zu holen auszuruhen und sich Deinen persönlichen Trost-Box- Inhalten zu widmen!

6. Tag Das Baddaboom-Baddabing

Es gibt viele Glaubenswege. Einige führen aus Krisen heraus, andere hinein. Bekanntlich versetzt der Glaube Berge. Und der Glaube, an das Gute im Menschen, lässt einen manches Mal in einer dysfunktionalen Beziehung bleiben. Situationen aushalten oder sie direkt suchen. Das Suchen wird zur Sucht. Wenn der Glaube der blinden Hoffnung weicht, wird man abhängig und jegliches rationale Denken überlagert. Ein Mensch, dem narzisstischer Missbrauch über längere Zeit begegnet ist, wird abhängig, nicht vom Missbrauch selbst, sondern der Hoffnung darauf ... ein gutes Ende zu finden. Endlich die Belohnung, für all die Strapazen, erhalten. Sucht, nach Dopaminausschüttung. Die Harmoniesucht treibt einen vorwärts, auf der angeblichen Sinnsuche.

Über: „Hätte", „Wäre" und „Könnte" muss eine Art Betäubungsfilter gelegt werden und die Suche nach Auflösung verlagert sich. Nicht selten entwickeln Menschen, denen diese Aufgabe bevorsteht, eine neue Sucht. Man spricht von einer Suchtverlagerung. Exzessiver Sport, Drogen ... ebenda irgendetwas, was kurz betäubt, doch nie länger hält. Wie die Narzissten brauchen die Supporter der Narzissten diese Art der Energie, doch sie ist nicht haltbar. Eine Sucht aufzugeben ohne dahinter zuschauen, verlagert nur die Problematik. Es braucht also mehr als nur Abstand vom Alkohol oder Narzissten.

Es braucht mehr: Baddaboom-Baddabing.

Als das fünfte Element in dem Film von Luc Besson, nach ihrem Sprung im Taxi landet, geschieht ein großes „Baddaboom!" Erkenntnis und Erlebtes in und nach narzisstischer Gesellschaft, gleicht diesem Baddaboom. Seit Jahren sind sich die Psychologen einig, dass die Veränderung in einem Selbst beginnt und vieles einer unerklärlichen Macht zugrunde liegt, die für unser menschliches Gehirn nur schwer nachweisbar ist. Diese Feststellung ist der Ursprung von Religion und Wissenschaft. Wir brauchen also das „Baddabing". Das Ping mit dem Zauberstab, den magischen Moment und das Vertrauen in etwas, was uns Halt geben wird. 1930 haben Alkoholiker in einer Art Selbsthilfegruppe, einen 12 Schritte Programm erstellt, das sich mittlerweile bei vielen Suchtstörungen sowie dem Geschäft mit dem Glauben bewährt hat und Interessantes beinhaltet, aber auch Gefährliches. Jeder Mensch hat seinen individuellen Hintergrund für Abhängigkeit und es ist ein sehr privater Weg, gesunde Grenzen aufzubauen. Drama abzubauen.

Kurz, ich halte nichts von strikten Programmen und sektenähnlichem Verhalten, doch es lässt sich, auf die Sucht nach narzisstischem Missbrauch, nicht besser formulieren und wer bereit ist, am chronischen Alleinsein zu arbeiten, findet im SOS Teil dieses Buches 12 Schritte zur Heilung, welche dem Plan der Anonymen Alkoholikern angelehnt ist. Allerdings glaube ich an die innere und universelle Kraft. Seit Jahren bin ich fasziniert von jamaikanischer

Kultur und Sprache. Das Wort 'badda' bezeichnet im Patois etwas Heftiges, Ärger oder eben manchmal negative Intensität. Das Erwachen und sich Trennen aus narzisstischen Beziehungen bezeichne ich als ein einziges Baddaboom. Daraus das Beste zu gestalten für sich mit den genannten Kräften bezeichne ich als das Baddabing. Entdecke Dein eigenes Baddabing nach dem Baddaboom.

7. Tag Immer wieder sonntags ...

Sonntage, sind für viele eine Herausforderung. Viele vergessen, dass sie es auch mit bestehendem Kontakt waren oder genutzt wurden, um die toxische Bindung aufzufrischen. Sich kurz vom Schrecken zu erholen. Wo uns die Erlebnisse, Ruhe und Entschleunigung oder minimale Zuwendung suggerierte, es gäbe Entspannung. Die Wahrheit ist oft, es gab nie Entspannung.

Das Leben mit Narzissten ist anstrengend. Ob es geplatzte Wochenendträume waren oder die Angst vor der nächsten Woche. Jetzt ist es an der Zeit zur Ruhe zu kommen, doch anstatt zu entspannen, gleicht sie nicht selten, gerade in den ersten Wochen, dem blanken Horror. Denn hat man sonntags um 8 Uhr gefühlt schon alles erlebt, kommt die Erinnerung. Dann bahnt sich die Entzugserscheinung ihren Weg, im Gewand der Sehnsucht! Gewand, weil es fern einer gesunden Sehnsucht ist.

Hast Du Deine No-Go-Liste schon erweitert? Die ist Gold wert, in solchen Momenten. Dann werden sie genau zu dem: Momente. Sprich mit Deiner Sehnsucht, wie mit einem Gast. Geh mit ihr in den Realitätscheck. Was steckt dahinter, welchen Preis zahlt sie dafür?
Zurück zur Problematik, dass Sonntage besonders triggern können. Es ist vielleicht nicht fachgerecht es so zu

benennen, doch ich finde, es ist wichtig, zu erkennen, dass fehlende Empathie, Größenwahn, Manipulation, Hochstapelei und pathologischer Narzissmus seelische Behinderungen sind. Es ist ein Handicap, eines, was das Umfeld gefährden kann und sich selbst.

Das A und O ist diese einseitige Verbindung real und mental zu trennen. Der erste Schritt zu Dir ist dieses narzisstische Verhalten als gegeben anzunehmen und die Ohnmacht, gegenüber diesem, zu erkennen. Sich nicht mehr spiegeln, im Spiegelbild toxischer Menschen. Es nicht länger aufzusaugen, sondern mehr betrachten und absorbieren. Deine Grenzen setzten. Dafür ist es notwendig, zu verstehen, wie das Unterbewusstsein beim Menschen arbeitet. Es nimmt grundsätzlich alles wahr und befindet sich im Wach- und Alarmzustand. Es entscheidet hauptsächlich über unser Denken und Handeln. Es ist nicht logisch, es ist emotionsgesteuert und es ist millionenfach stärker als das Bewusstsein. Was Du erlebst, was Dich umgibt, all das nimmt es auf und verarbeitet es. So wie diese Zeilen wirken, wirkt auch Dein Fokus. Es ist eine Herausforderung, den Fokus vom narzisstischen Umfeld, auf sich selbst zu richten. Es lohnt sich. Es hilft Dir, die Wunden zu heilen und Dich zu erholen.

Schutzgärtnertipp: Gestalte Deine Sonntage bewusster. Vermeide zum Anfang Orte, an denen sich das Leben tummelt, sie triggern ganz natürlich.

Wenn Du vertraute Menschen um Dich hast, kann das sehr förderlich sein. Ein Telefonat hilft gegen die Einsamkeit. Im Laufe meiner Erholung wurden Sonntage so heilig, wie ich sie seit eh und je erleben wollte. Frühstück im Bett, Pflege, Natur, ein gutes Buch, einfach träumen. Gelingt mir dies nicht an einem Sonntag, nehme ich mir einen anderen Tag in der Woche dafür Zeit. Es stimmt schon, manchmal ist „Nichts erlebt" auch einfach nur schön und heilend.

8. Tag Sicher ist sicher ...

Sicherheit ist ein wichtiges Thema, welches oft zum Anfang unterschätzt wird. Auch wenn Du vorhast, vorerst Untertage zu wohnen, und nie mehr was anderes vorhaben willst, als die Tütensuppen aus dem Späti zu löffeln. Wenn Du lieber stundenlang über Narzissmus und seine Folgen zu lesen willst und Dich austauschen. Selbst wenn Du bereits schon im neuen Leben angekommen bist. Diese Liste solltest Du abhaken können, um bei Dir zu bleiben und Dich abzusichern. Wer mich und meine Arbeit kennt, weiß, ich bin kein Freund von Panikmache. Toxische Menschen haben oft ein Problem damit, ihre Gefühle selbst zu regulieren. Gerade bei Kontrollverlust neigen sie dazu, irrational zu agieren. Praktisch reagieren sie dabei auf einen für sie nicht tragbaren Schmerz, ohne dabei an eine Konsequenz ihrer Handlungen oder Worte zu denken. Wer sich selbst in einer Gewaltspirale befindet, erlebt nicht nur den Druck von außen, er oder sie hat auch die Aufgabe, die Gewalt zu verarbeiten. Gewöhnlich erzeugt Gewalt ebenfalls Gewalt. Wer sie nicht nach außen auslädt, beginnt sie nach innen anzuwenden. Selbstzerstörerische Tendenzen, unbewusst beabsichtigte Fehltritte, verbale Entgleisungen auch sich selbst gegenüber und Gegenwehr aus dem Affekt heraus, sind möglich. Für mich fühlte sich ebenfalls der Kein-Kontakt, wie eine Art Gewaltausübung an, jedoch ist es das genaue Gegenteil bei toxischer Beziehung. Es ist der erste Schritt einer Möglichkeit zur Heilung. Dafür gibt es hier ein paar abstrus klingende Praxisbeispiele, sich vor erneuten Kontakt zu schützen sowie allgemeine Sicherheitshinweise.

Allgemeine Sicherheitshinweise

Für Eltern mit gemeinsamen Kindern ich habe Euch einen Extrateil im SOS Teil in diesem Buch gewidmet. Ich rate dazu ein Umgangsbuch zu führen, welches mit den

Kindern reist. Weitere Möglichkeiten wären eine Mobilnummer, nur für die Kommunikation mit dem anderen Elternpart sowie eine Extramailadresse bzw. einen Extraordner für den Mailverkehr, um den Kontakt selbst mitbestimmend zu forcieren. Ideal wäre eine dritte Person Eures Vertrauens, die, die Inhaltsüberprüfung übernimmt und nur sachliche Fakten weiterleitet.

Es ist also möglich, auch hier den Kontakt auf die Kommunikation auf Elternebene zu minimieren, auch wenn es ein Elternteil nicht so anstrebt. Wenn es so nicht funktioniert ist es ratsam, die Dokumentation darüber gesammelt einem Familienanwalt und dem Jugendamt vorzulegen, um einen angepassten Umgang zu finden.

Vorsorge! Auch wenn Ihr vorerst eine Regelung gefunden habt. Vorabinformation schadet nicht. Wo wären Anlaufstellen, Ansprechpartner, Anwalt für Familienrecht. Was könnten die für Euch tun? Das Problem ist, wenn es dann doch zu Streitigkeiten kommen sollte, reagiert man gewöhnlich panisch/überfordert, sich dann erst auf die Suche zu machen, kostet unnötig Zeit.

Bei begründeter Sorge, Türschlösser austauschen.
E-Mail wechseln und **neue Handynummer**!

Bei Beschwerden …
Allgemeinmediziner Blutbild anfertigen lassen, manchmal hat man ein Bakterium erwischt. Oder Mangelerscheinungen. Betrachte dies als Momentaufnahme, unbedingt wiederholen lassen nach spätestens 8 Wochen für einen Vergleichswert. Die Vergiftungserscheinungen spiegeln sich, womöglich auch da wider durch Wertabweichungen.

Auch bei keinen Beschwerden …
Urologe/Frauenarzt CHECK UP!
WEIL! Ja, keine Panik, atme! Das Kind ist bereits in den Brunnen gefallen. Geben wir ihm also einen Namen. Dazu

braucht es nicht immer ungeschützten Geschlechtsverkehr. Neben Hepatitis, Syphilis, Aids und Chlamydien, HPV gibt es noch ein Haufen anderer unschöner Sachen, wie Filzläuse, Feigwarzen, Pilze und, und, und. Häufig wechselnde Geschlechtspartner muss man ja nicht selbst haben, um davon betroffen zu sein. Egal ob es juckt, brennt, riecht oder nicht. Sicherheit geht vor, Dein Leben liegt vor Dir, trag nichts mit, was Dir nicht gehört oder unbewusst stört.

Einmalig sollte man auch aussprechen (am besten schriftlich), dass: man keinen Kontakt erwünscht, um gegebenen Falles, weitere rechtliche Schritte einzuleiten. Keine Bitte, keine Emotion! Klare Ansagen, mehr kannst Du, nicht tun außer all das, was Du bereits tust.

„Kontaktier mich nicht! Es tut mir gesundheitlich nicht gut." Eine klare Grenze ist somit gezogen. Sollte diese überschritten werden, dokumentiere jeglichen weiteren Kontaktversuch. Nützlich für derartige Fälle ist eine App wie NoStalk, vom Verein Weisser Ring, welche seit 2019 kostenfrei zur Verfügung steht.

Passwörter aktualisieren!

Kommunikationsgeräte „sicher machen", frag zur Not einen Fachmann. Router Passwort fürs W-Lan ändern. Smartphone, gemeinsame genutzte Apps, alles, was elektronischen Datenaustausch möglich macht, ist ein beliebtes Einfallstor. Hier sind eventuell auch Ab- und Neuanmeldungen notwendig.

Social Network Accounts überprüfen, wie öffentlich bin ich und wo, wer folgt mir da? Pro Tipp für Social-Media-Kanäle, den Kanalnamen ändern, dann wird man über diesen Weg nicht mehr fündig. Das will ich auch etwas vertiefen, für alle die sich in diesem Bereich bewegen.

Kleines Gedankenexperiment:
Wenn Du rein analytisch Deine Social-Media-Profil-Timeline betrachtest und Deine Selbstempathie kurz beiseitelegst. Was siehst Du da?
Was für Themen tauchen auf? Welche Rückschlüsse lässt das zu?
Vielleicht sind Dir selbst bereits ein paar Sachen aufgefallen?

Ich habe ein paar Beispiele gesammelt, die Du so unter Umständen noch nie hinterfragt hast, doch für narzisstische, soziopathische oder psychopathische Menschen bedeuten sie pure Information.

Was Dein Profil anderen über Dich erzählt

Angaben über Filme, Musik und Bücher, Veranstaltungen, die Du magst? Dann sollte Dich ein zufällig gleicher Geschmack oder Begegnungen nicht irritieren.

Schutzgärtnertipp: Entweder auf privat stellen oder mal mit etwas Abstrusen füttern.

Möchtest Du mit Deinem Statuspost **auf Missstände hinweisen**? Nichts Ungewöhnliches bei empathischen Menschen. Das kann jeder narzisstisch Veranlagte, für sich als Tarnung nutzen, doch sind sie auf der Suche nach der nächsten Quelle, findet sich hier Aufschluss, wie empathisch jemand ist.

Ehrenamt und soziales Engagement ... in allen Ehren, leider ist auch das ein Zeichen für Außenstehende, es unter Umständen mit einem empathischen Menschen zu tun zu haben oder jemand mit unerkanntem Helfersyndrom, aus Narzissten-Sicht: Ein potenzielles Opfer!

Du lässt **Spruchbilder** Deine Verfassung spiegeln oder/und irgendwelche Apps, Fragen über Deine Zukunft und Deinen Charakter beantworten? Dann vermutlich auch von einem Soziopathen? Narzissten? Psychopathen? Ob hier eine Selbstsuche, Maskierung oder Langeweile erkannt wird, hängt vom restlichen Profil ab.

Zeigt Dein Profil **mehr Tierbilder als Menschenbilder**? Ich verstehe, wie grausam es für den Menschen sein muss, Tieren mehr Vertrauen zu schenken als der gleichen Art, ist es ein Zeichen von schwerer Verletzung, Enttäuschung, Gewalt. Es zeigt, dass derjenige mehr, als nur ein Päckchen mit sich schleppt. Ohne Gefühlsempathie betrachtet: Ein Opfer!

Beziehungsstatus? Wen bitte hat das öffentlich zu interessieren?
Du denkst: Soll ruhig jeder wissen, dass ich in einer Beziehung bin!?
Dann solltest Du auch verstehen, dass diese Info narzisstische Menschen dankbar aufnehmen und sie nie hindern wird. Es interessiert, wann Du online bist und was Du postest. Nachts oder am Wochenende. Vermiss Dich Posts, das Bild von Deinem Ausflug allein, die Beziehungskrise und …

Heute war ein richtiger Sche …tag! Frag mich! Statusupdates wie diese, sind eine „Komm rein, ich habe Kuchen und Kaffee und niemand zum Reden"- Einladung!

Deine Erfolge und Ziele … zeugen von gesundem Narzissmus und könnten abschrecken oder sie deuten auf ungesunde Züge hin (defizitär oder extrem), dann könnten sie eine magische Anziehung besitzen.

Deine Familie, Deine Freunde, Deine Lieblingsbar und nur sehr selten Du? Hast Du Dich bereits mit Ko- Narzissmus und Selbstliebedefizitstörung auseinandergesetzt? Ich hoffe.

Kinderbilder! Du lässt andere daran teilhaben, wie sehr bei Dir, die Kinder im Fokus stehen, und Du all Deine Aufmerksamkeit dahinfließen lässt? Und bist Du bereit, noch ein weiteres Kind zu unterhalten? Oder, wenn Dir dann jemand plötzlich die Aufmerksamkeit schenkt, die Du jahrelang nicht bekommen hast, das auch zu hinterfragen? Ja leider achten toxische Menschen auf solche Infos.

Dein Profilbild zeigt ein Objekt, Tier alles nur nicht Dich?

Viele erkennen darin jemand, der bereits so verunsichert ist, dass er/sie nicht mehr sicher ist. Oder doch einer von denen, vor denen hier gewarnt wird?

Deine Gruppen sprechen für sich.

Deine spirituelle Dauersuche, Einsamkeit, Sehnsüchte und, Aufmerksamkeitsdefizite …
Wenn sich dies in Deinem Profil widerspiegelt, weißt Du, was Du jetzt ändern kannst oder besser: Bewusst gestalten. Manipulatoren sind dankbar für Tools, wie Facebook. Es ermöglicht ihnen bequem von zu Hause aus, ein Profil zu durchstöbern. Zu verfolgen und ihre Schlüsse daraus zu ziehen, lange bevor sie und nachdem sie in Erscheinung und Aktion treten. Wie beschrieben ich bin kein Freund davon Ängste zu schüren. Ich bitte Dich für Dich diese Sicherheitschecks durchzuführen, nach Bedarf, denn sie sind der Weg sich vor den meisten Nachspielen zu schützen und unbezahlbar. Boah ich weiß, es war heute sehr viel. Atme, notier Dir am besten eine Sicherheits-to-do Liste und gehe die nächsten Tage oder wie es Deine Kräfte zulassen, Schritt für Schritt die Wege, die für Dich stimmig sind.

Es ist okay nicht okay zu sein

nach der Trennung einer narzisstischen Bezie-
hehen viele irrationale Dinge und gefühlt be-
ı erst, der essenzielle Überlebenskampf. Im
Kopf, aber auch im Umfeld. Es ist wichtig, dass Du Dir
darüber bewusst bist, in welcher Phase Du Dich befindest
und wie Du Dir selbst helfen kannst. Bevor Du jedoch bereit bist, Fortschritte zu machen, die sichtbar sind und Du
wieder (oder manche von Euch, das erste Mal), eine gesunde Beziehung eingehen kannst, ist es ratsam, den Fokus nach innen zu richten.

Deine Innenschau ist nur möglich, wenn Du Dich sicher
fühlst und in Dir selber ruhst. Wie ein See den man, bei
Windstille, bis auf den Grund sehen kann. Stürmt es und
wirbelt der Wellengang alles auf, ist es nicht mehr möglich, einen Grund zu sehen. Wie soll es mit all den unbeantworteten Fragen und all den Emotionen und Schmerzen gerade möglich sein, Deinen inneren Grund zu sehen?
Der See tobt, jeder Stein scheint durcheinandergewirbelt
zu sein. Nichts mehr wie zu vor. Scheinbar gibt es keinen
Weg zurück ins alte Leben, aber auch keinen rechten, in
ein Neues. Die gute und schlechte Nachricht zu gleich: Die
Wogen toben und das unaufhaltsam, dieser Zustand hält
sich eine Weile. Die Länge liegt zwischen den normalen
14 Tagen Trennungsschmerz und Jahren, nach Erfahrungen im Durchschnitt ein Viertel bis halbes Jahr. Minimum
92 Tage Überlebensmodus, sich ganz davon zu erholen,
dauert im Durchschnitt 2-3 Jahre. Einige überstehen einen
einmalig stattfindenden Missbrauch, ohne eine posttraumatische Belastungsstörung zu entwickeln.

Es ist also kein Maßstab mehr eine Richtlinie zu Orientierung. Warum fällt die Verarbeitung so schwer.

Drei Verluste und

eine Art Virusdrogenabhängigkeit

Die Verluste/Erkenntnisse:

1. Der Mensch, die Gerechtigkeit, die Du glaubtest, zu kennen.

2. Den Menschen, die Gerechtigkeit, die Du hofftest, zu erkennen.

3. Die eigene Vorstellung der Beziehung.

Daraus schöpfen sich unermüdlich Emotionen und Zustände, wie folgende Beispiele: Wut, Trauer, Angst, Verzweiflung, Demütigung, Panik, Ratlosigkeit. Unruhe, Schlafphasen, Schlaflosigkeit, Schuldgefühle, Relativierung, Minimierung, Zweifel, Scham, das Alleinsein. Das ist alles Teil, der ersten Phase, der Verarbeitung und ohne sie gibt es keine Weitere.
Oft treten sogenannte traumatische Belastungsstörungen (nur) vorübergehend auf und sollten in jedem Falle ernst genommen werden. Hier werden therapeutische Hilfestellungen fast unumgänglich. Es gibt erste Studien zur Gehirnveränderung bei narzisstischem Missbrauch. Der toxische Stress hinterlässt Spuren doch sie sind regenerativer Art. Du hast einen Missbrauch zu verarbeiten und das braucht Geduld und Zuversicht. Das, was Du scheinbar an dem Punkt schon zu lange hattest. Die ganze Kraft, die Du in diese Beziehung und Situation gepowert hast, muss erst mal wieder bei Dir ankommen. Bis dahin kann ich, aus eigener Erfahrung sagen: Befindet man sich ausnahmslos im Überlebensmodus. Versuche da nicht allein durchzugehen!
Unterstützung findet man bei Seelsorgetelefon-Organisationen, Coaches, Berater und Therapeuten, die sich mit

dem Thema auskennen und wenn möglich, in vertrauten Menschen! Achte dabei auf Dein Bauchgefühl.

Immun werden, für den Virus!

Es gilt quasi Winterruhe und absoluten Abstand von Narzissten einzuhalten, Kraft zu sammeln. Das Gehirn, zur Ruhe kommen lassen. Sicherlich kann es nicht schaden, sich mit all dem zu beschäftigen (Du steigst ja unweigerlich tiefer in das Thema). Es ist gut, Informationen anzuhäufen und zu verarbeiten, aber es wird nicht schneller oder besser, wenn Du nicht das Verständnis für Dich aufbringst, mal nicht zu funktionieren. Dass es auch mal okay ist, nicht okay zu sein. Womöglich warten noch viele spannende Themenbereiche auf Dich, Dein Geist wird es erst zulassen, wenn er auch die Kapazität dazu hat. Auch ich musste die einfachsten Fachartikel 10 Mal lesen, um es zu verstehen in dieser Zeit. Und zugegeben, sind meine Schutzgartenbeiträge mitunter sehr dicht bepackt. Lass Dir Zeit und vermeide weitere Überreizung. Kümmere Dich um ausreichende Nahrungsaufnahme, gönne Dir viel Schlaf und frische Luft! Erkenne, dass Du wortwörtlich „die Hölle auf Erden" kennengelernt hast, davon muss man sich erst mal erholen. Das braucht alles seine Zeit. Gleichzeitig bist Du mit einer Virusdroge durchdrungen, die in Dir installiert wurde, damit Du, die erlebten Situationen tolerierst. Das verursacht kognitive Dissonanz. Der Fachbegriff aus der Sozialpsychologie beschreibt den unangenehmen Gefühlszustand bei Entscheidungen, die durch widersprüchliche Informationen beeinflusst werden. Es entsteht ein Negativgefühl, je länger keine Entscheidung fällt.

Die Entscheidung muss zu unseren Glaubenssystemen passen und deshalb verwerfen wir lange die Fakten, wenn die Schlussfolgerung nicht zu unserem Glaubenssystem passt. Für mich war allein die Vorstellung jemanden zu verlassen, den ich liebe, eine Herausforderung.

Diese war erst zu bewältigen, wie ich meinen Glaubenssatz, dass Liebe alles heilen kann, auf Gott und die Welt bezogen, hinterfragen lernte. Sie kann es nicht im außen. Liebe heilt nur in Innerem. All die Märchen die davon handeln, die Panzer aufzubrechen sind eben das: Hoffnungen, Wünsche. Als Ziel werden sie im Zweifelsfalle zur kognitiven Dissonanz-Falle. Das Gleiche trifft auf Gerechtigkeit und Fairness zu. Es ist ein natürlicher Schutz der Seele, der uns auffordert ein klareres Verständnis für unsere Entscheidung zu treffen. Die ständige Idealisierung und Entwertung in toxischen Beziehungen haben da einen starken bitteren Beigeschmack. Es gibt diesen Spruch: Der Bär sagt: Wasch mir den Pelz, aber mach mich nicht nass! Was ist jetzt die richtige Wahl? Ja doch, … beim Bären eindeutig: das Weite suchen.

Die kognitive Dissonanz beschrieb Leon Festinger 1950, nach seinen Erforschungen zum menschlichen Verhalten bei Entscheidungsfindung. Herauskam, dass niemand gern mit diesem Gefühl lange lebt eine schlechte Entscheidung getroffen zu haben und wenn Menschen sich etwas kaufen, was sie später nicht mehr wollen, mit der Zeit die Argumente stärker werden für die Kaufentscheidung, um das unangenehme Gefühl wieder zu relativieren. So lange man also in toxischen Beziehungen verbleibt, wird man Gründe finden, dass es nicht anders geht. Sobald man Abstand hat, werden die Gründe dafür mehr ins Gewicht zählen, wie: Unabhängigkeit, Wohlgefühl, mehr Kraft, mehr Selbstbestimmung, Freude, Lebendigkeit. Deshalb rate ich, zuerst die Zugänge zu löschen und dann weitere Schritte zu verfolgen.

Kennst Du das Suchtexperiment mit Ratten. In dem man ihnen Futterkrümel zukommen ließ, wenn sie auf einen Button drückten? Man fand da heraus je willkürlicher diese Krümel zugeführt worden, desto häufiger bedienten die Ratten diese Buttons. Es endete damit, dass die Ratten ihr natürliches, frei verfügbares Futter vernachlässigten sowie ihre sozialen Kontakte zu anderen schlichtweg vergaßen. Sie wurden krank durch diese Konditionierungen. Ich bin kein Freund von Tierstudien aber diese und viele weitere zum Suchtverhalten, sind so aufschlussreich und leider noch viel zu wenig bekannt. Warst Du vielleicht auch wie ich ein Mensch, der für einen Krümel Zeit und Zuwendung des anderen alles andere vergessen hat?

Je länger der Abstand zu narzisstischen Tätern erhalten bleibt, desto weniger wirken die Droge und der damit verbundene Virus. Ist die Festplatte befreit – der innerliche See beruhigt – kann man mit einer Defragmentierung anfangen und neue Programme aufspielen. Bis dahin ist es ein schmerzlicher Weg mit hoher Rückfallgefahr und doch birgt er so viele großartige Erfahrungen. Moment … Jetzt fragst Du Dich vielleicht: „Joa das ist ja heftig, aber was ist jetzt die gute Nachricht?" Wozu dieser Überlebensmodus gut sein soll?
Dafür, dass Du Dir selber Zeit gibst denn, die große Lektion, die Dir bevorsteht, ist: Dir selbst ein guter Freund zu sein! Wer selbst, Missbrauch nicht erlebt hat und damit eventuelle, damit verbundene traumatischen Störungen, kann nur schwer nachvollziehen, wie es Dir geht und was Du durchmachst. Habe Geduld und glaube daran, dass Du die Möglichkeit hast, stärker – als jemals zu vor – zu werden. Und was würdest Du einem guten Freund raten, der gerade eine schwere Zeit durchmacht?

Genau: **„Es ist okay, nicht okay zu sein."**

10. Tag Warum Du gegangen bist

Es ist ratsam sich zu diesem Thema, Zeilen zu notieren.

Selbst wenn Du gegangen wurdest, kommt der Punkt, an dem man selbst beschließt zu gehen. Dann wenn man die bindungsaktivierende Aktivität und Protest einstellt.

Dann wenn man austritt. Für viele ist dies erst mit absoluten Kontaktabstand möglich. Dieses Warum ist eine persönliche Wende und hat weniger mit aufgezählten Verhaltensweisen zu tun und Begebenheiten, wie die No-Go-Liste. Es beinhaltet all Deine Träume und Vorstellungen, die Ängste vor dem Unbekannten und Werte. Welche Werte sind Dir wichtig und wie möchtest du Dein Leben gestalten? Von A wie Abenteuer bis Z wie Zuneigung, welchen Werten willst Du Raum geben? In diese Zeilen darf Heilung ein Thema sein. Hier darf die Zukunft bedacht werden. Lass Dir Zeit dafür und gestalte es zu Deinem persönlichen Manifest. Eine Erklärung Deiner Absichten und Ziele die Dir den Weg zeigen, Dich erinnern und Dein persönliches Warum wird zu einem Anker. Bevor Du loslegst, habe ich noch eine Bitte dazu an Dich. Vermeide Konjunktive wie: hätte, wäre, könnte, würde … dabei. Auf das Warum und welche Bedeutung Wörter haben, komme ich später noch einmal zurück.

Verstehe, die Geschichte „Warum ich gegangen bin" ist für jeden eine Individuelle und sich stetig weiterentwickelnde. Es ist Deine eigene unendliche Geschichte. Selbst wenn Dir heute und in ein paar Wochen leere Seiten erscheinen, oder Deine Geschichte Wendungen erfährt, es ist das Buch, was jeder selbst schreibt. In der spirituellen Welt sagt man, stehen diese Geschichten geschrieben, da alles zeitgleich existiert. Es ist weder Begrenzung, noch festgeschrieben, täglich webt es sich neu. Es ist eine Art unsichtbares Netz und wir weben es mit. Baddabing. Zehnter Tag ist noch sehr frisch. Gib Dir und diesem Netz Zeit sowie ein Manifest

11. Tag Verständnis vom Umfeld

– typische Falle und manchmal Anker

Manche haben das Glück, jemand der vor ihnen diesen Weg bereits gegangen ist, im Umfeld zu wissen oder bindungssichere Menschen, um sich zu haben, die die Tragweite des narzisstischen Missbrauchs und des pathologischen Narzissmus verstehen. Jemand, der die Auswirkungen der emotionalen Gewalt und Gewaltdynamiken versteht. Solche Menschen sind notwendig für Realitätschecks. Einige finden diese Form der Unterstützung erst bei Beratern, Therapeuten und in Selbsthilfegruppen. Es ist eine besondere Herausforderung sich selbst nicht permanent infrage zu stellen oder stellen zu lassen.

Verfluche weniger Dein Umfeld - Schütze Dich!
Bevor ich auf die Hauptverständnisschwierigkeiten eingehe, ein paar Worte zur Herausforderung. Lerne, Deine Wahrheit kennen und sie anzunehmen. Du weißt, wie schwer es für Dich ist, ungefähr so schwer ist es für Dein Umfeld. Es wird Dir kaum einer bestätigen können, wie es in Dir ausschaut, der es nicht selbst erlebt und sich eingängig mit all den dazugehörigen Themen befasst hat. Die irrationalen Aspekte, treffen oft auch auf das eigene Verhalten zu und Sätze wie: „Sei doch jetzt froh, dass es vorbei ist!", kann niemand gebrauchen. Noch weniger die Menschen, die sich im Wunderlandmodus befinden und Narzissmus nicht erkennen und verstehen. Die, die den subtilen Missbrauch kleinreden oder entschuldigen.

Narzissmus-Verständnis
Wie lange bist Du im Wunderland-Modus gewandelt? Wie oft hast Du Dich täuschen lassen von Aktionen und Fassaden? Und wie viel Wissen brauchte es, um das komplexe Bild dahinter zu verstehen?

Das setzt Zeit voraus, die richtigen Informationsquellen, Erfahrung und Interesse. Frag Dich inwieweit, das für Deine Familienmitglieder oder Freunde zutrifft. Hinzu kommt: Wie viel hast Du verschwiegen? Ich habe aus Scham vieles nicht mehr erzählt und es brauchte Zeit und Raum, um es anzusprechen. Ungefähr so viel, wie ich Zeit brauchte, um es zu verstehen. Nicht selten überfordert dieses neue Wissen das Umfeld. Sie verstehen weder warum man sich noch damit beschäftigt, noch dass es ein ganzes Weltbild auf den Kopf stellt und Transformation schmerzhaft ist. Unter Umständen halten sie Deine Vorgehensweisen für übertrieben und paranoid. Zugegeben, ich empfand es zum Anfang selber so. Heute weiß ich: Es hat nicht anders funktioniert.

Leidensverständnis

Haben sie selbst ein derartiges Problem greift auch da die kognitive Dissonanz vor dem eigenen Schmerz. Verstehen sie die Ausmaße, kann es zu eine Ko-traumatisierung kommen. In vielen Fällen fehlt es grundlegend am Verständnis über die Auswirkungen des Missbrauchs und die Zeit und Wege, traumatische Erfahrungen zu integrieren. Ein Armutszeugnis unserer Gesellschaft und Antriebfeuer meiner Seele.

Verständnis zu Helfen

Hier liegt oft der Hund begraben. Vieles, was normale Trennungstipps mit sich bringen, funktioniert nicht. Es wird gedrängt, am Leben teilzunehmen, sich neu aufzustellen, sich mit anderen Dingen zu beschäftigen. So wird man schnell erneut feststellen, dass die eigenen Grenzen vernachlässigt werden. Wenn Dir jemand einen Bungalow in den Garten zimmert, obwohl enge Wände Dich im Moment wahnsinnig machen und Du an der Stelle gerade Rasen ausgesät hast, ist das nicht zwangsweise eine böse Absicht oder fehlende Empathie. Manche fühlen sich überfahren, wenn man ihnen eine Gebrauchsanweisung an die Hand gibt, wenn ihnen ihre Lebenserfahrung bisher etwas anderes beibrachte.

Die dunkle Seite der Medaille

Unverständnis und Zweifel von nahestehenden Menschen, Behörden und Umfeld kann weiter traumatisieren. Es ist eine weitere Form des Gaslighting und passiert vielen. Wichtig sehe ich, das auszuschließen, dass es sich dabei um Flying Monkeys handelt oder Narzissten. Besser formuliert, bei Vermutungen ist es notwendig, schnell Grenzen zu ziehen und ebenfalls Abstand zu suchen. Wie ich schon habe anklingen lassen, kennen viele Betroffene die Strukturen bereits aus ihrer Kindheit oder erkennen sie jetzt. Es ist Deine ureigene Verantwortung Dich vor eventuellen Übergriffen vorerst zu schützen.

Im SOS Teil findest Du Hinweise, wie Du Angehörige und Freunde darüber informieren kannst und welche Tipps ich dafür habe. Nicht jeder hat die Kraft und Zeit sich dieser Problematik zu nähern und Stütze zu sein, ich bitte Dich, um die Akzeptanz und Stärke, die es dafür, von Deiner Seite braucht. Einmal um nach Unterstützung zu fragen. Und zum Zweiten es anzunehmen, wenn die Menschen dafür keine Kraft und Zeit haben, denn dann bringt es so oder so nichts. Du darfst und ich rate Dir dazu.

Und die Helfenden?

Auch diese Menschen vergessen gern, wo ihre Grenzen sind. Erinnere sie daran, solange es keine professionellen Helfende sind, sich selbst Gutes zu tun. Pausen zu gönnen. Erinnere Dich daran, dass es eine Zeit geben wird, in der Du zurückgeben kannst und es bereits jetzt tust. Wir lernen und wachsen am effektivsten gemeinsam.

Solltest Du allein, ohne jegliche Unterstützung sein (und auch das ist kein Einzelfall,) rate ich Dir Kontakt zu einer Selbsthilfegruppe/Therapeuten/Coaches/Seelsorgern zu suchen.

Bitte gehe Deine Kontakte erneut durch. Gibt es jemand, der Dir sympathisch ist und den Du fragen könntest, ob er ein offenes Ohr hat für Dich? Gab es Menschen, die sich entfernt haben aufgrund Deiner Zustände und der toxischen Gesellschaft? Ich bin dafür, den Versuch zu starten, da noch mal anzusetzen. Wichtig wäre, die Schönfärberei zu unterlassen. Direkt nach Unterstützung fragen - in der Form, die Du brauchst. Zuhören, Wege die erledigt werden müssen, den Rücken freihalten. Ich weiß, ein riesiger Schritt aus der Komfortzone, unabhängig vom Ergebnis ist es, so oder so, ein Schritt zu Dir.

12. Tag Alles raus Alles neu?

Alles zu seiner Zeit.

Trennungen hinterlassen stets Übriggebliebenes. In gesunden Beziehungen, die zu Ende erzählt sind, finden sich diese Dinge früher oder später ihren Weg. Nach toxischer Beziehung sind diese Dinge mehr als Dinge. Es sind Zeitfalten, Bindungen, Hoover-Möglichkeiten (siehe auch Tag 50) und eine tickende Zeitbombe. Was also tun mit dem, was übrig bleibt? Direkt zurückgeben? Wie zurückgeben? Wann zurückgeben? Und wie sieht es rechtlich aus?
Da ich hoffe, dass Du bereits diesen Punkt überspringen darfst, bitte ich Dich hier mir zu gestatten, noch einmal die gängige Praxis zu wiederholen. Dann ist dies einer der vielen Wege, die Du bereits hinter Dir hast. Vergiss das *„Das kann ich auch noch später klären …"*!
Geh nicht über Los! Zieh kein Rundengeld, sondern packe es direkt an! Idealerweise hat man das direkt vor der Trennung auf dem Schirm. In den meisten Fällen werden Partner von narzisstisch gewalttätigen Menschen getrennt, heißt: Sie werden verlassen. Selbst denen, die eine Flucht planen entgeht oft ein wichtiges Thema. Gütertrennung, im Sinne von: Jeder erhält seine Sachen zurück.

In Deutschland hat man die Aufbewahrungspflicht, theoretisch lebenslang. Egal, ob es sich um die Schrankwand der Großmutter oder das Fotoalbum handelt. Das Eigentum des anderen ist zu schützen und zu übergeben. Das heißt, praktisch, dass man auf dem Plunder erst mal sitzen bleibt, wenn eine Übergabe misslingt. Andersherum ist diese Regel ein Segen, wenn man seinem Eigentum hinterherrennen muss.

Übergabe nur über/durch Dritte!
Ideal wäre es vertraute Personen in diese Übergabe zu involvieren und Kein-Kontakt somit beizubehalten, indem man sich dezent im Hintergrund hält. Rechtlich ist hier ein Anwalt angemessen und der praktische, legale Weg.

Frist setzten! Der Anwalt wird auch bei diesem Punkt von Notwendigkeit sein. Lass eine Frist setzen, bis wann die Sachen abzuholen/abzunehmen sind. Eventuell mit Ankündigung weiterer Schritte dazu, wie die Sachen einzulagern. In der Regel sind das zwischen 14 Tagen und drei Monaten.

Falls diese Wege nicht mehr oder nicht funktionieren und ihr nach wie vor auf „Dingen" sitzen bleibt, ist es aus meiner Sicht wichtig, diese außer Sichtweite und Wirkweise zu bringen. Ich hoffe, dass Dir das Universum einen Dachboden/Keller oder eine trockene Abstellmöglichkeit dafür zur Verfügung stellt.

Kein-Kontakt durch und durch – die neue Freiheit
Erfahrungsgemäß vergessen die meisten narzisstisch gestörten Menschen ihre Habseligkeiten, da ihnen die emotionale Bindung dazu fehlt. Eine Gefahr bleibt es jedoch und an der Stelle will ich extra darauf verweisen, dass ein *„Es wäre schön, wenn sie oder er dies oder jenes, so und so machen."* … mit narzisstischen Menschen selten bis nie funktioniert.

Im schlimmsten Fall betrügt man sich selbst. Lässt die Sachen nicht abgeholt im Hausflur stehen. Zwei Jahre oder mehr, um daran innerlich jeden Tag aufs Neue zu zerbrechen. Die Stärke ist gespielt und in diesem Falle unsinnig sowie irreführend. Ich habe einst diese Hausflurvariante gewählt. Ich habe das erst in der Therapie verstanden, was ich da nicht Loslassen wollte. Ich denke, diese Dinge sind wie energetische Bänder, die wir uns besser selbst herausschneiden. Die Kontrolle über sich zurückholen, statt daran ziehen zu lassen, wie an Strippen einer Marionette. Befrei Dich, wenn möglich legal. Wenn möglich schnell. Wird offiziell Desinteresse gemeldet, wäre dazu eine schriftliche Bestätigung sinnstiftend. Dann empfehle ich Geschenke-Kisten, Sammelstellen und die heilige alles verschlingende Mülldeponie. Macht Dich frei! Kein Kontakt! Auch nicht zu den Sachen, die noch übrigbleiben.

Alles neu!
Retro ist auch schick. Ich möchte hier dem Konsumrausch klare Kante geben. Meine neue Wohnungseinrichtung fiel mir buchstäblich nach und nach auf der Straße entgegen. Auf einmal war er da der Designersitzsack, das neue Regal, der Hocker. Nach anderthalb Jahren hatte meine Einrichtung ein neues Gesicht und wurde mit mir neugeboren. Mir geht es um die mentale Einstellung. Raum für Neues zu erschaffen, in allen Bereichen. Minimalismus ist ein brandheißes Thema jeder Überflussgesellschaft mit ökonomischem Problem. Doch auch spirituell ist der Energiefluss nicht unwesentlich. Dazu brauch man kein Feng-Shui Experte werden, es reicht, sich dieser Energien und Wirkungen bewusst zu werden. Welche Ecke staut? Wo zieht es durch? Wie ist die Beschaffenheit? Innen wie außen und außen wie innen. In den meisten Fällen reicht bereits der aufmerksame Blick, alles neu zu betrachten.

Gib Dir ein paar Minuten Zeit, den Blick in Deinen Räumen wandern zu lassen. Intuitiv spürt Mensch, was zu ihm gehört und was schon längst nicht mehr zu einem gehört. Entlaste Dich von unnötigem Ballast oder Gepäck von Zeit zu Zeit. Alles jedoch zu seiner Zeit.

Die Zwölf ist die Zahl der Vollkommenheit auf der, der Fluch der 13 wartet. 12 Monate hat unser Jahr. Die Meilenstiefel, die Dich gerade tragen, mögen Dir vorkommen, wie Fesseln und Schmerz pur ohne Vorankommen, geschweige denn Ankommen. Vertrau mir, es kommt Dir nur so vor. Das heißt, jedoch kaum, dass diese Gefühle nicht real sind. Gern würde ich es Dir erleichtern, doch sie so einfach zu erleichtern bedeutet, sie gleichsam Dir zu nehmen. Sie sind Deines Pendels eigene Seite. Du darfst es loslassen, wann immer Du bereit bist, und Du darfst darüber bestimmen. Es fließen lassen, wenn es an der Zeit ist.

13. Tag Die Angst vorm Allein sein

– Ach Du dickes Monster

In der Beziehung fett genährt, weil die (Zw)Einsamkeit zusammenschweißt. Nach der Trennung wurde es mein Haustyrann, den ich mir selbst auferlegte mit Kontaktabbruch mal zur Abwechslung von meiner Seite. Neben Neuanfang, Illusion und Tatsachenrausch, Schock und den Spuren körperlicher Dauerbelastung, wartete da das Ungeheuer schlecht hin, in meiner Wohnung. Die Angst vor der einsamen Zukunft, ohne Familie, ohne Job ohne Pläne außer erst mal klarkommen und zerplatze Seifenblasen wegschrubben. Überlebensmodus.
Und dann saß es da und schwieg mich an, das Alleinseinmonster. Es war unglaublich fies, bemerkte mein schlechtes Aussehen, meinen selbstzerstörerischen Lebensmodus sowie auch die Hoffnungslosigkeit.

Ich schrieb Geschichten, die ich später veröffentlichte, um dagegen anzukommen. Und in diesen fing ich an mit Natur und Tieren zu reden, ähnlich wie im realen Leben. Der Mauerspecht besuchte mich tatsächlich jeden Morgen und am Abend, zeigte mir Kunststückchen und seine schönsten Lieder, ich grüßte ihn, er mich.

Es war ein kurzes Gefühl, gesehen zu werden, fast behütet. Während ich für ein paar Sekunden das Monster in meiner Wohnung vergaß. Wir schliefen immer getrennt ein, das Untier in der Badewanne ich lag auf, unter oder neben meinem Bett. Die Gedanken kreiselten um mich herum, bis es wieder im Zimmer stand und mich anschrie, der Zirkus hier wäre nicht aushaltbar, ich bin nicht aushaltbar, eine Zumutung. Blicke ich heute zurück, war ich nie allein … auch wenn ich mich genauso fühlte. Ich hatte viele Menschen um mich, die mir auf ihre Art es leichter machten, die zuhörten, trösteten oder einfach da waren und ich hatte Therapie. Und wenn ich doch allein war, war halt dieses Monster da. Dinge die unberechenbar sind, weil sie im unbekannten Vorstellungsbereich liegen, nennt man in der Mathematik Monster.

Monsterkonfrontation
Die Angst vor dem Unbekannten

Ich stellte fest, diese Kreatur begleitete mich schon länger. Die erste Bekanntschaft machte ich mit dem Biest in meiner Kindheit, denn und davon war ich felsenfest überzeugt, damals lauerte es nachts unter meinem Bett. Erst wenn alles kontrolliert wurde, war ich bereit, misswillig in meinem Bett Platz zu nehmen. Ich hätte mich nie getraut, noch einmal selbst nachzuschauen. Und dann sitzt es da offensichtlich Jahre später direkt vor und neben mir. Vielleicht wollte es einfach nur mein Freund und verstanden werden?

In dieser einen Nacht im Überlebensmodus, als es nicht mehr aushalten war, bot ich dem Monster meinen Mut,

Kekse und Kakao an und sagte total nüchtern und erwachsen: „Wir müssen reden!". Es nickte. Statt zu reden, starrten wir gemeinsam in einen Frühsommerhimmel in die Sterne und jeder begann für sich, zu träumen ... (Den unschönen Teil mit schweißgebadet und wimmernd hoffen, dass es mich nicht gleich frisst, überspringe ich.) Ich schaute in die Sterne, sie waren so friedlich, irgendwie zart und ich stellte mir vor, das Monster würde es genau so sehen, ich überlegte mir, dass uns dieser Aspekt verbindet, fühlte mich vom Firmament umarmt, sicher und beschützt. In Sicherheit ... behütet, wollte dem Ungeheuer Sterne und Planeten aufs Fell malen. Ich schaute neben mich, wo es eben noch lauerte, doch es war weg!

Alles was ich noch weiß ... Baddabing!
Ich fühlte mich zum ersten Mal richtig allein. Es war ein unerwartetes wohliges Gefühl, eins der Sicherheit, die ich zuvor bei anderen Menschen suchte und logischerweise hätte nie finden können auf diese Art. Es war eben mehr ein: all ein Sein, mit dem All verbunden und überhaupt Sein. Existenz. Mit allem verbunden. In den darauffolgenden Monaten hatte ich es mir zur Disziplin gemacht herauszufinden, wie dieses Alleinsein sich nutzen und ausbauen lässt. Die Flucht ließ nach und das Vertrauen in mich stieg täglich an. Ich wendete mich gleichsam mir wieder zu, meinen Plänen, Zielen, Wünschen, Bedürfnissen, der Natur, Themenfelder, die ergründet werden wollten und den Menschen im Allgemeinen. Nee, das ist nicht immer einfach und das ist ja auch eher eine Lebensaufgabe, doch sie ist das, was einen vor dem Schlimmsten bewahren kann. Alleinsein kann etwas wunderbar Magisches sein, fruchtbar und ich liebe mittlerweile meine All-ein-zeit. Ich habe es nur lange nicht verstanden, die Botschaft des Monsters.

Frag Dich, wie Deine Einstellung zum All-ein-sein ist!
Genießt Du es oder kannst Du es vielleicht einfach nicht?

Das Dilemma, es einfach nicht zu ertragen, erleiden narzisstische Persönlichkeiten, die frühkindliche Traumatisierung mit der erfahrenen Angst emotional allein zu sein war zu heftig. Gleichbedeutend springt da natürlich beim Alleinsein, der Drang und die Furcht an, sich mit diesen Dingen auseinandersetzten zu müssen, dann doch lieber die Flucht! (Nähe vs. Distanz)

Will gar nicht wissen, wie ihre Angstmonster aussehen, ich denke eher so an die Alien-Verfilmungen, weniger an flauschige Zottelbiester. Das braucht dann schon professionelle Monsterjäger. Es ist möglich: Lernen all ein zu sein, mit allem verbunden und dann bist Du auch nicht allein im herkömmlichen Sinne. Was mir immer noch etwas zu schaffen macht, ist die Vorstellung von Einsamkeit. Es ist eben der eine Samen, in dem noch alle Hoffnung steckt. Wer einsam ist, könnte vielleicht probieren, allen Mut zusammennehmen und sich ins nächste Café begeben oder Museum, ein Gespräch mit dem Nachbarn anzetteln oder mal abends ausgehen. Seine Telefonliste durchgehen, einen Hochschulkurs besuchen, ein Buch lesen oder einem Verein beitreten, in eine Wohngemeinschaft ziehen oder eine Veranstaltung organisieren, in den Chor eintreten, sich ein Haustier zulegen (Vorsicht das bringt auch Verantwortung mit sich und sollte an den Wohnraum angepasst herausgesucht werden!) … doch sollte es nie zur Flucht werden. Einsamkeit ist grausam entweder unter Gefangenschaft erzeugt oder selbst erwählt. Die Angst vor dem Alleinsein ist vielleicht nur eine irrationale Angst vor dem Unbekannten?! Vertraue Dir und den Sternen! Wie heißt es so schön: "Die Zukunft liegt in den Sternen!" Ich hatte keine Ziele, Pläne, Wünsche doch geschenkt ein ganzes Universum, aus dem all das erstehen konnte und kann. Einlassen statt verlassen. Überhaupt ich denke meine Verlassen-werden-Erfahrungen, Erinnerungen waren der Nährboden für das Monster, deshalb ist es natürlich auch ein sch... schmerzhafter Prozess, aber ja doch, er lohnt sich! Das Geschehene ist bereits geschehen. Sollte ich daran die Zukunft meißeln, wo es doch so viele Möglichkeiten wie Sterne gibt?

14. Tag Immer wieder sonntags, die Zweite

Okay Sonntage sind in der der ersten Phase eine Zumutung. Es ist okay, sich Ablenkung zu suchen oder mit dem Sofa eins zu werden, wenn es das ist, was Dir hilft. Ich hatte diese Phase der Suche nach Ablenkung auch und beobachte sie oft bei andern. Oft spüren Betroffene selbst, dass sie sich eventuell ablenken, dann ist da meist auch etwas Wahres dran. Ich finde es persönlich wichtig, darauf hinzuweisen und es weniger durch und durch "positiv" zu betrachten, sollte es für Dich gerade rund laufen. Es ist ein Schutzautomatismus. Ablenkung funktioniert bei normalen Trennungen 1 A. Bei narzisstischem Missbrauch ist es oft (natürlich nicht immer) eine Flucht vor den eigenen Gefühlen, die ohne die Vorwarnung zur Falle werden kann. So ist es auch mit den Sonntagen. Früher oder später werden sie zur Herausforderung, es sei denn Du sorgst etwas vor. Indem Du Dir die Frage beantwortest: Was gibt es für Möglichkeiten, für mich Sonntage konkret zu nutzen? Ich lade Dich ein Dir dafür eine Liste anzulegen. Socken zueinanderfinden lassen? Ausbesserungsarbeiten. Die ungeliebte Schublade sortieren, die in die seit Monaten alles reinwandert, was keinen Platz findet? Den Kleiderschrank auf Lieblingsstücke prüfen. Dann gibt es noch Wellness, Ausflüge, Kurse und Unterhaltung. Hör auf Dein Bauchgefühl, wie stimmig ist es mit Deiner Verfassung und Situation? Ich wünsch Dir, dass Du Dir auf die Frage: Warum bin ich heute aufgestanden? Im Vorfeld eine Antwort suchst. Und ja den Tag zu genießen ist eine. Du kennst es vermutlich, Montag morgens, das Wochenende steckt noch tief in den Gliedern.

Und überhaupt fragt sich der innerer Stimmenkatalog: Wie bescheuert es sein kann? Und Hand aufs Herz, irgendwie kann ja auch jeder Wochentag zum Montagmorgen mutieren. Man wäre doch am liebsten im Bett geblieben, berichtet man dann verzweifelt Außenstehenden, die verständnisvoll mit einem tiefgründigen: „Das kenn ich!", oder „Ich auch", antworten. Ja wenn das so einfach wäre (und es ist es tatsächlich), denn dazu müsste ja alles in Ordnung sein oder werden, aber wer entscheidet diese Prognose, wenn nicht einzig wir allein?

Haben Menschen Angst vor dem allein sein, weil Sie Entscheidungen treffen müssen? Und wie verhält es sich mit denen, die morgens erwachen und ihr Leben sch...finden? Ist es nicht legitim, dann die Bettdecke über den Kopf zu ziehen sich „krank" zu melden und sich etwas Gutes zu tun? Schließlich ist die Seele von destruktiven Gedanken erkrankt und findet alles doof, was soll man sich dann zwingen, alles cool zu finden, was einem den restlichen Tag versaut? Es ist eben auch wichtig, die Gründe zu hinterfragen, um sich nicht selbst vom Lebensfluss abzuschneiden. Die meisten Leser können mir vielleicht verzeihen, wenn ich pauschal unterstelle, das sind Luxusprobleme. Doch auch diese sind im Momentum der eigenen Wahrnehmung, durchaus bedrohlich und existenziell zermürbend. Gerade dann, wenn ein Warum, sich nicht so leicht beantworten lässt.
In der Kindheit wird man bereits damit konfrontiert. Disziplin ist meistens kein Problem, solange etwas begeistert und „das Warum" einen Sinn macht. Alles andere ist gefühlt, für andere wichtiger und das Warum unklar. Es wird ein Druck oder zum Zwang. Nicht dreckig machen, dem Onkel die Hand geben, obwohl er jedes Mal wie ein Stahlroboter zukneift. Um sieben zu Hause sein, ... (Harmlose Beispiele) Die Faszination der Dinge – mit anderen teilen und teilnehmen, ist eine schwierige Aufgabe,

denn oft wird man dabei von dem „warum" der anderen verschreckt, enttäuscht oder verletzt.

Die Menschen neigen dazu, ihre Wahrnehmung fest verankert zu haben, sie umgibt ein gewisser Kreis von Filtern und in diesem können sie wunderbar kommunizieren und sich weiterentwickeln, alles außerhalb der Filter tangiert sie nicht. Dabei kann es sich um gesunde Grenzen handeln, oder eine Art narzisstische Filterblase. Andere Menschen sind da unbefangener und können sehr über ihre Grenzen hinweg verstehen, was andere bewegt, antreibt und wo ihre Filterblasen liegen. Sie erkennen, wie schwer es ist, ihnen andere Formen der Wahrnehmung aufzuzeigen zu wollen, es ist eine Gabe und Fluch zu gleich. Durch Filterblasen hindurchzugehen und sich einzufühlen und zu verstehen, ist jedes Mal eine neue Erfahrung und eben nicht immer positiv aber wahnsinnig intensiv. Zurück zur eigentlichen Frage.

Warum bist Du heute aufgestanden?

Eine der wichtigsten Sinnfragen. Ist es die Arbeit, der Handwerker, das ewige Muss, der Hund oder die Kinder, der Zahnarzttermin? Fällt es eben schwer, wie in der Kindheit so auch heute. Und weiter verrät ein warum das: Wie? Und das ist es. Ob in narzisstischer Gesellschaft, im Überlebensmodus oder in einem Schutzgarten, unsere Stimmung braucht mehr als nur ein Substitut für irgendwas. Irgendwas will mit allen Sinnen dabei sein, es will erleben. Es will träumen, wünschen, ausprobieren und fühlen. Und all das, will in diesem Warum, jeden Tag gefunden und geschätzt werden.

Gedankenspiel:
Stell Dir vor, Gott existiert und heute blickt er durch Deine Augen auf die Welt, fühlt und „er"lebt" durch Dich. Was wäre der Grund aufzustehen, was würdest Du zeigen wollen?

Klar schaut Gott auch gern Arbeit an, wenn Du sie mit Hingabe vollbrächtest. Hm, doch das, als Highlight des Tages zu verkaufen, könnte ein bisschen schwierig werden. Gott, heute stehe ich auf, weil ich meine Ruhe vor dem haben will, was mich stört! Wäre auch ein recht eigenartiger Ansatz. Ich verkaufe doch keine Reise nach Afrika, in dem ich damit werbe, wie wenig Giraffen und Elefanten in der Toskana leben oder wie kalt es in Norwegen sein kann! Würdest Du Dir vorstellen können, dass Gott es wundervoll fände, wenn Du Dir Zeit nimmst einfach zu sein? Die Blume betrachten, den Vögeln lauschen, den Wind zu spüren oder die Sonnenstrahlen auf dem Wasser tanzen zu sehen?

Bewusst zu schmecken, fühlen, spüren, erfahren, die Schublade sortieren oder auch nichts zu tun, weil Du gerade heilst von Deinen Erfahrungen? Erinnere Dich ans Leben, gib jedem Tag und Deinem „Wie" ein lebenswertes „Warum". Heute möchte ich noch mal an das Manifest erinnern, welches ich am 10 Tag anmerkte, wer hier schon die ersten Stichpunkte oder Zeilen hat, dem wird es leichter Fallen sich mit diesem Warum anzufreunden.

15. Tag Beobachte es – Saug es nicht auf!

Diese Technik von Ross Rosenberg wunderbar beschrieben ist Gold wert. Es nicht aufsaugen bedeutet: sich nicht mehr die Aktivitäten des Gegenübers einzuverleiben. Es weniger auf sich beziehen, es nicht mehr so persönlich nehmen, dass es weiter unnötig trifft. Das Gift da belassen wo es ist und sich, wie bei einem Film, raus zu nehmen. Derselbe Weg auch für all das, was da in Dir an Gefühl und Gedanke aufkommt eine Möglichkeit diese Zeit zu überstehen. Gib Dir Zeit, Dich selbst zu entdecken, zu verstehen und zu erkunden was es mit Dir macht ohne dabei in die Starre zu fallen. Und selbst wenn, dann ist auch dies ein Zustand, der vorübergehend seine Aufgabe hat und nicht unbedingt einer Wertung bedarf. Wenn Dir Situationen begegnen, die Du nicht händeln kannst, es ist völlig normal im Überlebensmodus. Denk Dir: Interessant, das funktioniert für den Moment nicht. Niemand zwingt Dich, Dir einen Film anzusehen, den Du nicht erträgst, doch genauso mag es Dir eventuell vorkommen. Oft sind jetzt Erinnerungen ein Hauptauslöser für derartige Gefühle. Für heute will ich Dir sagen, es wird besser je mehr man sich selbst daran erinnert, es als Beobachter zu erleben, der all das mit seinen Gedanken in der Farbgebung steuern kann. Grell oder sanfte Konturen?

Du darfst das Bild regeln und auch „Stopp – jetzt ich!" sagen. Das bedeutet: es nicht zu werten für den Moment.

Und wenn Du es doch aufsaugst wie ein Schwamm? Dann sei Schwamm. Ja ich habe definitiv Nerven verloren auf meinem Weg und sicherlich auch die ein oder andere Schraube mehr als gelockert. Wie ich das meine, will ich Dir erklären. Als Vielfühler bin ich oft nicht davor gefeit ein Schwamm zu sein. Ich sauge meine Umwelt auf, ich verliere, verliebe, und trenne mich, in jedem Augenblick mit dem Leben. Ich sehe uns generell als spirituelle Wesen die physischen Umstände erfahren und somit ist unsere Funktion zu fühlen. Fühlen will, erfahren und wahrgenommen werden. Der Gärtner braucht mehr als nur eine minimalistische Bodenprobe, um die Beschaffenheit seines Bodens analysieren zu lassen. Wenn ich mich selbst über ein einziges Gefühl definiere, saugt es mich auf. So ein Schutzgarten braucht Bewusstsein. Das bewusste Sein, welches beobachtet, spürt und agiert, statt aufsaugt, verdrängt und reagiert.

Mehr zum Schutzgarten folgt, jetzt erst Mal:
Stopp und nur Du!

16. Tag

Was ist eigentlich so ein Schutzgarten?

Der Schutzgarten ist eine Möglichkeit, sich selbst und seine Seele zu reflektieren und zu schützen. Es ist der Raum für Dich, sich zu entfalten und gleichzeitig eine Alarmanlage. Er war schon immer da, doch wie oft hast Du ihn als solches wahrgenommen? Wie hast Du ihn gepflegt und für was genutzt? Ich hatte jahrelang keinen festen Schutzgarten, ich habe ein Feld gesucht und dort geackert, gepflanzt und oft hatte ich dabei sehr viele Menschen im Sinn. Es ging los mit den Anforderungen in der Kindheit, über Arbeitgeber und Beziehungen. Hat jemand gesagt, lege das an, habe ich daran gearbeitet. Ich habe ignoriert, dass bestimmte Pflanzen nicht überall wachsen, geplündert wurde und falsch gedüngt. Wünschte sich jemand Festungen, habe ich sie geduldet, bis eines Tages jahrelange Arbeit unter Geröllhaufen versank. Sodass mein eigener Rest-Garten mit stacheligen Dornengewächsen keiner mehr war.

Ich fühlte mich nicht bereit dieser Realität ins Auge zu schauen und es war alles andere als ein blühender Garten oder Schutz, doch ich wollte dableiben. Hatte keine Kraft mehr und doch dachte ich, ernsthaft ich muss nur Stück für Stück das Gestein abtragen. Heute sitze ich hier, schreibe es und lächle vor mich hin, denn was ich Dir jetzt verrate, ist eine ziemlich simple Lösung und doch so lebensverändernd. Unsere Seele ist nicht gebunden und wenn Du an das unsichtbare Netz denkst, welches uns alle umgibt, wird Dir meine Lösung sehr plausibel vorkommen. Ich habe mir Flügel wachsen lassen und bin meinem Geröllland entflogen. Es war nicht mein Schutzgarten, sondern der von dem ich dachte, es könne so meinem Besuch gefallen. Dabei habe ich es anderen recht gemacht, meine Bedürfnisse und Wünsche verdrängt und mich selbst mehr als unwohl gefühlt. Ich habe die Scherben in mich eingeatmet, habe mir das Chaos angesehen, habe die Dornen gezählt, und ihre Schnitte dazu, selbst die Luft schmeckte kalkig, bitter und nach Metall.

Da kam mir die Idee des Schutzgartens, einen Ort, an dem ich heilen darf, mich finden und in dem eine Winterruhe, nichts Unmenschliches, sondern etwas Notwendiges ist. Dort wo ich nur die Samen zulasse, die mir guttun, da wo ich wachsen darf und wo es Grenzen gibt. Einen Ort an dem ich mir so nackt, wie ich war, begegnen durfte und mich erholen. Mein Innerstes bleibt geschützt und doch bin ich nicht eingemauert. Meine Grenzen kann ich durchdringen und ja ich habe mehrere. Vera Birkenbihl spricht von Inseln auf denen Menschen leben und wie sich manche überschneiden und andere nie zusammenfinden. Ähnlich ist es mit so einem Garten. Es liegt an uns, wohin wir unsere Tore öffnen und wie weit jemand in den Garten reinlatschen darf! Die Krux ist: Rein sozial betrachtet, zeigen wir gern unsere Sonnenseiten, bieten Getränke an und sagen: Ja klar kannst Du Dir vom Lavendel etwas mitnehmen.

Problematisch wird es jedoch, wenn da nichts mehr für uns bleibt und sobald Du bittest bei der Schneckenplage eine Hilfe zubekommen, sind viele Sonnenseitensucher schnell weg. Es gibt Menschen die wollen es nicht wahrhaben, dass nur Sonnenseite auch Schatten wirft und verbrennt. Das Wachstum unzertrennlich mit Vergehen einhergeht. In gesunden Beziehungen stehen Menschen auch dann an der Seite und unterstützen. Leider ist auch das zunehmend in der Gesellschaft zum Stil und Image verkommen, statt zum inneren Wert und Einstellung, doch das ändert nichts daran, dass noch viele Menschen genau das in Beziehungen suchen und bieten wollen. In guten wie in schlechten Zeiten. Um sich nicht blind zu verlassen oder verlassen zu sein, ist der eigene Schutzgarten eine lebensbegleitende Maßnahme sowie Lehrer. Der Boden ist Dein Selbstwert, Deine Erfahrung, die Selbstachtung sind Deine Grenzen und Schutz. Das, was im Garten wächst, ist Zeichen Deiner Selbstliebe. Doch Schritt für Schritt. Auch ich brauchte Zeit neu anzukommen den Boden zu überprüfen, die Grenzen aufzubauen, zu verstehen und Samen zu streuen. Habe Geduld.

Vorerst ist es wichtig, sich Ruhe zu gönnen und Pausen.

17. Tag „little by little and step by step"

Der Weg ist keine gerade Strecke zum Ablaufen. Hör auf Dein Herz. Gerade zum Anfang des Kontaktabstandes ist es wichtig, zu verstehen, wie diese toxischen Kreisläufe wirken konnten. Auch wie Du heilen kannst und all das Wissen integrieren. Ich gehe davon aus, dass Du in der letzten Zeit sehr viel neues Wissen angehäuft hast und es weiterhin viele Fragen gibt. Das ist völlig normal. Ich rate gerade in den ersten 92 plus Tagen nur bedingt zu Austauschgruppen. Es ist eine Ablenkung, eine Verzerrung und eine triggerreiche Angelegenheit. Die Zeit ist am wertvollsten, wenn Du sie Dir widmest und Deinem Körper, von Ruhe begleitet. Erste Herausforderung ist es, in gute Gruppen zu kommen.

In der Regel haben sie Zugangsvoraussetzungen, die auch abschreckend wirken können. Worauf Du achten solltest, habe ich im SOS Teil festgehalten. Generell ist es wirksam sich vorerst weniger mit den Geschichten der anderen auseinanderzusetzen, vielmehr mit der eigenen. Wenn Du Dich dabei ertappst, wie Du seitenlang Kommentare zu Beiträgen über Narzissmus studierst, frag Dich: Was würde jemand tun, der sich selbst liebt? Genau.

Ein Phänomen ist es, dass sich Gruppenerfahrungen angleichen und es sehr schwer wird, die eigene Geschichte von den anderen zu trennen. Das führt später zu erneuten

Zweifeln, ist es mir passiert oder nicht, Verfälschung der Erinnerungen und zwingt uns jedes Mal die Geschichte selbst zu erinnern, was ebenso verfälscht. Leider gibt es nur wenige Bücher, die ohne diese Beschreibungen der Geschichten auskommen. Es geht um Deine Geschichte und um viel mehr, Deinen Weg zur Erholung. Jetzt verstehst Du vielleicht, warum mir die No-Go-Liste am Herzen liegt, frühzeitig anzulegen. Denn hinzu kommt auch noch die Belastung unserer Erinnerung. Missbrauch hinterlässt Spuren und unser Erinnerungszentrum, zumindest unser Filter dafür (Hippocampus) schränkt seine Tätigkeit ein. Ähnlich wie bei Depressionen ist es, ein Schutzmechanismus Energien zu sparen. Und doch die vielen Fragen und „wie war das noch mal?" Ich rate dazu: auf seine inneren Fragen zu hören, diese nach und nach zu beantworten, mit psychologischer Unterstützung, weniger Erfahrungsberichte lesen und sich Auszeiten zu gönnen. Wenn Dir ein Link zufällt, der für Dich Sinn macht, etwas mit Dir macht, ist das so und dann … Speicher in ab! Geh in Dich und frag Dich, was Du für Dich, aus diesen Informationen konkret, praktisch mitnehmen kannst. Begrenze Dich auf ein für Dich gesundes, bewusstes Maß an Infos. Dein Gehirn filtert unbemerkt bereits einen Großteil des Inhaltes.

Nach meiner Erfahrung kommt die Veränderung, für den der sich mit sich auseinandergesetzt hat, und therapeutisch aufarbeitet ganz ohne Videos, Büchern und Beiträge. Einige laufen Gefahr abzutauchen ohne extra Grenzen. Achtung das hier ist, wenn es Neuland ist, mehr als heftig und ich habe in meiner Wunderlandphase bösartige Vergiftungen/Entgiftungen davon gehabt. Transformation braucht Zeit und ich möchte hier, vor dem Fehler warnen, sich die Wissenszufuhr nicht zu regulieren. Nicht alle Giftpflanzen und Nebenwirkungen am Stück aufsaugen. Hier im Schutzgarten heißt es:

„little by little and step by step".

Es ist unmöglich, alles zu erfassen, wenn Du nicht damit intensiv arbeitest. Manche Texte braucht es, bis zu 20 Mal zur Hand im Laufe der Abnabelung/Trennung und Regeneration, bis sie wirklich ankommen. Und der eine braucht den, der andere den oder den.

Der größte Trugschluss ist, dass Abstand und Wissen ausreichen. Aus meiner Sicht fängt danach der Prozess erst richtig an. So ist es vorerst notwendig, Sachen gezielt zu verlernen und dann neue Impulse zu setzen. Die Lernphase, das setzten von Grenzen, ein Leben füllen, der Leere begegnen, neue Ziele und Deine ureigene Spiritualität dieser Erfahrung. Das sind alles aktive individuelle Themen. Da gibt es kein Schema F, wie Du zu Deiner Selbstfürsorge kommst, es ist Dein ganz persönlicher Weg. Es ist, als würdest Du Dir beibringen, von rechtem Verkehr auf Linksverkehr umzustellen oder Du von Apple auf Windows wechselst (oder umgedreht), das braucht Zeit. Es ist ein Prozess, bis Du es automatisiert und verinnerlichst. Eben: Stück für Stück und Schritt für Schritt.

18. Tag Die Sache mit den Energievampiren

Das ist schon so ein Ding mit den Energievampiren. Auch ich fand vorerst in diesem Begriff Verständnis und eine Erklärung. Und dann verfing ich mich in dieser Schlaufe und stolperte über mich selbst. Natürlich ist eine gewisse Synchronität zum Vampirmodus nicht zu übersehen. Im Wunderlandmodus hilft diese Vorstellung zumindest sich zu trennen. Oder die Konsequenzen zu bedenken. im Überlebensmodus wird sie jedoch zur Falle. Sie wird Dir weiter Energie ziehen, auch wenn Du diese Energieräuber identifizierst, Dich fernhältst und aus sicherer Distanz ihnen zuschreibst, was sich in Dir abspielt. Unsere Lebensenergie entspringt nicht direkt in uns, wir sind vielmehr von ihr durchdrungen. Sie umgibt Dich, sie fließt durch Dich und ist unerschöpflich. Sie ist. Je nachdem wie sehr wir unseren Körper verstehen und annehmen als Tempel einer gewissen Zeit, desto mehr Energie ist, er bereit zu geben und aufzufüllen. Wie ein Gefäß wird er von Energie aus allen Richtungen gespeist und gibt ab. Es ist ein alldurchdringendes Netz. Es gibt Menschen, die brauchen viel Energie von außen, andere scheinen einen Dauerzugang zu haben. Und es gibt diese Menschen, die sich abschneiden von der Energie. Und das sind jene, die dann sich verstanden fühlen, wenn es um das Thema Energievampire geht. So wie ich und Du vielleicht auch?

Die hässliche Wahrheit dahinter...
Narzisstische Menschen, Kinder, gehandikapte und hilflose Menschen fordern und benötigen viel Energie durch andere Menschen. Alle geben Energie zurück. Wobei es nicht dieselbe Form der Energie ist. Bei toxischen Menschen können wir regelrecht von einer „negativen" Energie sprechen - im Wechsel zur positiven Energie, die sie durch Idealisierung erreichen.
Idealisierung und Entwertung im Kreislauf. Soweit so gut, dennoch fühlt es sich an, wie ein schwarzes Loch an in das man hineingibt und gibt und genau das ist es. Wir geben und geben. Wir haben ein enges Band geknüpft zu der toxischen Person und geben „freiwillig" die Energie da rein. Wir überlassen nicht nur unsere Energien komplett den toxischen Strukturen, es passiert dabei auch noch etwas anderes Essenzielles, Gefährliches. Wir schneiden uns selbst von den freien Energien ab. Und hier ist der Punkt, wo sich die Vampirtheorie verliert und zu einer Bewusstseinsfrage wird. Wie ist Dein Energiefeld beschaffen, wie verstopft die Zugänge, wie bist Du mit dem Universum und wie mit der Erde verbunden? Das dicke Band zur toxischen Person wird zur toxischen Beziehung, wirkt auch

in uns toxisch. Wir werden abhängig von der Energie, die da unwillkürlich hindurch zurückkommt. Ich schrieb bereits, über das Rattenexperiment, in dem genau das passierte. Auch sie vernachlässigten ihr Essen, ihre sozialen Bindungen und brachten all ihre Energien auf, den Hebel zu drücken. Das ist das Prinzip toxischer Beziehungen, es gehören mindestens zwei dazu. Man merkt nicht, wie sich diese Dynamiken entwickeln ohne das Verständnis über jene. Energievampir ist ein Label, was der toxischen Beziehung dient, da es suggeriert, dass Du unbeteiligt und wehrlos bist. Verbleibt man im Leerlauf, zu was wird man dann? Mit den negativen Emotionen und Energieverlust werden auch Opfer zu Energievampiren in dem sie klagen und ehe man das jemand zumutet, isolieren man sich. Und so weiter und weiter.

Ja, man ist machtlos gegenüber krankhaftem Narzissmus. Ja, es hinterlässt Spuren. Doch, wir allein sind es, die sich neu vernetzen. Die Energie ist da und sie ist bereit, jederzeit Dich anzufüllen. Ich lade Dich ein, rauszugehen in die Natur und genau das anzufühlen. Spüre den Boden unter Deinen Füßen, lass Dir Wurzeln wachsen tief in den Boden. Und dann öffne Deinen Geist lass durch Deinen Scheitel die universelle Energie eintauchen, dich durchfluten. Stell es Dir bildlich vor, lichtdurchflutet geduscht zu werden. Atme!

Die Bändertrennung ist ein Thema für sich. Im SOS Teil habe ich dazu ein kleines Geschenk für Dich gepackt. Es ist wichtig, dass Du spürst, dass da unendlich Energie für Dich ist und Du eine Weile brauchen wirst, um ein Normallevel zu erreichen. Das ist nicht schlimm oder verrückt, es ist Teil des Weges. Genauso schleichend wie der Prozess sich abzunabeln ist, wird es dauern sich wieder zu verbinden und neu verkabelt zu sein. Gib Dir die Zeit. Schritt für Schritt.

19. Tag statt sie zu lieben, … verstehen

Es ist nicht vermeidbar hier zu schreiben, ohne selbst zurückzugehen, in meiner Geschichte und da gab es einen heftigen Klickmoment. Es war ungefähr der neunzehnte Tag meines Kontaktabbruchs und ich war gerade das gefühlt 520te Mal damit beschäftigt meine Scherben zusammen zu puzzeln. Was ein unlösbares Rätsel und aufschneidend war. Da knockte mich ein guter Bekannter mit einem Satz aus, aber irgendwie brachte er mich damit auch auf eine Spur. „Manja, nun sieh doch endlich ein, dass Du diesen Typ mehr geliebt hast, als Du Dir eingestehen willst." Was mich vorerst, wie mit einer Nagelpistole bearbeitet am Boden festdrückte, wirkte nach. Meine innere Abwehr und Schuldsuche schwappten in eine Art Erleichterung. Ja, um das zu können, musste ich jede Zurückweisung, jede Entwertung und Zersetzung, die Krümeltaktik, die Lügen und die Einsamkeit verdrängen. Die wirren Diskussionen, die Zähigkeit und Verletzungen. Meine Liebe zu ihm war so herausgefordert und ich wollte und hatte Liebe zu geben, doch das bedeutete: sich selbst zu verleugnen. Zu verleugnen, dass mein Trauma nicht ihn zu verlassen ist, sondern das alles mitgemacht zu haben. Den seelischen Missbrauch erneut zu tolerieren und zu hoffen, dass man mit Liebe alles heilen kann. Das nicht länger zu tolerieren, war die Entscheidung, die mir half es endgültig durchzuziehen. Statt sie zu lieben, begann ich… die Narzissten zu verstehen.

Nun ist Liebe meine große Antwort auf alles, doch hatte ich mich diesbezüglich noch nicht auf das komplexe Bild hinter den Spiegeln eingelassen. Auch da hatte ich nur Puzzleteile. Es war, wie meine Liebe vs. die Realität. Diesen Schmerz-Drops wollte ich monatelang nicht lutschen, schlucken oder ausspucken. Verständlich … Liebe und Verständnis waren das Öl in seinem Feuer. Es war genau das, was ihm Schmerz bereitete, ihn in die Leere trieb und anstrengte. Jede normale Beziehungsaktion ist mehr als anstrengend, wenn sie nicht vom Herzen kommt. Das Konstrukt aufrecht zu erhalten, die unerträglichen Selbstreflexionen. Und das wirkte auch auf meiner Seite. Ich erkannte ihn zu lieben, bedeutet: mich zu schützen und somit auch ihn. Unsere Geschichte war zu Ende erzählt. Die Trauer darüber braucht Zeit und Raum, doch es wird leichter. Wenn Du beginnst Deinen Peiniger zu verstehen, es ungetrübt zu sehen und dafür ist auch der Kontaktabstand nötig, damit Du die Empathie bei Dir lassen kannst und um sie gesund anzuwenden, wirst Du verstehen, dass Liebe auch Abstand bedeutet.

Für mich war die emotionale Vernachlässigung und Verantwortungslosigkeit ein heftiger Trigger, sodass es mir kaum wie die Lösung vorkam. Gerade empathischen Menschen fällt es schwer, jemand auszugrenzen oder zu blocken, erst recht, wenn man liebt. Das war nie im Leben eine Option aus meiner Sicht, bis ich begriff, dass Liebe aus der Ferne hier der sichere Weg ist und schon gar nicht der, der Narzissten. Dafür war es wichtig, zu verstehen, wie sie ticken und da dies kein Sachbuch über Narzissmus ist, wird die Info kaum ausreichen.

Morgen will ich Dir dennoch einen Einblick in mein Verständnis mitgeben, ich bitte Dich, für heute eine Pause einzulegen mit dem Narzissmusstudium und Dich folgenden Fragen zu widmen. Wie möchtest Du lieben und geliebt werden? Welche Art von Liebe brauchst Du?

Liebe spricht verschieden Sprachen. Was der eine braucht, lässt den anderen eingehen. Statt Dich und die Situation zu verstehen und ständig zu hinterfragen, beginne Dich und Dein Leben zu lieben, mit den Ecken und Kanten. Wenn Dir es noch schwerfällt, dann ist alles in Ordnung, ich will Dir nur einen Hinweis geben, wo unsere Reise hingeht. Zur Liebe will ich später im Buch noch mal zurückkehren.

20. Tag Das A-Weh Prinzip der Narzissten

Heute möchte ich mit Dir mein A-Weh Prinzip der Narzissten beleuchten. Ich habe bei meinen Recherchen ein Muster erkannt, welches sich im Laufe meiner Arbeit durch und durch bestätigte. Selbst Narzissten haben mir diese Wirkungsweise bestätigt und somit auch ein großes Puzzlestück im großen Bild dahinter verifiziert. O'zapft is! Heißt es in Bayern, wenn die Bierquelle fließt und das denken sich, eventuell auch die Narzissten sobald sie eine Energiequelle auftun. Vermehrt fragen sich die Menschen, was treibt diese Art von Menschen an, was fühlen sie … in sich? Wie darf man es verstehen? In erster Linie sollte man von einer seelischen Behinderung ausgehen, gefüttert durch Kränkungen und es nicht persönlich nehmen. Ja klar, ist das schwierig, doch man wird seines Lebens nicht mehr froh, wenn man sie nur als „niederträchtig", „krank" oder „Energievampire" betrachtet.

Sie haben ein Grundmuster, welches sich nicht einfach verlassen lässt. Ich nenne es: Das ‚A–WEH–Prinzip'.

Es ist mehr als ein Wehwehchen aus der Kindheit, es ist ‚A ausgewachsenes WEH.' Dahinter versteckt sich:

A- wie Angst
W- wie Wut
E- wie Eifersucht und
H- wie Hass.

Es gibt so viele verschiedene Typen der Narzissten in unterschiedlichen Stufen, mit unterschiedlicher Ausprägung, doch alle Typen im pathologischen Sinne, bewegen sich, meiner Ansicht nach, im A-WEH-Prinzip. Das sind die vier Grundpfeiler ihrer Aktions- und Reaktionsrahmen.

Der Kern ihrer Persönlichkeit, was ihnen unaufhörlich Energie raubt und ein schmerzendes Schamgefühl überdeckt. Vor was fürchten sich Narzissten? Was macht sie wütend? Wann reagieren sie eifersüchtig und wie entsteht der Hass? Es folgt ein schutzgärtnerischer Versuch, den Blick dahinter zu wagen.

A wie Angst

Angst nutzen sie selbst wie ein Instrument, um andere abzustrafen oder zu kontrollieren, sie richten ihre Aufmerksamkeit gezielt auf diese Themen und statt an sich selbst zu arbeiten, spiegeln sie diese nach außen und provozieren damit, den eigenen Missbrauchskreislauf. Was aber macht Narzissten Angst?

Sie selbst
Fehlender Treibstoff
Kontrollverlust
Enttarnung
fehlender sexueller Verkehr
Allein sein
Verantwortung
fehlende Aufmerksamkeit
Kränkung / Entwertung
Bedrohungen (diese lauern theoretisch überall)
Vorwürfe
Dominanz / Autorität
andere Wahrheiten, Denk-Konstrukte, Ablehnung, Emotionen, Verantwortung

W wie Wut!

Wann werden Narzissten wütend? Wenn sie Angst haben! Die narzisstische Wut kennt mehr als verbale Aggression. Je mehr sie in eine Zwickmühle geraten, desto heftiger können die Reaktionen selbstverletzend und nach außen gerichtet werden. Sie lässt sich schwer beeinflussen und erscheint so schnell, wie sie verschwindet, hinterlässt jedoch tiefe Spuren. Nicht immer äußert sie sich verbal.

Die Wut schweigt auch gern und veranlasst sie, Andere abzustrafen. Andersrum kann ein Narzisst kaum Wut ertragen, wenn er sie nicht selbst provoziert hat als Energiezufuhr. Narzissten suchen dann das Weite oder leben ihre Kränkung aus. Oftmals hört man dann kindliche Bemerkungen, wie: „Du bist gemein!", oder haltlose Vorwürfe und Unterstellungen. Vorsicht sie manipulieren dann bereits wieder. Eine neutrale Erörterung ist kaum möglich, ganz zu schweigen von einer ehrlichen. Heißt, versucht man empathisch sachlich auf die Situation einzugehen, Lösungen zu finden, beschwört es eher die zweite Hasstirade (siehe Hass) herauf und eigene Problematiken werden nicht gehört, lediglich als Vorwurf verstanden was wiederum an ihrer eigenen Art zu kommunizieren liegt. Hier gibt es Typen, die sich selbst dabei nicht erkennen und die, die sich reflektieren.

E wie Eifersucht

Es gibt nichts, worauf ein Narzisst nicht eifersüchtig reagieren kann. Materialistisch, idealistisch, alles, was anderen Energie gibt, besonders bei Dingen, wo sie wissen, dass es ihnen keine Energie geben wird, oder gar ihre Energiequellen bedroht, dies wiederum bedroht sie und sie verspüren Angst. Wer jetzt denkt, einen narzisstischen Menschen mit Eifersucht halten zu können, bestellt seine Bestrafung direkt mit. Narzissten werten dies, als Bedrohung und Manipulationsversuch und werden sich umgehend eine neue Energiequelle suchen. Warum sie dann bleiben, ist nur auf einen Grund zurückzuführen: Sie ziehen aus den Vorwürfen und den Reaktionen des Partners Energie. Mit Liebe und Treue hat es leider nicht zu tun.

H wie Hass

Wann hassen Narzissten? Wenn die Angst zu groß wird und sie ihrer eigenen Wahrheit näherkommen, dem Trauma ihrer Kindheit und der erlebten Umwelt und dem Schmerz, tief im Inneren. Der Schmerz wird zu schwer, die Unzufriedenheit zu groß, um es zu tragen. Sie haben keine Energie mehr, laufen auf Notreserve, es folgt die Hasstirade manchmal gezielt und manchmal an wahllose Opfer. Sie sehen sich bedroht und selbst als das Opfer und sicherlich kennt jeder Mensch diese Reaktion an sich. Narzissten kennen kaum eine andere Reaktion, wenn ihnen der Treibstoff fehlt. Liebe heißt für sie gleichzeitig Hass und da kennen sie sich weitaus besser aus, zu wissen, wie sich Hass anfühlt. Um ihren eigenen zu überspielen hilft ihnen, ‚der Hass der Anderen', es ist ihr Treibstoff.

Und was erzeugt fehlender Treibstoff? Angst.Du siehst, es ist kaum ein angemessener Rahmen für ernsthafte tiefe Bindung auf Augenhöhe, für Kritik oder gemeinsame Lösungen. Anzumerken wäre, dass bei malignem Narzissmus und steigender Psychopathie, die Angst abnimmt bis nicht mehr vorhanden/spürbar ist. So oder so handelt es sich bei narzisstischen Störungen um einen begrenzten Reaktionsrahmen, der in erster Linie ein Abwehr- und Schutzmechanismus darstellt der nicht abstellbar ist. Tag 20 Kein Kontakt, die X Liste füllt sich, bleib stark!

21. Tag Gedankenkreiseln? Stopp! Jetzt Ich!

Und immer wieder dieses Gedankenkreiseln? Es ist normal, jetzt wo sich Dein Fokus ändert, dass er anfänglich noch bei den toxischen Menschen und den Erlebnissen mit ihnen liegt. Ein wunderbarer Trick ist es diesbezüglich mit sich selbst mal Tacheles zu sprechen. Erwischst Du Dich dabei, dass es erneut darum geht, was sie oder er denkt, warum und was da passiert ist, obwohl Du Deine Gedankenenergie für andere Dinge benötigst, sprich es laut aus! „Stopp! Jetzt ich!" Besonders wirksam ist diese Erinnerungsübung, wenn sie in den ersten Sekunden des neuen Gedankenkreisels angewendet wird. Ich habe sie ein paar Mal auch mitten auf der Straße in der

Öffentlichkeit praktiziert. Zum Beginn meiner Reise, hin zu mir, hat schwerste Knoten gelöst und ich habe es unterschätzt. Ich erinnere mich, einmal schmunzelte ich peinlich berührt über mich selbst und hatte dabei einen riesigen Kloß herunterzuschlucken. Ziel dabei ist es, sich weder selbst zu beschneiden noch sich lächerlich zu fühlen. Du hilfst Dir und das ist wundervoll, wenn es wirksam ist. Was jetzt wirklich zählt, sind Deine Träume. Deine Wünsche. Deine Gesundheit. Es ist eine weitere homöopathische Dosis gesunder Narzissmus, die immense Wirkung hat und Dir helfen kann im Jetzt und hier anzukommen. Um dahin zu kommen braucht es Zeit, Geduld, Mut und Humor. Wusstest Du, das Opfer dazu neigen einen sehr schrägen Humor zu entwickeln, auf denen ihnen im Laufe des Überlebensmodus der Zugriff fehlt? Keine Sorge, Dein Humor entgiftet ebenfalls und wird zurückkehren, um Dir hilfreich zur Seite zu stehen.

Humorliebend wie ich war, hatte ich eine exzellente Bereitschaft, für Sarkasmus, Zynismus und Dadaismus entwickelt. Das änderte sich in Ekel, Trigger und Abwehr. Ich war nicht mehr zugänglich dafür. Wie auch mit maroden Grenzen und wenn man erkennt, dass vieles in diesem Humorbereich extrem narzisstisch geprägt ist. Unabhängig davon beginnt Humor da, wo es wehtut. Alles hat seine Zeit. Mein Humor hat sich gewandelt und ich durfte die Erfahrung sammeln, wie er langsam zurückkam. Habe Geduld mit Dir.

Es ist aus meiner Sicht ein Balanceakt dieses Zu-sich-Finden und gleichzeitig aushalten und nicht überfordern. An und für sich ist es auch hier eine Nichthandlung. Heißt gewisse Dinge, wie das Gedankenkreiseln loszulassen. Jede Minute, die Dir dies gelingt, ist wertvoll, doch auch wenn es misslingt und Dich einfängt, dann sind dies nicht weniger wertvolle Minuten. Gib Dir die Zeit, die Du brauchst und ab und zu ein Stopp! - Jetzt ich!

22. Tag Es sind „nur" Erinnerungen

Bei all dem ist es wichtig, die richtigen Mantras zur Hand zu haben. Mantra im Sinne von Sätzen, die Dir helfen, Dich zu erden und an Deine Ausrichtung erinnert. Genau wie „Stopp! Jetzt ich!" hat mir der Satz: „Es sind nur Erinnerungen!" sehr geholfen. Ob bei Panikanfällen, Gefühlsausbrüchen, Reaktionen oder Triggermomenten.

Es ist normal, dass nach dem emotionalen Missbrauch die Erinnerung zurückkommt, die Gefühle zurückkehren und die Wahrnehmung sich vom Nebel nach und nach lüftet. Zum einen halte ich die Dokumentation für notwendig, zum anderen auch zu verstehen, dass man, befindet man sich in Kein-Kontakt-Modus, die nötige Sicherheit vorerst hergestellt ist. Der Rest ist jetzt Mindset, Aufarbeitung und Traumafolge.

Mit „nur" Erinnerung ist keine Wertung im Sinne: Es ist nicht schlimm oder unwesentlich, gemeint. Wir neigen dazu, direkt bei diesen Erinnerungen erneut in den Kampf- Flucht-Modus zu verfallen und den kann gerade niemand gebrauchen im Überlebensmodus. Es ist nötig, von diesem Stress zu entgiften. Auch hier ist das Bewusstsein der Schlüssel, indem Du auch hier zum Beobachter wirst. Das fällt Dir noch schwer? Weil es keine Schalterumlege-Methode, sondern mehr Übung ist.

Perspektiven lassen sich nur langsam erweitern. Natürlich werden wir auch dabei zu einem Großteil von unseren Genen bestimmt. Resilienz, Depressionsanfälligkeit und Wahrnehmung ist zum Teil angeboren und antrainiert. Jahrelang herrschte die Vorstellung, dass daran später nicht mehr viel zu ändern ist.

Da hat sich die Erwartung an das Experiment angepasst und bestätigt. Murphys Gesetz und viele weitere Sachbücher zum Thema Bewusstsein brechen diese Struktur seit Jahren auf und auch die Neurobiologie bestätigt, da geht noch viel mehr. Menschen ändern sich nicht, ist ein alter vermiefter Glaubenssatz. Dafür lege ich meine Hand ins Feuer, arbeite ich nun seit Jahren fast täglich mit Menschen die sich ändern, verfeinern, weiterbilden, transformieren und das Wesentliche in sich entdecken. Was unterscheidet diese Menschen, zu denen die starr bleiben? Sie sind bereit, ihre Perspektive zu erweitern sowie sich die nötige Zeit dafür zu geben. Wenn es so etwas, wie einen Umschalter gibt, dann der Moment, indem Du bereit bist, zu akzeptieren, dass es mehr als nur Deine jetzige Sichtweise gibt. Wenn Du mutig wirst, Dich selbst zu entdecken, eröffnen sich Wege. Und wenn Du Dich bereit fühlst, starte mit einer Übung ohne Wertung. Versuch hierfür gedanklich in die Adlerperspektive für ein paar Sekunden zu wechseln. Der, der über allem kreist. Adlerblick von starken Schwingen getragen. Von hier oben lad ich Dich ein Dich selbst, so wie Du Dich im Moment fühlst, bewegst, bist … als Mittelpunkt zu sehen.

Du bist Dein Anker. Siehst Du die Verbindungen, die Strippen, die im Moment noch ziehen und spannen. Welche hältst Du, welche andere? Die darfst Du für den Moment alle loslassen und Deine Schwingen ausbreiten. Steig weiter auf, so als könntest Du nicht nur Deinen Standort überblicken. Du überblickst das Land weit über seine Grenzen, die Wälder Felder, Meere und Winde … Kontinente. Du bist ein Teil dieses atemberaubenden, universellem Kunstwerk Erde. Hier oben sind Magie und Energie fühlbar. Freiheit. Bevor Du zurückkehrst, hole mehrmals tief Luft. Atme! Sauge sie ein, lass Raum und Zeit relativ werden und kehr zurück zu Deiner Mitte.

Falls es Dir heute nicht gelingt zu folgen, kein Problem. Versuch es, wenn Dir danach ist erneut. Morgen will ich Dir meinen Weg, wie man mit den Erinnerungen umgeht, verraten.

23. Tag Wohin mit der Erinnerung?

Am Tag 12 beschrieb ich bereits die handfesten Erinnerungen. Kein-Kontakt bedeutet, neben den gekappten Verbindungen sich nicht mit Dingen wie Fotos oder Geschenken zu belasten. Dennoch lässt es sich kaum vermeiden, hier und da über jene zu stolpern.
Lege eine Aufbewahrungsmöglichkeit zurecht, in das alles wandert, was jetzt noch kommt. Wichtig ist, dass jene nicht in Deinen Wohnräumen ewig steht, doch vorerst ist sie das kleine, schwarze Loch, in das Du diese Erinnerungen reinwerfen darfst! Du möchtest was werfen? Prima! Diese olle Tasse, die Dir geschenkt wurde, die nicht zu Dir passt? Klasse … Zerschmeißen wir die Tasse! Du darfst! Denn wenn erst mal die Erinnerungen fließen, ist die Wut nicht weit. Die will raus und möglichst so, dass sie niemand schadet. Doch heute geht es mir nicht um Wut. Falls es dennoch Dein Thema ist, blättere vor zu Tag 33.

Ich habe in den Monaten nach den endgültigen Trennungen meiner toxischen Beziehungen stets mit Erinnerungen gekämpft. Denn vieles betrachtet sich nun aus neuem Licht. Mit Wissen über den Missbrauch hat sich diese Betrachtung schmerzhaft geändert. Die schönsten Erinnerungen werden plötzlich zwiespältig und durchtränkt von Illusion, Gasnebel und Verbitterung. Ohne das Wissen über Missbrauch und das Verständnis darüber, dass es zwei Menschen braucht, um Tango zu tanzen, wird man am süßen Saft kleben bleiben und die Manipulation aufrechterhalten. Die Hoffnung stirbt zuletzt.
Es gibt genügend Portale und Coaches die zum Beispiel den Kontaktabbruch als Zurückgewinnungsstrategien anbieten. Warum funktioniert das? Wir neigen dazu, nach Ende einer Beziehung, uns aktiv die guten Erinnerungen zu behalten.

Unser Bewusstsein braucht seine Erkenntnis, seine Orientierung seinen Lernprozess und Bestätigung. Daher neigen wir auch dazu, die schönen Dinge auszuschmücken, sodass sie noch schöner sind. Wenn wir uns anfangen aus einer Komfortzone herauszubewegen, sind wir relativ nackt. Dann werden auch die anstrengenden Wochenenden mit einem Griesgram, einer Dramaqueen oder Psychopaten zur plötzlichen Sehnsucht, nur weil es die Gewohnheit war und unser Bewusstsein und Ego einen Gewinn erwartet. Einen Gewinn in einem Verlustszenario. Also kein Gewinn, mehr eine Nieten-Sammeln-Situation.

Der Gewinn ist: Deinen Weg zu finden. Diese Heldenreise anzutreten und zu erleben.

Wohin mit den Erinnerungen?
Hier wird der Austausch notwendig. Austausch der Energien. Physische wie Fotos, Geschenke oder gemeinsame Anschaffungen sind nach und nach zu eliminieren. Was am Anfang noch schwer und schmerzhaft, wird leichter werden und erfahrungsgemäß, klopfen diese Erinnerungen selten an und fragen, ob man gerade bereit wäre, die gemeinsam geloste Plüschgiraffe im Schrank zu finden oder das gemeinsame Lieblingsgericht im Supermarktangebot der Woche zu entdecken. Atme, es sind in erster Linie Erinnerungen und somit ein Teil Deiner Vergangenheit. In der Psychologie spricht man dabei von Triggern.

Und das Beste, glaubt man den Hirnforschern auf dem Gebiet der Erinnerungen, ist nichts anfälliger oder gefährlicher als sich ständig zu erinnern. Julia Shaw zeigt in ihrem Bestseller: Das trügerische Gedächtnis, wie anfällig der Mensch dafür ist, seine Erinnerungen zu verfälschen. Und zwar jedes Mal, wenn wir uns an etwas erinnern. Allein das konzentrierte Erinnern an eine Situation verringert (laut ihrer Nachforschung) den Wahrheitsgehalt der Inhalte.

Wenn wir den Tag verarbeiten, trifft das Erlebte auf unseren Hippocampus, der Part, der die Erinnerung in wichtig und unwichtig zwischenspeichert. Von der Form her ähnelt es eines Seepferdchens und wir haben rechts und links eines davon. Von denen holt sich dann Stille-Post-mäßig unser Langzeitgedächtnis die Infos (Wer, was, wo, welche Emotion und Gefühle) und speichert sie ab. Und wie bei dem Lieblingsfilm ist es ähnlich im echten Leben, wir speichern unseren Film ab, ohne Rücksicht auf Realität und Wahrheitsgehalt und dabei sind wir mehr als fehleranfällig. Stress, Angst und Gewalt sind da wahre Wahrheitsverdränger.

Narzisstischer Missbrauch und das Gehirn...

Auch wenn ich mich wiederhole, die Auswirkungen und Symptome gleichen der Depression, nach narzisstischem Missbrauch, spricht man auch oft von Dysthymie (depressiver Zustand), die bis zu zwei Jahre danach anhalten kann. Ungefähr 75 % leiden unter ernsthaften posttraumatischen Belastungen und der „Verneblung im Gehirn". Der dauerhafte Flucht-Kampf-Modus bewirkt, dass die Hippocampi sich verkleinern, weniger Information erfassen können und somit die Erinnerung getrübt ist. Zumal die Verbindung zum präfrontalen Cortex nachlässt und somit Entscheidungen nicht mehr richtig überdacht, sowie Situationen fehl-eingeschätzt werden. Es ist aus meiner Sicht und Erfahrung eine Tunnelperspektive, die sich als täuschend echt präsentiert und das limbische System die Gefühle verstopft und inszeniert. Die einen werden körperlich erkranken, andere erleben eine Abspaltung von ihren Gefühlen. Gerade dann begeben wir uns in toxische weibliche und männliche Energien. (Eifersucht, Kontrolle, Macht, Rache, Intrigen, Stalken, Betteln, Handlungen außerhalb unserer Werte).

Es gibt im Kreislauf nur vier Möglichkeiten: Rebellion, Erstarren, Unterwerfung/Anpassung (bitte liebe mich-Dynamik) oder die Flucht. Mit Flucht ist hier, es leugnen und ausblenden gemeint. Zu gehen ist keine Flucht, es ist ein Teil und erster Schritt zur Lösung.

Und dann braucht das Gehirn Zeit, der Cortisol- und Adrenalinwert muss sich dafür senken. Deswegen ist Ruhe das Notwendigste, was man sich selbst bieten kann. Fern von Drama, Gewalt und Stress, Kontakt und da möchte ich noch mal auf Selbsthilfegruppen und den Austausch kommen sowie Opferberichte. Wenn man aus dem Nebel kommt, mit dem eh schon traumatisierten Gehirn, sei es durch Liebeskummer oder Missbrauch, sucht man in erster Linie Erklärungen, die man nur in sich selbst findet und Wegweiser nötig sind.

Der einfachste Weg ist es, Dir ein Blatt zur Hand zu nehmen und zum Übergang in den Überlebensmodus alles aufzuschreiben, was Dir passiert ist. Denn es ist leider so, sobald Du andere Geschichten hörst, wirst Du Deine solange noch nicht beschrieben, anpassen und Dein Gehirn wird weiter mit Adrenalin und Cortisol geflutet. Die eine Gefahr ist es, zu minimieren die andere jemand eine Diagnose überzustülpen, die er oder sie nicht haben und sich schlichtweg falsch zu erinnern. Eine Weitere sich selbst rein zu steigern in das Trauma. Realitätschecks sind so kaum möglich. Unsere Wahrnehmung ist genau das, und dann gibt es noch die, der anderen.

Nach narzisstischem Missbrauch ist die Wahrnehmung, der eigenen Wahrnehmung, so eine Sache, ohne Ruhe kaum machbar... doch es gibt vieles, was man für sich tun kann. Natürlich ist es nicht nur das Wissen über Missbrauch in Beziehungen oder Narzissmus und sich dann 92 Tage ins Bett legen.
Es ist viel mehr.

Stell Dir einen inneren vertrockneten Schwamm vor, gefüllt mit festsitzen negativen Energien, den es erst mal zu bewässern gilt. (Viel trinken – Wasser mit Zitrone und Ingwer, Salzbäder) dann zu entleeren. Weinen reinigt, sagt man nicht nur so, es ist auch an dem. Gesprächstherapie bzw. verbale Entlastung ist nötig. Verarbeitung und Akzeptanz sind weitere Schritte in der Stille. Und anschließend können dann positive Energien einfließen. Hier setzt die Traumatherapie an, wenn es die eigene Resilienz nicht hergibt, da eine Entwicklung zu erfahren. Die Neurologie bestätigt, dass Tetris spielen (ähnliches Prinzip der EMDR Methode) bei posttraumatischer Belastungsstörung helfen kann. Soziale Unterstützung, Bewegung und sich selbst ein guter Freund werden, sind weitere Ansätze. Morgen zeige ich Dir Wege, mit diesen Triggern umgehen zu lernen.

24. Tag Trigger und wie Du

mit ihnen umgehen lernst

Ein Trigger (Auslöser/Schlüsselreiz) löst in unserem Verhalten abnormale Reaktionen aus. Dies kann ein Geräusch, eine Situation, eine Gegend, ein Wort, Geschmack oder bestimmte Sätze als Auslöser haben, welches uns an eine Situation erinnert oder an eine Einstellung, mit der wir uns entweder nicht konfrontieren wollen (oder sollen). Im Rahmen einer PTBS spricht man, bei traumatischen Erinnerungen, von sogenannten Flashbacks. Grob könnte man von einer Konditionierung sprechen.

Das Erlebte erneut durchleben mitten im Versuch den Alltag zu meistern wirft einen nicht nur gefühlt zurück, es belastet zusätzlich und kann suizidale Gedanken auslösen. Es fängt bei Unwohlsein an bis hin zur Panikattacke und Persönlichkeitsverschiebung und stellt für Betroffene eine Herausforderung dar.

Gerade nach einer Trennung vom narzisstischen Partner, Familienmitgliedern, Freunden oder Arbeitskollegen ist man anfällig für viele Triggerfallen.

Das Bild der Ex, der Pullover vom Ex, die Weihnachtsgrußkarte, der gemeinsame Lieblingsitaliener, das Eis, was man gemeinsam zum Tatort schlemmte, die eigene Wohnung, der sinnlose Werbespot, die eigenen Freunde, selbst das Leben kann einem vorübergehend ein einziger Trigger sein.

Ich erinnere mich von der Stille, durch einen vorbei gehenden Mann oder dem Pärchen am Nachbartisch, für Minuten ausgeknockt gewesen zu sein.

Real-life auf der einen und Panikattacke auf der anderen Seite. Atmen und aussitzen, zulassen was und wie es ist, hat mir geholfen. Auch heute gibt es Dinge, die mich an manchen Tagen triggern, kurz und weniger intensiv. Es geht vorbei, und damit es nicht allzu schlimm wird, ist es auch völlig okay, diese Trigger bewusst wahrzunehmen und ihnen, wenn es möglich ist, aus dem Weg zu gehen.

1. Schreibe auf, was Dich triggert!

Mach Dir Notizen, welche Situationen, Sätze Dich triggern. Werde Beobachter und hinterfrage die Situation. Woran erinnert es Dich? Was will es Dir sagen? Worauf weist es Dich hin? Und all das setzt ruhiges tiefes Atmen voraus. Ein. Aus. Ein und ausatmen.

2. Sage, dass es Dich triggert!

Menschen in Deinem Umkreis werden schwer erkennen oder verstehen, warum Du wie reagierst. Sage deutlich, wenn Dich etwas triggert und nicht Deiner Heilung dient. Es ist Dein gutes Recht. Du musst Dich nicht erklären, es sei denn, Dir liegt etwas daran. Es gilt hier: der vorübergehende Selbstschutz. Wer diese Grenzen nicht respektiert, tut Dir in dieser Phase nicht gut. Vorsicht: Nicht jeder der Dich triggert, macht dies mit Absicht.

Versuch sachlich und unpersönlich zu bleiben. In Foren und Gruppen innerhalb des Internets, entstehen Trigger-dynamiken, wo ein Trigger den anderen hervorrufen kann. Versuch auch da, bei Dir zu bleiben. Unter Umständen lieber erst mal 30 Minuten verschnaufen und dann in Ruhe kommentieren, wenn Dir dann noch danach ist. Viele sind sich der Trigger, die sie setzten nicht bewusst, wer dann noch querschlägt, für den gilt: „Don´t feed the troll!"

3. Trigger sind Hinweise
Dein Alarmsystem schlägt aus? Kannst Du für Dich sofort eine Erklärung finden, weil Du zum Beispiel nichts mehr über das Privatleben Deines Ex-Partners wissen willst, dann ist es ein Trigger, dem Du getrost weiter aus dem Weg gehen darfst. Triggern Dich Situationen ohne er-kennbaren Grund (dafür braucht man eine gute Selbstre-fle(kt)xion) lohnt es sich, noch genauer hinzuschauen. Möglicherweise versteckt sich dahinter ein Erkenntnis-schmerz. In diesem Falle sind Trigger ganz wundervolle Wegweiser. Beispiel? Person X regt Dich auf und Dich triggert ein bestimmtes Verhalten, in manchen Fällen ist es schlichtweg eine Eigenschaft, die uns an uns selbst stört.

4. Trigger Dich nicht selbst!
In den Anfängen meiner Erkenntnisreise gab es be-stimmte Themen, an die ich nicht herankam. Alles hat seine Zeit. Hör auf Dein Bauchgefühl. Genauso ist es ein freiwilliger Trigger, wenn man sich aufwühlen lässt von Postings der Ex-Partner oder stundenlang über den Next oder die Next (neue Energiequellen der Narzissten) nach-denkt. Indem man Triggerwarnungen in Gruppen

überliest oder 24/7 Beiträge über Narzissmus liest. So arbeitest Du gegen Dich selbst, vielmehr wünsche ich Dir, dass Du Deine Trigger zu Deinen Freuden und Beratern machst und Dich ebenso vor Dir selbst, zu schützen weißt.

5. Positive Trigger selbst setzten!

Verankere Dir positive Gefühle. Ein betörender neuer Duft. Knallige Farben. Das Foto vom letzten Abenteuer an der Haustür, der harmonische Song. Nimm die schönen Momente intensiv wahr. Beobachtet die Natur vor Deiner Haustür. Entwickle kleine Rituale und Auslöser der Ruhe und Entspannung.

In diesem Sinne triggere Dich frei! Falls Du mit Deinen Triggern überfordert bist, was vielen Menschen so ergangen ist und ergeht, bitte wende Dich an einen Coach oder Therapeuten und hol Dir Unterstützung dazu.

25. Tag Heute plane ich etwas Schönes!

Die Glücksforschung sagt: Es steigert unser Glücksempfinden, wenn wir uns Highlights im Voraus planen. Der Theaterbesuch in 2 Monaten. Der Wellnesstag am Ende der Woche. Der Urlaub. Die Konzertkarte für ein halbes Jahr im Voraus, all das bringt unserem Leben Schwung und einen Erlebnisfaktor. Ich verstehe zu gut, dass im Überlebensmodus soziale Aktivität schwerfällt, und rate selbst dazu, es ernst zu nehmen und weitgehend darauf zu verzichten. Ich lade Dich dennoch ein, offenzubleiben und auf die inneren Impulse zu hören. Bei mir war es eine Einladung, zu einem Dokumentarfilm, den ich unbedingt sehen wollte, der mein erstes Highlight war. Es folgten mit Abstand eine Fete am Strand und ein gewisser Blick dafür mir diese Highlights selbst zu organisieren. Ja das war auch anstrengend, brauchte Mut und Überwindung meine Bedingung an diese Events war, jederzeit ohne

weitere Probleme gehen zu können. Auch ein gemütlicher Abend mit sich selbst, kann so zum geplanten Highlight werden. Beginne mit ein paar Minuten Zeit, die Du Dir schenkst darüber nachzudenken, was dieses Highlight für Dich sein könnte.
In ein paar Tagen ist Bergfest!

Dann ist die erste und wahrlich grausamer Hälfte, des Kontaktabstands erreicht. Diese neue Freiheit, hast Du sie schon geschnuppert? Wäre das nicht ein guter Tag etwas für Dich zu planen und um Dich gleichzeitig zu motivieren? Es ist auch okay, wenn Dir noch nicht danach ist, hör auch da auf Dein eigenes Bauchgefühl.

Wenn für Dich gerade Rückzug und Ruhe ein Bedürfnis ist, ist das auch etwas, was man planen kann und auch okay. Alles hat seine Zeit.

26. Tag Die Beziehungschronik

Am liebsten würde ich diesen Beitrag noch vor Tag eins setzten, doch mit meinem derzeitigen Wissen und Erfahrungen über die verschiedenen Phasen habe ich diesen Beitrag hinausgezögert, wir kommen auf Deiner Reise um bestimmte Triggermomente nicht herum. Unabhängig davon wäre ich selbst sehr verklärt davon auszugehen, dass Dir die Selbsthilfe und Unterstützung von außen, ein so klares Bewusstsein verschafft im jetzigen Zustand auch nur einen Tag zu verbringen, wo es sich nicht um Narzissmus, die Beziehung oder den Kontaktabbruch dreht. Atme!

Ich habe bereits dazu aufgefordert in der No-Go-Liste festzuhalten, was nicht mehr zu Dir gehört, heute möchte ich Dich dazu anregen, die Beziehung im Ganzen zu betrachten. Bei der nächsten Erinnerung oder emotionalen Flashback nutze die Möglichkeit, nachdem Du den

Gefühlen nachgespürt hast, sie registriert und annimmst, wie sie gerade sind, schau was war zuvor? Was war danach? Deine Wahrheit vs. Ihre, bei „Kein-Kontakt" kann sie Dir keiner mehr nehmen. Du darfst abschließen und Dein Narrativ bilden. Ziel dieser Arbeit wäre, vom ersten Kennenlernen über die ersten Zweifel, die Höhen und Tiefen die Dynamiken zu erkennen.

Warum war dieser Tag so perfekt? Was war zuvor? Was kam danach. Was war einfach typisch, hat sich wieder und wieder gezeigt? Was hat es mit Dir gemacht?

Halte Dich weniger an Details fest!

Vermeide es, unnötig einzelne Gegebenheiten zu wiederholen, es ist mehr, wie die Zusammenfassung der Inspektor Columbo-Manier am Ende der Serie. Nur dass Du Dir selbst die eine oder andere Frage noch stellt. Diese Fragen sind normal und ich verspreche Dir, wenn Du bereit bist, werden Dir die Antworten verständlich, denn sie liegen bereits in Dir.

Und dann? Schreib es nieder, stichpunktartig! Versuch es, auf eine A 4 Seite zu bringen. Du wirst eine Perspektive darauf gewinnen, die schmerzhaft, jedoch auch wichtig zu verstehen und zu erkennen ist, um sich aus dieser Art von Bindung lösen zu können. Je nach Länge der Beziehung solltest Du Dir 1-2 Stunden dafür einplanen.

27. Tag Es gibt noch so viel zu sagen ...

Abschiedsbriefe

Ich weiß, viele die diesen Weg gehen, haben ein unbändiges Gefühl noch das ein oder andere sagen zu wollen. Sei es Fragen die sie haben, Erkenntnisse die sie mitteilen wollen oder einfach Luft machen. Ich bin ein großer Fan von Briefen, die man nicht abschickt. Wenn Dir danach ist, dann lass Dich auf diese Erfahrung ein. In diese Briefe darf grundsätzlich alles hinein, was Dir aus der Hand fließt. Manchmal reicht einer, manchmal sind es fünf und manchmal 20. Es gibt da keine Grenze, solange es Dir durch diese Zeit hilft. Auch hier ist der ideale Weg, es handschriftlich umzusetzen. Sich selbst während des Schreibens nicht zu beschränken. Wertungen und Urteile darüber gehören hier nicht hin.

Aber manifestiert man nicht damit?
Es kommt auf die Intention an. Denn tatsächlich können auch Briefe energetische Bindungen verstärken, unabhängig ob man sie absendet oder nicht. Ich bitte Dich, falls Du Dich für diese Methode entscheidest, auch da bei Dir zu bleiben. Alles, was man sagt, kommt irgendwie auch an zumindest bei einem selbst. Das Ziel sollte hier die Entlastung sein und Mechanismen vorzubeugen. Zum Beispiel den Drang, physisch Kontakt aufzunehmen, lindern und katalysieren. Hat in dieser Beziehung eine starke Kommunikation bestanden über Onlinemedien, rate ich zu Notizapps, in denen man die aufkommenden Gedanken niederschreibt und unnötige Apps zu löschen. Ich lebe sehr gut ohne WhatsApp, das geht. Es ist wichtig, auf die Vibration zu achten, also sind mir diese Schwingungen nützlich oder nicht. Welche Intention habe ich gerade, ist es Entlastung oder doch mehr Mitteilungsbedürfnis und die Idee etwas zu retten? Macht es mein Leben besser?
Im besten Falle kannst Du Deine Gedanken ordnen und Dir so helfen auf ungefährliche Art zu sagen, was noch zu sagen ist. Die verbale Entlastung ist ebenso notwendig, gerade bei den typischen offenen ungeklärten Enden. Gerade eben sah ich einen Beitrag über Selina Gomez (amerikanische Sängerin und Schauspielerin) in dem sie sagt, dass sie nie mit Justin Bieber die Beziehung richtig beenden konnte, nur weniger Monate nach ihrem jahrelangem On/Off gab Bieber seine Verlobung bekannt.

Ich mag hier niemand diagnostizieren, ich denke, es ist tröstlich, zu verstehen, dass genau das tatsächlich eine Form des emotionalen Missbrauchs ist, den die Gesellschaft (noch) toleriert und der vor niemand Halt macht. Um den Missbrauchsvorwurf ging es in diesem Beitrag ein paar Sekunden, der Rest handelte vom neuen Leben, des Justin Biebers und verständnisvollen Erklärungen seiner Next. Selina hat gesprochen, doch die macht das schon, wie viele Briefe sie wohl in der Schublade liegen hat, die sie geschrieben hat? Doch auch eine Tina Turner, Janis Joplin, Rihanna, Mac Miller und viele weitere bekannte Menschen haben toxische Beziehungen erlebt. Nicht jeder hat die nötige Hilfe. Der Austausch und das Reden darüber sind notwendig und ich werde später darauf eingehen wie, wo und was dabei zu beachten ist. Vorerst ist es sinnvoll, mit sich selbst wieder in Kontakt zu treten, zu verstehen, dass es Dinge gibt, die benannt werden wollen, verstanden oder eben noch gesagt. Das bleibt kaum jemand, der in den Kein-Kontakt geht, erspart. Eine weitere Methode, die ich mir auch auf andere Problematiken übernommen habe und mein Favorit ist, ist das sich selbst Aufnehmen. Ich habe sozusagen meine Gespräche.

Gut daran ist, man wird nicht unterbrochen und man hat mehrere Optionen. Man kann direkt zu jemand sprechen, zu irgendjemand und zu sich selbst. Gerade beim Schreiben dieses Buches habe ich mich durch diese alten Aufnahmen gewühlt, um Dir so nah wie möglich zu sein, in diesem erleben, denn vieles vergisst man natürlicherweise und zum Glück nach einer gewissen Zeit, wenn es erst mal raus ist. Es gab Abende, da sprach ich mir minutenlang aufs Band und bin dann beim Anhören eingeschlafen. Ich habe so neue Informationen und alte Erinnerungen gebündelt, sowie meine Wahrheit langsam annehmen können. Ein Nebeneffekt war, dass ich teilweise lachend im Bett lag. Warum?

Nun zwischendurch kam meine Wut durch und die war so sarkastisch blitzartig unter Tränen gepackt, dass ich eben Gesagtes abfeierte für seine Wahrheit und ja machen wir uns nichts vor, mit Narzissten erlebt man ja so skurrile Sachen, die später ernsthaft zu betrachten, fällt hier und da schon schwer. Schweigen ist, für sich selbst, keine Lösung. Je weiter Du Deinem Weg folgst, desto mehr wird Dein Bedürfnis darüber zu reden, was Dir erfolgt ist abnehmen und verschwinden. Irgendwann redest Du nur noch von Deinem Weg der Heilung. Ein wahnsinnig interessantes und hilfreiches Thema. Bis dahin gehört gesagt, was gesagt werden muss, möglichst in einem sicheren, geschützten Rahmen.

28. Tag Neue Rituale

Heute will ich auf ein universelles Prinzip verweisen, welches im Chaos und Stillstand greift. Wenn alles drüber und drunter geht. Der Ausgleich ist das Ordnungsprinzip. Und die Wissenschaft fand heraus, Ordnung ist gleich Struktur, Chaos gehört dazu - und Stillstand ist im Grunde eine Illusion. Eine weitere Eigenschaft der Ordnung ist: Innen wie Außen und umgekehrt. Wenn innen das Chaos herrscht, brauchen wir oft nicht darauf warten, dass auch die Umwelt zurückspiegelt, sowie umgekehrt. Eine aufgeräumte Wohnung zum Beispiel, die sich auf die gesamte Einstellung auswirkt. Vielen ist leider nicht bewusst, wie sie sich selbst (und ich nehme mich da auch nicht raus) mit selbst erwählten Ritualen daran hindern, von diesen Gegensätzlichkeiten zu profitieren. Was dann wie Stillstand oder ein 'nicht Vorwärtskommen' wirkt, wird durch die eigenen Rituale noch unterstützt und verstärkt. Manche Rituale sind so unbewusst trainiert, dass wir sie kaum noch hinterfragen. Wie zum Beispiel den inneren Kritiker. Wenn der, in uns, das Kommando übernimmt, dann kann das ganz schön chancenlos werden, für gesunde Selbstfürsorge.

Viele gehen morgens ins Bad und werden da sprichwörtlich von ihrem Kritiker: nur schnell „fertig" gemacht, oder überlassen sich ihm unbewusst, den ganze Tag kommentiert.

„Das schaffe ich doch eh nicht."
„Wie soll das denn enden?"
„Ich werde bestimmt das und das ..."

Ja der innere Mistquatscher erhebt sich teilweise, als hellseherischer Prophet und zugegeben ist es in manchen Fällen auch nicht einfach, aber wenn wir uns gestatten, ich schreibe es mal salopp, dieser ständigen nörgelnden kritischen Arschlochstimme bewusst zu lauschen und zu entgegen: „Interessant ..., dass ich so denke."

Freundlich mit sich selbst reden und sich positive Rituale zulegen könnten hier helfen. Das bedeutet, positiven Schwung ins Ordnungsprinzip zu bringen. Wissenschaftler fanden heraus, das positive Rituale weitreichende Wirkung auf die Lebensqualität besitzen.

Das führt uns zu meinem Tipp für heute.

Erschaffe Dir ein neues Ritual zum Aufstehen!

Vielleicht die Frage nach der Selbstliebe oder ein Glas Wasser nach dem Aufstehen, kalt duschen, Bewegung, einen bestimmten Tee oder 10 Minuten länger liegen bleiben und sich 3 Dinge notieren, für die man am Vortag 'dankbar' war. Einen bestimmten Song, der Dich starten lässt? Das Ritual sollte zu Dir passen und mit Dir zu tun haben.

Erschaffe Dir ebenso ein Ritual, für das zu Bett gehen!

7 Minuten zur Lieblingsmusik tanzen, Meditation, Tagebuch schreiben, ein Fußbad (an den Füßen entgiften wir). Du siehst, es gibt unendlich viele Möglichkeiten, lass Dich von Deinen Bedürfnissen inspirieren.

Mit der einfachen Frage: Was brauche ich wirklich?
Und voilà das ist der Hinweis auf ein gutes Ritual.

Sie sollten neu für Dich sein, bewusst erlebt werden und
Dir guttun. Einen inneren Kritiker, der morgens startet,
ich denke, den braucht keiner, doch er kommt eben, um
von Chaos, Stillstand und Wertung zu sprechen und zu
warnen, lassen wir ihn doch … nur besser überlassen wir
ihm nicht die gesamte Tagesentscheidung.
Fragt man Menschen die den Überlebensmodus hinter
sich gelassen haben, begreifen jene oft ihr neues Leben im
ganzen als Ritual. Zugegeben kann es anfangs etwas zäh
sein sich täglich daran zu erinnern. Eine sichtbare Erinnerung, in Bettnähe, kann hier unterstützen.
Später lohnt es sich, auch ein Blick auf bekannte Rituale
zu werfen. Christliche Festtage gehen oft mit heidnischen
einher. Allerheiligen und Samhain zum Beispiel. Sie bieten eine wunderbare Möglichkeit sich der Natur, sich
selbst, Spiritualität und der Umwelt zu nähern sowie Lebensqualität im Einklang mit den Zyklen zu erfahren.
Und da, wo noch der Schmerz mitschwingt (Valentinstag,
Muttertag, Geburtstage, Weihnachten), lade ich Dich ein,
Dir selbst Rituale zu erschaffen. Unabhängig von Erwartungen, an andere und Dich, sich selbst zu feiern oder dieses Jahr unter die Bettdecke zu kriechen, sich einzumum-
meln, Wärmflasche, Atmen. Auch das kann zu einem Ritual werden, wenn es Dir guttut. Weitere Ideen, wie sich
die Zukunft gestalten könnte an diesen Tagen: Sich selbst
zu daten, sich selbst eine gute Mutter oder Vater zu sein,
sich mit einem Essen verwöhnen, zu räuchern, sich selbst
beschenken, sich selbst Karten oder Briefe schreiben, Ker-
zenlicht und passende Musik, sich selbst verwöhnen. Ich
bin mir sicher, da warten einige Wünsche in Dir darauf,
erfüllt zu werden. Alles zu seiner Zeit. Ich wünsche Dir
einen friedlichen Tag und eine spannende Suche für Deine

ersten neuen, selbst erwählten Rituale sowie eine neutrale Sicht auf Chaos und Ordnung.

29. Tag Das Gehirn braucht mehr als Ruhe

Vor wenigen Tagen habe ich über die Gehirnwäsche geschrieben. Weg mit den Weichspülern her mit dem, was guttut. Was kannst Du ganz konkret für Dich unternehmen, um Dir die beste Grundlage zu erschaffen? Ruhe ist das A und O.

Das hast Du bereits, so denke ich, verinnerlicht. Eine wichtige Ergänzung und Unterstützung ist Omega3. Das Tierische ist hier bevorzugt, um neuronale Verbindungen aufzufrischen, Herz und Kreislauf im Schwung zu halten. Entweder gelingt es Dir, jene mit Deiner Ernährung aufzunehmen, doch auch da gibt es mittlerweile vegane Alternativen, zum Beispiel Algenpräparate.

Bewegung

Im besten Fall in Kombination mit frischer Luft. Laufen gehen, Yoga es sollte keinem Exzessiv-Sport gleichkommen oder besonders anstrengen. Hier geht es um die Rechts-Links Verbindung im Gehirn, weniger um das Auspowern.

Wasser

Dieses Element hat durch und durch heilende Kräfte. Innerlich, äußerlich und alleine beim Betrachten hat Wasser eine beruhigende Wirkung. Ausreichende Flüssigkeitszufuhr ist das Öl unseres Getriebes. Tees, Bäder und plätschernde Geräusche helfen dem Körper, Seele und Geist in den Fluss zu kommen.

Atmung (siehe auch 64. Tag Atme!)

Dass man überhaupt daran erinnert werden muss, denkst Du Dir vielleicht, ist ja auch ein kleines Unding. Normalerweise läuft Atmung automatisch und wird von unserem Körper gesteuert. Im Überlebensmodus neigt man dazu, die Luft anzuhalten oder eben zur Schnappatmung. Das machte durchaus Sinn, wenn der Säbelzahntiger hinter dem Busch lauerte. Doch um mit Gefühlen umzugehen und ein soziales Miteinander zu ermöglichen, ist es notwendig eine tiefe und ruhige Atmung zu beherrschen. Jene unterstützt klare Entscheidungen zu treffen und angemessen zu reagieren. Das kann man gezielt trainieren durch Atemübungen und Meditationen.

Kreativität

Sie hilft uns Lösungen zu finden und das Erschaffen an sich ist Lebenssinn. Später im Buch werde ich noch intensiver darauf eingehen. Kreativität ist gut für unser Gehirn.

sich selbst Freund sein

Bereits erwähnt und essenziell. Dazu gehört es, nicht nur den inneren Kritiker unter Beobachtung zu stellen, auch sich Gutes zu gönnen, sich für sich selbst Zeit nehmen.

soziale Verbindungen und Unterstützung

Wesentlich für ein Voranschreiten sind positive Erfahrungen mit Mitmenschen und soziale Unterstützung. Für manch einen ist da vorerst kein gefühlter Bedarf, dann freut es mich, dass Du Lust hattest auf dieses Buch. Alles hat seine Zeit.

Wurzelchakra

Das Wurzelchakra ist unsere Erdung und der Ursprung der Sexualität. Nach toxischen Beziehungen und Erfahrung ist hier meist alles blockiert, deshalb ist es aus meiner Sicht notwendig, sich Erdung zu holen. Im Buch folgen noch weitere, vertiefende Tipps zur Erdung, finde das, was Dir entspricht. Mir haben unterstützende Tees geholfen sowie Atemübungen!

Licht

10000 Lux sollte eine Tageslichtlampe besitzen, um uns

einen gewünschten Effekt zu geben, doch Tageslicht an sich ist unersetzbar. Sich einigeln und Dunkelheit lässt eher unsere Gollum-Qualitäten ansteigen. Bis zu 30 Minuten Tageslicht zählt und das auch bei bedecktem Himmel.

Tetris und Co

Einfach Flashgames mit Rechtslinks-Bewegung, haben einen positiven Effekt bei der Heilung posttraumatischer Belastungsstörungen. Ähnlich der EMDR wirkt es über die Augenbewegung und entspannt. Um den Effekt zu erzielen, ist es notwendig eine Stunde lang zu spielen.

Zitrusfrüchte

Sehen, riechen, schmecken ... es sind Stimmungsaufheller und Balsam für unser Gehirn.

Schlaf

Regeneration pur.

Schau was Dir davon zusagt und Du mit in den Tagesablauf einbauen kannst. Mir ist fast so, als ob ich Deinen Seufzer beim Thema Schlaf hören kann, ich bitte Dich dennoch, erst mal eine Nacht drüber zu schlafen, falls es irgendwie geht und Deinem Gehirn eine Pause zu gönnen. Morgen kümmern wir uns um den Schlaf, okay?

30. Tag

Schlaf und was ist denn nun mit Wellness?

Überschüssiges Adrenalin im Blut, Gedankenkreiseln, Ängste, schweres Essen, störende Lärmquellen wie Licht und Geräusche, Biorhythmus, ein energetisch ungünstiger Schlafbereich ... unser Schlaf kann, an vielerlei Hindernissen scheitern. Die Trennung von narzisstischen Partnern geht einher mit einer leicht erklärbaren Schlafstörung. Zum einen Müdigkeit, die bleiern befällt und dann liegt man wach in der Nacht und hetzt dem Schlaf hinterher. Der Prozess, der mentalen Entgiftung und Neuorientierung, verbraucht Energie und benötigt Zeit.

Zum anderen fordert der Alltag unsere Aufmerksamkeit, sodass uns Zeit fehlt, gedanklich zu verarbeiten. Das kommt dann nachts. Fehlender Schlaf macht sich nicht nur körperlich bemerkbar, Schlaf nutzt uns Gelerntes und Erfahrenes zu verarbeiten, Entscheidungen zu treffen.

So hat jeder ein individuelles Schlafverhalten, gekoppelt an die innere Uhr. Da können sich aus Heilpraktiker-Sicht Organe bemerkbar machen, aber auch unser Alltagsstress, Emotionen und Gefühle, die uns um den Schlaf bringen, den Schlaf rauben oder schlaflos machen können. Tatsächlich ist es nicht förderlich für die Gesundheit, bereits eine durchzechte Nacht bringt schon einiges an Hormonen und Stoffwechselprozessen durcheinander. Forscher meinen Gefahren darin zu erkennen, wenn jemand dauerhaft nur 6 Stunden an Schlaf bekommt. Das führe zu Schlaganfällen und Herzinfarkten doch gleichzeitig sind sie sich nur einer Wirksamkeit von Schlafmitteln einig – der Abhängigkeit. Klassische Suchtverschiebung deshalb, bevor Du die Schlafmittel brauchst, weil sie Dich brauchen, folgen meine Schutzgarten-Tipps für schlaflose Nächte.

Blumen im Schlafzimmer eher meiden.
Die intensiven Gerüche können wahrlich Schlaf rauben.

Melissen, Hopfen, Baldrian, Johanneskraut sowie Lavendel in Teeform, warme Milch mit Honig und Rescuebachblütenessenz sind **milde Akut Helfer.**

Entspannungsübungen.

Mandalas ausfüllen, Hörspiele, Entspannungsmusik.
Das Internet bietet viele Möglichkeiten.

Keine Angst vor der Schlaflosigkeit, sie ist ein Berater – worauf will sie mich hinweisen?

Mich quälte eine Zeit lang die Angst vor dem Alleinsein. Es lohnt sich, auf Nachforschung-Expedition zu gehen. Sich **mit den Ängsten auseinandersetzen** ist besser, als davor wegzurennen und sich selbst zu hindern indem man diesen keine Aufmerksamkeit schenkt oder zu viel. In ein paar Tagen komme ich noch mal auf das Angstthema zurück oder Du liest direkt bei Tag 40 nach, welche Botschaft ich für Dich da bereithalte.

Gesunder Schlaf heißt **7-8 Stunden innerhalb von 24 h** nicht zwangsweise am Stück, Du kannst Dir vielleicht tagsüber den Freiraum schaffen, Dich zusätzlich auszuruhen?

Nicht zwanghaft liegen bleiben. Dann doch lieber aufstehen und aktiv etwas tun.

Gedanken aufschreiben oder auf sprechen auf ein Diktiergerät.

Das Bett, den Schlafbereich „erneuern" und Tiefenreinigen. (Das sind mächtigere Energien, als ich anfangs wahr haben wollte. Probiert es aus, alleine eine neue Bettwäsche hmmmmm)

Leichte Kost zum Abend. Essen mit Anspruch an die Darmtätigkeit sowie Kopfnahrung torpedieren einen ‚gesunden' Schlaf. Quark ist übrigens schlaffördernd.

„Was war heute gut?"
Wir neigen dazu, besonderen Fokus auf die negativen Dinge zu legen, da mit Problemen wie eine toxische Beziehung oder Trennung, Ängste, Verluste und die anderen lähmenden Gedanken die negativen Dinge schwer von der Hand zu weisen sind, ist es doch besonders wichtig genau da auch die positiven Dinge zu betrachten. Im Überlebensmodus ist es doch wahrlich ein Erfolg wieder

einen Tag geschafft zu haben, je langweiliger umso besser.

Tageslicht ist notwendig. Am besten raus in die Natur, wenn das nicht geht, nutze Dein geöffnetes Fenster um Sonnenlicht zu tanken.

Absinkende Temperaturen während der Schlafphase Heizung runter! Dann kühlen wir ab und das fördert das Schlafverhalten.

Gemütlichkeit. Wie gemütlich ist Dein Bett? Was würde Dir helfen, es noch gemütlicher zu gestalten. Eine Flauschdecke? Eine Wärmflasche? Nackenrolle? Ich persönlich empfinde auch das Besitzen eines Plüschtieres (oder mehrere) im Erwachsenenalter legitim, vorausgesetzt ihr gebt diesen einen Namen und redet auch ab und zu mit ihnen. Ohne Klaus geh ich nirgendwo hin. Das Kind in mir wäre höchst beleidigt. Könnt Ihr Euch vorstellen, was los war, als Klaus mal beschloss bei einer Freundin, wo ich über Nacht zu Besuch war, ein paar Tage länger zu chillen? Naja sie haben halt auch ihr Eigenleben …
Ich schweife ab.

Da wären noch die Träume: Verantwortlich ist unsere Zirbeldrüse und das, von ihr erzeugte, Melatonin. Ich denke, wir lernen im Schlaf das Erlernte zu verarbeiten, misten aus, reisen in Parallelwelten und konfrontieren uns mit uns selbst.

Ich rate dazu, sich ein Traumtagebuch anzulegen. In Bettnähe griffbereit hält man darin die träume an die man sich erinnert fest. Zum einen hilft es bei der Verarbeitung jedoch auch Zusammenhänge zu erkennen.

Und Wellness!

Wellness ist ein ganzheitliches Konzept, gesunde Ernährung, Bewegung und natürlich Körperpflege. Was ist für Dich wichtig und lässt Deine Lebensqualität steigern?

Im Überlebensmodus lassen viele das unter den Tisch fallen dabei ist es ratsam, auch da eine gewisse Disziplin zu entwickeln oder besser gesagt Skills. Sauna, Fußbäder, Aromaduschen, leichte Work-outs all das, was Dir guttut. Pediküre, Maniküre, Haar- und Gesichtsmasken, Kokosöl oder anderes für die Haut, ein Thermenbesuch, Massagen oder ein Friseurtermin haben das Potenzial auf andere Gedanken zukommen und zu entspannen.
Wenn das noch alles Dir fernliegt, okay ...

Ich will Dich sanft daran erinnern.

31. Tag Warum man gegen krankhaften Narzissmus machtlos ist

Die größte Herausforderung ist, wie Du Menschen behandelst, die Dich misshandelt haben.
Lässt Du Dich vom vernichtenden Feuer anstecken? Gehst Du in Verteidigung? Abwehr? Handelte es sich um eine Sucht und gewisse Trauma-Bindung, also die Sehnsucht danach alte Wunden zu heilen ... wirst Du feststellen, es geht darum, gewisse Dinge einfach sein zu lassen. Die, die Dir nicht guttun. Und andere Dinge zu erlernen. Um dahin zu kommen, ist es notwendig, sich selbst zuzugestehen, es mit einer gewissen Machtlosigkeit zu tun zu haben, ein Prozess, der keinem leichtfällt.
Der pathologische Narzissmus ist nicht einfach eine Fehlende-Reflexion-Geschichte, er wird reflektiert. Sam Vaknin oder HG Tudor wären zwei Beispiele, die in den letzten 10 Jahren für Aufklärung über narzisstischen

Missbrauch beteiligt sind und diagnostiziert.

Den Trugschluss, Narzissten würden sich nicht reflektieren, ist leider nur eine halbe bis keine Wahrheit. Die meisten die es tun, erkennen ihren Schmerzmechanismus als berechtigt an, was ihnen tatsächlich schwerfällt, ist die Reflexion ihrer Handlung im Wertesystem anderer.

Im schlimmsten Falle treibt es sie in die Ecke und die Reaktionen werden verschärft oder die narzisstische Krise ausgelöst. Dann reden wir von einer Persönlichkeitsstörung, die eine hohe Selbstmordrate mit sich bringt. Davon handelt jedoch nicht dieses Buch und es sollte Dir auch nur ein Hinweis darauf sein, verantwortungsvoll mit Deinem Wissen umzugehen.

Ich denke, viele meiner Leser haben diese Einsamkeit und Scham der Narzissten mit einer Suche nach sich selbst und wahrer Liebe verstanden. Ihnen helfen wollen, sich zu fühlen und zu vertrauen sowie die alten Wunden und Enttäuschungen aufzulösen, ist oft die gefühlte Herausforderung in diesen Beziehungen. Es ist nur weniger die Suche nach Verbindung und sich selbst, es ist vielmehr eine Eigensucht und Scham, die narzisstische Menschen umtreibt. Die will Bestätigung in Form der narzisstischen Zufuhr und dafür den geringsten Aufwand und Widerstand. Narzisstische Menschen empfinden Liebe im Zusammenhang mit „Nutzen". Ich nutze Dich. Ich nutze Dich für immer. Ich nutze Deinen Nutzen. Ich nutze Dich bis zum Mond und zurück. Du nutzt mich. Daran wird sich nichts ändern. Selbst eine Therapie wird den Persönlichkeitskern und den primär entstandenen Schaden nicht rückgängig machen. So zeigen sie auch ihre Liebe durch Nutzen. Anderen nützlich zu sein, je nach Typ können sie dies durch Kunst, Geld, Machtpositionen, Sport, Medien oder eben Aufklärung über den narzisstischen Missbrauch. Wer da offen mit umgeht, überlässt denen, die es nutzen, die Verantwortung. Tudor und Vaknin triggern mich manchmal auch noch heute, das geht nur in kleinen Dosen, doch auch von Ihnen habe ich viel gelernt. Neben dem grandiosen Narzissmus, gibt es noch den verdeckten und diese tarnen sich als Opfer, um ihren Nutzen wie Honigfallen auszulegen und so, an ihre Zufuhr zukommen. Was auch immer man anstellt, handelt es sich um pathologische Störungen, ist man machtlos.

Einzelne narzisstische Züge, mögen sich aufklären lassen im Miteinander, auch ein Misanthrop mag seine Wunden heilen im Laufe des Lebens, jedoch ist die Frage, wie sehr Du selbst dafür in den Leerlauf trittst. Es ist, wie mit Tauben Schach zu spielen. Sie werfen alles um, machen Dir aufs Brett und behaupten sie haben gewonnen. Oder wie Ross Rosenberg nicht müde wird zu betonen: Wie Wrestling mit Schweinen im Schlamm – sie lieben den Dreck. Ist das nicht Dein Ziel, erkenne dass der Weg über den Kontaktabstand derzeit der einzige Weg ist, in diesen Konstellationen unfreiwillige Schlammpackungen zu vermeiden. Es heißt, sich selbst und auch die Menschen hinter dem Narzissmus zu schützen.

Was geschehen ist, ist geschehen. Es wird Zeit brauchen, eine gewisse Gleichgültigkeit dem Narzissmus gegenüber zu entwickeln, doch es ist möglich. Nötig dazu ein umfassendes Verständnis des Labels und seiner Gefahren sowie die Akzeptanz es nicht ändern zu können. Eine Machtlosigkeit eben. Uff. Ein schweres Thema, doch vielleicht hast Du gerade entweder einen Heureka-Moment oder/und die erneute Bestätigung Deiner Erfahrung. Das wird ein wichtiges Kreuz heute im Fortschrittsplan. Denn vielleicht erkennst Du ebenso just in dem Moment, dass Du nicht nur eindeutig mehr Potenzial auf Lebensqualität und die Möglichkeit zur Veränderung mitbringst. Es gibt ja so Sätze, aus diesen Beziehungen, die prägen sich ein. Bei mir war es dieser: „Du bist so viel stärker, als ich!" Damals, hätte, ich Kraft gehabt, hätte ich diesen Satz auseinandernehmen, zurückschlagen und als Hohn verstanden in der Luft zerrissen, ich hatte zum Glück keine Kraft mehr. Und hätte, wäre, könnte, ist heute unwichtig.

Heute sehe ich welche Wahrheit dahinter stand. Ich war mit Menschen konfrontiert, denen diese Selbstreflexion und Veränderungsbereitschaft von Perspektiven nicht mitgegeben war. Die Liebe nicht verstehen und fühlen können ohne Schmerz und Ängste. Ich war diejenige die, die tatsächliche Freiheit hatte, diesen Kreislauf zu verlassen. Etwas was Narzissten nicht können, weil man machtlos gegen extremen Narzissmus ist.

32. Tag Warum Du stärker bist

Es ist nicht die Angst, sie zu verlieren. Es ist die Angst, die vielen Anteile und Puzzlestücke, die man von sich gegeben hat und somit sich selbst, zu verlieren. Du wirst nie die Kontrolle über einen Partner haben, das Einzige, was man lernen kann, die Kontrolle über sich selbst zu besitzen. Im Überlebensmodus ist es wichtig, sich die vorerst nötige Ruhe zu gönnen. Das ist die gesunde Grenze, die es jetzt zu erlernen gilt. Ja, jetzt fragst Du Dich, woher soll ich denn die Kraft nehmen? Vielleicht wirst Du gefühlt auch (noch) nicht in Ruhe gelassen? Auch besonders den Eltern meiner Leser sowie denen, die durch Arbeits- oder Verwandtschaftsverhältnisse an toxische Menschen gebunden sind, möchte ich diesen Glaubenssatz - immer da sein zu müssen - nehmen. Bei toxischen Menschen ist Kein-Kontakt oder der minimale Kontakt ein Muss, solltest Du von narzisstischem Missbrauch betroffen sein. Nun zurück zur Stärke. Woher soll sie kommen? Sie ist da und wirkt vermutlich selbst jetzt noch nicht an ihrer vorhergesehenen Stelle. Dysfunktionale Beziehungen zu ertragen fordert enorme Stärke. Und selbst im Jetzt, wo Du hier liest und für Dich den Weg der Ruhe suchst, liegt unheimliche Stärke. „Was ist echte Stärke für Dich?"

107

Ein paar Beispiele aus meiner Perspektive: **Sich gegenseitig und sich selbst Zuhören – oder auch mal nicht.** Eine aussterbende echte Stärke. Die Gefahr dabei: Pseudogespräche, einfach nur warten, bis man selbst dran ist mit Reden. Vielen ist es gar nicht mehr bewusst, da sie schon lange nicht mehr miteinander reden, sie daten sich ab, whatsappen oder messangern. Zuhören können, bedeutet für mich eine Stärke, die nicht nur sich zurücknehmen beinhaltet und das Verarbeiten und Einfühlen in die Worte und Bedürfnisse meines Gegenübers. Es bedeutet auch nachfragen, antworten und sich selbst zuhören.

Erkennen, wann man nicht bereit ist, anderen zuzuhören. Der inneren Stimme folgen. Mit sich selbst -zwischen den Zeilen- ins Reine kommen, damit man bereit ist, den Welten, um sich herum, zu lauschen, um ihnen lebendig und echt antworten zu können, wenn sie Fragen stellen. Dann achte ich nicht nur auf die Worte, der anderen und die eigenen, ich sehe auch die Stärke und Macht der Worte und ihre Gefahren.

„Hau den Lukas!" und "Stopf es zu liebe Liese" - über maskuline und feminine Stärken

Stärke muskulär, Stärke im Kopf, Stärke in Emotion. Power der verschiedensten Art ist existent. Und doch heißt es, der Mann das starke/die Frau das schwächere Geschlecht. Dabei ist das eine zum Teil einschränkende Objektivierung, die vielen Männer (und auch) Frauen den Zugang zu den eigenen „Schwächen" verbietet.

Versetzen wir uns kurz in die Steinzeit, das ist oft sehr lebensnah, versucht man, menschliche Beziehungsstruktur zu beschreiben. Der Stärkere (körperlich und mental sowie sozial) überlebte. Witterung aufnehmen, Ausharren, Ruhe bewahren und von 0 auf 100 kampfbereit sein und überwältigen, das waren die Aufgaben und Stärken unserer Vorfahren, der schweigenden Jäger. Pflegen, Hegen, verstehen, sortieren und sammeln die Aufgabe und

Stärken unserer Ahnen der unterhaltsamen Sammler. Ersterer kämpft immer noch und definiert Stärke nach Ausdauer, Gelassenheit, Kraft und Macht und Jagd. Und der Sammler sieht im besten Fall seine Stärke im Wachstum, helfen, verstehen und heilen. Ich sehe es, aus spiritueller Sicht, als Stärke ... zu erkennen, wie wir all diese Anteile unserer Vorfahren in uns tragen und zu erlernen, sie gemeinsam wirken zu lassen. Das bedingt gegenseitigen Respekt auf Augenhöhe und den Mut zur Verletzlichkeit, auch so eine Stärke.

Verletzlichkeit und Stärke?

Gefühle als Stärke. Ja, und zwar radikal. Seine Gefühle anzunehmen, sich Eigenempathie zu widmen und die jeweiligen Bedürfnisse, gerade hinter den Negativ-Gefühlen zu entdecken, bedarf großer Stärke. Trauer, Scham, Schuld, Wut und Ängste sind starke Emotionsfelder. Um diese zu begehen, ist manchmal besondere Ausrüstung und ein erfahrener Begleiter gefragt. Auch oder gerade bei Erwachsenen. Wir lernen Kindern, wie man mit Emotionen selbstregulierend umgeht, wenn wir es selbst können und vorleben, statt es zu verstecken oder uns unbeherrscht vergessen. Das Bewusstsein über die eigene Verletzlichkeit kann eine Stärke sein. Es ist das Wissen, um die Verwundbarkeit und sich trotzdem zu stellen. Schmerz, Ängste und Zweifel als Prozess, Ratgeber oder Hinweise zu verstehen, jedoch aus der Beobachterperspektive. Dafür benötigt es: Würde. Eine weitere Stärke für mich – eng verbunden mit Verletzlichkeit – ist die Würde, solange sie kein Verb ist. Mir meiner Würde bewusst zu werden, gerade bei Herausforderungen, anstrengenden Zeiten, beim Scheitern, Erfolg und Entscheidungen ... erfordert Stärke. Eine Superpowerstärke: Würdevolles Nein-Sagen – Grenzen setzen und achten. Das faire Nein vereint Verständnis und Respekt gegenüber der Bitte, ein Nein sowie ein Gegenangebot.

Das Nein zur Gewalt ob physisch, sexuell oder psychisch heißt: **NEIN!**

Ich finde es stark, wenn wir uns diesbezüglich, untereinander ernster nehmen, zuhören und respektieren. Wenn wir uns weiterbilden und erkennen, dass hinter dem Nein, auch ein Ja steht. Bei uns und auch bei anderen Menschen. Das Ja zu den eigenen Stärken hilft uns, mit Schwächen liebevoller umzugehen. Ich durfte bisher viele Menschen begleiten, die große Verletzlichkeit erfahren haben und gleichzeitig Stärken in sich tragen, die sie oft selbst nicht mehr oder „noch nicht" sehen konnten, und es ist eine wundervolle Tätigkeit, ihnen diese aufzuzeigen … Dies ist eine meiner echten Stärken. Stärke bedeutet, Deine Stärken zu erkennen und sie achtsam zu nutzen.

33. Tag Wollen wir über die Wut sprechen?

Hast Du schon Deine Wut entdeckt? Es ist individuell, doch häufig erlebe ich und so habe ich es auch selbst erfahren, dass Betroffenen der narzisstischen Gewalt eine Wut in sich schlummert, die sich nur schwer lösen lässt. Oft wird sie von Scham und Schuldgefühlen übertüncht, als unangepasst oder nicht zu sich gehörig empfunden. Auch das ist ein Prozess der sich entfalten will und behutsam angegangen werden sollte.

Warum werden Menschen wütend?
Wut ist weltweit ein menschliches Gefühl, welches sich äußert. Antwort auf feindselige Handlungen, aber auch für positive Darstellung seiner selbst innerhalb einer Rangordnung (der Politiker, der seine Kollegen beschimpft, die Entwertung von narzisstischen Menschen) und wenn der Gerechtigkeitssinn getriggert wird.

In den meisten Fällen ist Wut eine Reaktion, biologisch weit zurück verankert im Flucht-Kampf Modus. In der

Gesellschaft wird Wut oft zum Anlass genommen, wütend auf den Wütenden zu sein und plädiert, dass dies keine Grundlage wäre für Diskussion. Emotionale Menschen werden den inneren Kampf kennen, ihre Wut achtsam zu unterdrücken, wegzuatmen, schweigen.

Es sind Glaubenssätze, die zunehmend das „wütend sein" (wie in China), als unsozial interpretieren und in gesellschaftlicher Hypnose abtrainieren, in dem wir dem Wüterich absprechen, sich menschlich zu benehmen, wenn er der Erregung oder dem Motiv nachgeht, es sei denn, wir haben es akzeptiert, dass es zu seinem Job oder Wesen gehört und wir ihn dabei weiter zum Subjekt unserer Wahrnehmung machen.

Wut ist nicht gleich Aggression.
Wut kann positiv und negativ sein. Wut kann spontan oder reaktiv auftreten, Wut kann ernst und spielerisch sein. Frustration, Schmerzen, Hunger, Furcht, Kälte und Hitze können Wut hervorbringen und zeigt an: Hier ist etwas zu ändern! Reiten wir mit dem Pferd der Wut los, kann es passieren, dass wir aggressiv wie eine Furie wirken oder agieren. Da in dem Moment schon der weibliche Serotoninspiegel sinkt und bei Männern der Testosteronspiegel steigt, wird Platz für die frontale Enthemmung im Gehirn, weil bereits das Reptiliengehirn übernommen hat. Dies kann dann verbal/nonverbal Ausdruck finden und im schlimmsten Fall führt uns das Durchsetzen wollen von Abwehr, Wünschen, Beachtung oder Rache in die Aktion der Aggression. Davor liegt meist noch der Ärger oder Zorn. Das sind die Vorboten und diese gehen nicht automatisch in Aggression über. Aus meiner Sicht ist es wichtig, wenigstens sich selbst gegenüber nicht der Verweigerer zu sein, genauer hinzuhören. Es ist auch in der gewaltfreien Kommunikation wichtig Wut angemessenen Ausdruck zu verleihen, in dem man über seine Gefühle und Bedürfnisse spricht, sich nicht versucht vor der Wut zu

111

verstecken und ihr nicht den ganzen Raum beliebig überlässt. Zorn liegt meist nicht bei uns, sondern im Außen,
während wir uns sehr gut auch über uns selbst ärgern
können. Erst wenn negative Affekte und die Bereitschaft
zum aggressiven Handeln parallel auftreten, wird Wut
zur Aggression. Das heißt, da bleibt dem erwachsenen
Menschen, bei psychischer Voraussetzung der Selbstregu-
lation, ein Zeitfenster die Wut zu verstehen. Wenn ich wütend bin, spür ich das im Bauch, mein Herz schlägt im
Hals und ich bekomme den Drang das zu verbalisieren,
provoziert mich jemand, werde ich lauter. Verteidigungs-
modus aktiviert. In narzisstischen Strukturen ist das
Stresslevel irgendwann voll und reagiert auf kleinste „Bedrohungen". Daraus folgen nur zwei Möglichkeiten Annahme oder Ablehnung. Auch in jeder gesunden Beziehung kommt es zu dieser Entscheidungsfrage, wie wir mit
Wut umgehen wollen.

Auch hier sind es Muster aus der Kindheit, wie wir erlernt
haben, wie wir andere in Wut erlebten und unsere eigene
Wut ausleben durften. Durften wir sie erfühlen und ihr
auf den Grund gehen, über sie sprechen, nach Lösungen
suchen? Wenn es nach der Lerntheorie von Albert Band-
ura geht, sind das wichtige Faktoren. Doch auch die Theorie der reinen Abreaktion oder Freuds Trieberklärungen
haben großen Beitrag zum derzeitigen, psychologischen
und gesellschaftlichen Verständnis über Wut geleistet.

Mein persönliches, spirituelles Verständnis über Wut
Der Buddhismus wird hier nur begrenzt mein persönlicher Freund, denn ich sehe meine Wut nicht als Geistesgift
an, sondern vorerst als Energie und ein Hilfezeichen. Wie
ein guter Freund der ein Machtwort ausspricht: STOP! Da
läuft etwas gewaltig schief. Es ist meine Angst im „Bitte
ändere was Modus" und eine Möglichkeit, einen Blick auf
die Realität zu erhaschen. Bin ich in einer dysfunktionalen
Beziehung wütend, kann ich mir durch unterdrückte und

verdrängte Wut die Beziehung wieder gestalten. Würde ich jene rauslassen … müsste ich ja auch mit dem Ergebnis leben und der nach Veränderung schreienden Tatsache --> bis hier hin und nicht weiter!

Das Ventil öffnen, aber wie?

Ärger distanziert uns vom Geschehen und ohne die Wut - keine Grenzen. Der Funke, den der Buddhismus anspricht und den ich mir rauspicke, ist Folgender. Die Aktion, die daraus folgt, sollte besser unabhängig von Emotionen sein und dafür ist: zur Ruhe kommen, gut. Ich persönlich benötige Gespräche, um meine Wut zu entlasten und Wege zu finden, die richtigen Lösungen zu entdecken. Mich nicht mehr ohnmächtig zu fühlen oder den Schmerz anzunehmen. Meine Wut zu unterdrücken, triggert mich. Denn wenn ich wütend bin, kenne ich im besten Falle bereits den tieferen Grund und dann ist es 5 vor 12 eine Wahl zu treffen. Die Frage ist dann: Kann ich es ändern, annehmen oder es hinter mir lassen? Und je mehr Raum und Zeit mir bleibt, der Wut auf den Grund zu folgen, desto weniger benötige ich, um alle Pferde wieder friedlich im Stall stehen zu haben und Lösungen zu finden. Nun kann Wut auch durch andere Reize unsere inneren Grenzen belasten. Zum Beispiel durch: Neuropsychiatrische Krankheiten, Erregung, aggressive äußere Hinweisreize, soziale Toleranz, Computerspiele, Fernsehen, Populationsdichte nicht immer geht es vorwiegend um den inneren Selbstschutz, am Ende liegt er doch dem Ganzen zugrunde. Nach Dodges Theorie entwickelt sich die Tat zur Wut prozessartig.

1. Wahrnehmung der Provokation
2. Interpretation der Beobachtung
3. Definition der eigenen Ziele
4. Prüfung der Reaktionsmöglichkeiten

5. Auswahl

6. Durchführung

Wie ich schon erwähnte halte ich es für eine Königsdisziplin, den buddhistischen Weg zu folgen, mir persönlich ist nach Phase 1. nicht immer danach (und oft auch nicht mal der Rahmen) mich in schweigende Meditation zu begeben und es wegzuatmen. Gerade im privaten Umfeld neige ich dazu (wie schon beschrieben), meiner Wut auch mal Raum zu geben. Besonders dann, wenn ich schon darüber meditiert habe und jemand meine Grenzen überlatscht, die ich klar signalisiere. Wut ist gelebter Stress und eine natürliche Antwort auf erlebte Gewalt.

Es ist ein Symptom für: Ich bin verletzlich und brauche beständigen Schutz. Heute bin ich soweit, Menschen als Blockade zu empfinden, die es nicht „aushalten" können, Wut zu erleben oder weiter triggern (Opferkontrolldynamik). Die mit der Wut anderer bewusst oder unbewusst spielen und nicht erkennen, wie es eine Reaktionsspirale mit sich bringt, und so die Chancen vermindert sind ein gemeinschaftliches Wohlbefinden wiederherzustellen. Gerade durch meine Vorgeschichte durfte ich vorerst erlernen, dass Wut auch berechtigt sein darf, und nicht nur reine Überreaktion ist. Dass Wut etwas, mit den eigenen Grenzen zu tun hat, die völlig niedergerissen nicht mehr funktionierten. Erlernen, wütend sein zu dürfen, es zu hören, es zu verbalisieren und zuzulassen sowie positive Konsequenzen folgen zu lassen. Ich hinterfrage meine Wut, was mich verletzt oder bedroht und wie ich das ändern kann. Meinem Gegenüber mag die Wut nicht schmecken, wenn er jedoch die Chance nicht bekommt, meine Grenzen deutlich wahrzunehmen, kann ich eventuell auch nicht spüren, ob ihn das überhaupt interessiert.

Das reinigende Gewitter.

Es blitzt und donnert und danach ist die Luft wieder rein.

Ich bin aufgewachsen in einer Welt, wo man wütend sein darf, wenn es die Gesellschaft akzeptiert, aber selten über die Hintergründe kommuniziert wird. Menschen hat früher der Zorn Gottes bei Blitz und Donner verschreckt. Nur wütend sein ohne anschließende würdevolle Kommunikation der Vorstellungen wirkt, wie ein Pfropfen im Vulkan. Ich wünsche mir zumindest für meinen engsten Kreis, dass dafür Platz sein darf – mit der Wut umzugehen. Wir versucht sind, den Schaden durch unterdrückte Wut und undefinierter Wut, schwelender Wut, und der stillen Wut keinen Aggressionsspielraum zu geben, viel mehr Ohr und ernsthaftes Interesse. Dafür ist es wichtig Wut von seinem engsten Kreis (aus)halten zu können, wenn sie klar benannt wird, bei sich zu bleiben und der Wut auf Ursachensuche zu folgen. „Ich fühle mich wütend, weil ich verletzt oder bedroht bin, wenn das oder jenes passiert ...“ war und ist eine Erkenntnis, die mich aus dysfunktionalen Beziehungen rettet, vor Abwegen warnt und erinnert meine Würde zu bewahren, gerade wenn ich dabei bin, sie durch Wut zu verlieren.

Was mir hilft, außer darüber zu sprechen?
Oder, wenn ich noch nicht erforscht habe, was mich wütend macht? Wütende Musik, laufen gehen, Bedürfnisse hinter den Gefühlen aufspüren, Humor und Dadaismus, Weinen, Bauchatmung, Wasser trinken, Papier zerreißen, Wäschesack boxen. Meine Gedanken herausschreiben, die Wut adressieren, welches Thema liegt dem zu Grunde?

Fokus, auf die Dinge, die ich aktiv ändern kann richten. Die entstandene Energie positiv nutzen.

Sollte Dir Deine Wut selbst abhanden oder zu anstrengend sein, rate ich Dir zu einem Therapeuten. Auch heute noch ist mir nicht immer der Hintergrund meiner Wut sofort bewusst, doch bei aller Gefahr der Destruktivität, steckt auch ein Stück Neues erschaffen wollen, in Ihr.

Die Frage ist, ob der Raum und Zeit vorhanden sind, den eigenen Code dahinter zu entschlüsseln. Am besten im Austausch über Gefühle oder Bedürfnisse und dem Anerkennen, dass Wut eine der stärkeren Emotionen ist und ihre Unterdrückung zur Krankheit führt, wie auch permanent gelebte Wut ohne aktive Veränderung.

Der höhere Sinn hinter der Wut?
Die Aufforderung nach Transformation der Energie.

Zwei Seiten einer Medaille. Ich hoffe, es gelang mir, diese etwas zu drehen und zu wenden.

34. Tag Heute melde ich mich zur Therapie an

Ich möchte heute ein Thema ansprechen, was bei einigen gern verdrängt wird. Diverse Studien und erfahrene Experten plädieren dafür nach oder während narzisstischen Missbrauchs, sich professionelle Unterstützung zu suchen. Auch ich gehöre dazu. Alleine die verbale Aufarbeitung (bis zu 16 Sitzungen) sind notwendig, um sich zu entlasten und zu reflektieren. Sicher gilt es nicht für jeden, ich möchte darauf hinweisen, dass es eine Möglichkeit ist, nicht alleine mit all dem überfordert zu bleiben. Direkt nach Trennungen macht es kaum Sinn. Die Ruhe und somit Stabilisierung sind notwendig, doch je weiter fortgeschritten man von der Beziehung ist, desto komplizierter wird es, die Erinnerung daran aufzuarbeiten. Erinnerungen verfälschen sich jedes Mal, wenn wir sie hervorholen. Das ist eine gute Erfindung unseres Selbst, denn wir würden kaum die Kapazität finden all unsere Wahrnehmungen Detailgetreu abzuspeichern ohne Inselbegabung. Hinzu kommt ein Phänomen das unser Überleben in Gesellschaft fördert. Die Anpassung unserer Erinnerung. Gerade in Gruppen gleichen sich Erinnerungen an.

Forschungen haben dabei unfassbare Ergebnisse unabhängig von Geschlecht und Alter dazu erfasst. Ein anderes Phänomen ist der Verruf, sich mit sich selbst zu beschäftigen. Geistige Vorsorge und seelische Nachsorge. Therapeuten stöhnen oft auf, zum einen Kapazitätsprobleme zum anderen Menschen die nicht „zu spät", aber spät zu ihnen kommen. Therapeuten für die Seele sind mit Akutzuständen überfordert.

Dann ist Stabilisation vorerst das Ziel. Das bieten Trauma-Kliniken und Psychiatrien. Der Anspruch in diesen Häusern liegt darin, die Psyche zu beruhigen, zu balancieren oder auch dem Trauma die Macht zu nehmen. Eine Übersicht aller kassenärztlich zugelassener Therapeuten bekommt man bei der Krankenkasse und den meisten Allgemeinmedizinern. Natürlich sind diese Listen nicht immer aktuell und keine Garantie eines Therapieplatzes. Bis es dazu kommt, steht die Wahl des Therapeuten vorerst auf den Plan. Einfache Fragen, wie welches Geschlecht, welcher Umkreis und Themenbereich sollten hier noch keine Herausforderung sein. Der Themenbereich umfasst: seelischer Missbrauch, Trauma, Konfliktbeziehungen, narzisstischer Missbrauch, (Ko)Abhängigkeit, Selbstliebe/Selbstwert/Selbstachtungsdefizite.

Ihr seht jemand, der sich mit Narzissmus auskennt, wird Euch nicht unbedingt weiterhelfen, denn meistens sind diese Menschen auf Narzissten spezialisiert, weniger deren Opfer. Überhaupt gestaltet sich die Therapeutenwahl gleich einer Wohnungssuche. Es dürfen viele Faktoren stimmen. Dazu komme ich auch noch mal später zurück. Für heute möchte ich dazu anregen sich die Infos, unabhängig davon ob ihr sie direkt nutzen wollt, einzuholen. Ein Erstgespräch ist weder eine Therapie noch braucht es dafür eine Überweisung. Es ist eine Wohnungsbesichtigung auf die manche über ein halbes Jahr Wartezeit in Aussicht stellen. Lasst Euch davon weder verunsichern noch abschrecken.

35. Tag Warum Selbsthilfe essentiell ist

Je nach Therapie sieht man Therapeuten dreimal 45 Minuten die Woche oder aller 1-2 Wochen. Bleiben noch die restlichen Stunden. Gut wenn man 1-3 vertraute Menschen hat, die man anrufen kann oder die bereit sind mit einem durch diese Zeit zu gehen. Beratungen, Coachings, Selbsthilfegruppen, Selbsthilfebücher bieten perfekte Ergänzungen. Doch all das hilft nur bedingt, essenziell hat die Selbsthilfe, mit einem Selbst zutun. Ich gehe in Beratungen generell so heran, den Klienten auf den Zahn zu fühlen, was ihnen hilft, denn klar habe ich einen Schatz-Garten voller Tools und Möglichkeiten, doch was Dir speziell hilft, ist eine individuelle Angelegenheit. Das weißt Du für Dich am besten. Was dem einen nützlich ist, ist dem anderen ein kontraproduktiver Versuch. Selbsthilfe bedeutet verkürzt: Überlebenstrieb, Erschaffen, Selbstverantwortung und Kontrolle.

Also nichts, was man im Außen findet, mehr tief in sich drin. Auch wenn zum Anfang einheitlich die Ruhe zählt, die Wege dahin sind so vielfältig und individuell, wie die Menschen, die diesen Weg vor sich haben. Ich denke, es gibt wunderbare Literatur und Organisationen für die Hilfe zur Selbsthilfe. Was mir damals fehlte, habe ich mit dem Schutzgartenratgeber erschaffen, doch was Du brauchst, steht auf einem anderen Blatt. Es ist Deine Geschichte und Dein Weg, der damit beginnt, dass Du die Fragen stellst, und Antworten darauf suchst.

Was tut mir gut?
Was beruhigt mich?
Was inspiriert mich?
Wovon träume ich?
Was will ich mir näher anschauen gerade?

Erfahrungsgemäß weißt Du am besten, was Dich interessiert, stört und was von Dir bearbeitet will. Alles hat seine

Zeit und jeder seinen individuellen Weg. Was dem einen guttut, triggert den anderen. In die Selbstverantwortung zu gehen bedeutet, das Selbstbewusstsein zu stärken und zu wachsen. Natürlich macht da Reflexion und Realitäts-checks auch Sinn, in hilfreichen Gruppen kann dies bis zu einem gewissen Rahmen stattfinden, doch das setzt voraus, dass Du ehrlich sein kannst und die Gruppenleiter Erfahrungen haben sich auf den Menschen einzulassen und nicht nur pauschal Ratschläge zu verteilen, sonst werden sie schnell zu Schlägen. Später im Buch werde ich noch mal wichtige Hinweise dazu festhalten. Achte auf Dein Bauchgefühl.

Getraue Dir, Methoden zu hinterfragen. Nicht zwangs-weise liegt jemand falsch mit Tipps, doch ob es für Dich passt und ein Weg ist, entscheidest Du. Auch das ist Teil der Selbsthilfe. Für mich ist demzufolge Selbsthilfe wich-tig für Autonomie, Stärkung und Zuversicht. Auch der Schritt sich von außen Hilfe hinzuholen ist ein wichtiger Schritt der Selbsthilfe. Dein Gehirn zur Ruhe kommen las-sen ist eine der effektiven Selbsthilfeübungen, die Du Dir gönnen kannst. Vielleicht gelingt es Dir heute, morgen o-der die nächsten Tage.

36. Tag Traumafolgen und Suchtverschiebung

Wow, ein heftiges Thema und ich bitte Dich, Dir ein war-mes Getränk zuzubereiten und bei all dem, was ich im Folgenden beschreibe, ein innerliches „Kann sein- muss aber nicht" hinzuzufügen! Trauma ist ein Erlebnis oder eine Situation, die belastet und nicht einfach verarbeitet wurde. Gewalt und Ohnmachtserfahrungen, die sich im Körper abspeichern und gewisse Reaktionen mit sich zie-hen. Auch hier bietet sich ein Selbststudium an, denn vom Entwicklungstrauma (in der Kindheit entstehend) bis zur Erfahrung narzisstischen Beziehungen im erwachsenen Alter gibt es unterschiedliche Auswirkungen und

Möglichkeiten damit zu arbeiten.

Was wären solche Folgen? Albträume und Flashbacks, Schlaflosigkeit, Hoffnungslosigkeit, Scham und Selbsthass, das Gefühl emotional überwältigt zu sein, Interessenverlust, selbstzerstörerisches Verhalten, chronische Schmerzen (Migräne), Essstörungen, fehlende oder bruchstückhafte Erinnerungen, Hypersensibilisierung (Fachbegriff: Hypervigilanz), Dissoziation (Abspaltung von Gefühlen), Depression, Konzentrationsschwierigkeiten, Panikattacken, Substanzmissbrauch, sich aufdrängende Erinnerungen, Schreckhaftigkeit, Reizbarkeit und das betäubt sein Gefühl.

Narzisstischer Missbrauch hinterlässt Spuren.

Unterdrückte Wut, das Gefühl auch in Begleitung allein zu sein, Verleugnung der Realität, das Gefühl verrückt zu werden, Entscheidungsschwierigkeiten, Selbstvorwürfe und das ständige Entschuldigen, eine Verteidigungshaltung und vieles mehr können mit Abstand zu dysfunktionalen Kreisläufen abnehmen, unbeachtet jedoch auch zu Folgeschäden führen. Grundsätzlich ist auch die Einstellung: es doch alleine schaffen zu wollen, eine Falltüre.

Wenn sich dieser Zustand über Monate hält, gewöhnt man sich daran und findet Wege trotzdem seinen Alltag „irgendwie" zu meistern. Im Laufe des Überlebensmodus sollten sich diese Symptome merkbar verringern. Falls nicht ist eine traumatherapeutische Aufarbeitung wichtig. Hierfür gibt es die unterschiedlichsten Ansätze von EMDR über Körperarbeit. Vertraue Deiner Resilienz, doch versuch auch, ehrlich mit Dir zu sein, wo es noch der Unterstützung bedarf. Gerade wenn es um narzisstische Beziehung auf partnerschaftlicher Ebene geht, entsteht eine toxische Abhängigkeit, die unbearbeitet unweigerlich zur Suchtverschiebung führt.

Das kann die nächste Abhängigkeitsbeziehung sein, aber auch exzessiver Sport oder andere Herausforderungen, wie ein anspruchsvoller neuer Job oder eine Ausbildung (Arbeitssucht). Shoppingwahn, Drogen, Internetsucht (zum Beispiel Gruppen oder Chats), Spielsucht, Esssucht und viele weitere. Sucht ist zum einen eine Erkrankung zum anderen der Hinweis auf einen Mangel. Mensch neigt dazu, den Weg des geringsten Widerstandes zu gehen und somit sich gefühlt aktiv fortzubewegen, zu betäuben und den Mangel auszugleichen.

Unsere Gesellschaft fehlt es derzeit noch am Verständnis, für den Schmerz dahinter und dort etwas Unbearbeitetes liegt und es nichts mit Disziplin oder Willenlosigkeit zu tun hat. Elisabeth Kübler-Ross beschreibt traumatische Erlebnisse in 5 Phasen: Leugnung, Zorn, Verhandlung, Depression und Akzeptanz. Dieses Buch bringt den Ansatz mit, sich mit diesen Auswirkungen auseinanderzusetzen. Sie ernst zu nehmen und gleichzeitig auch eine gewisse Gelassenheit im Umgang damit zu finden ohne Suchtverschiebung. Die Profis auf dem Gebiet haben nicht umsonst studiert und geforscht und die würde ich auch in dem Fall hinzuholen, mit Traumata experimentieren kann schnell nach hinten losgehen und noch größeren Schaden hervorrufen. Sich der Folgen bewusst zu sein, sich einzugestehen, wo die eigenen Baustellen liegen, ist der erste Schritt zur Besserung. Sei es Dir selbst wert, gegebenenfalls Experten zu kontaktieren. Selbst habe ich bis heute noch mit den Auswirkungen der komplexen posttraumatischen Belastung zu kämpfen und ich sehe das als Lebensaufgabe, doch was ich bis heute schon erreicht habe, macht mich stark und zuversichtlich und das wünsche ich Dir auch.

Eine typische Folge ist es auch die Hilfe von außen nicht anzunehmen, diese Hürde hast Du mit diesem Buch bereits ein Stück überwunden, es sollte Dir Mut machen da weiter anzusetzen. Little by little and step by step.

Atme! Nutze den Tag Dir etwas Gutes zu tun, ohne Suchtpotenzial. Und ja das wäre auch zum Beispiel: auf der Couch abzuschlumpfen, wenn es das ist, was Du heute brauchst. Morgen will ich Dir eine Traumafolge näherbringen, die mir als Berater stets begegnet und ich denke, diesbezüglich eine mögliche Lösung gefunden zu haben.

37. Tag

Entschuldigung ... das läuft jetzt anders!

Seit der Eröffnung des Schutzgartenratgebers wenden sich Betroffene an mich, um Rat zu suchen. Bei meinen Klienten und Anfragen erlebe ich oft eine Auswirkung des Wunderlandes und somit des emotionalen Missbrauchs, die sich durch „ständiges Entschuldigen" kennzeichnet. Dabei gibt es hier scheinbar nichts, für was sich nicht entschuldigt wird. Das Problem ist – es gab keinen Vorwurf, oder eine Situation, die vorausgegangen ist, die eine Entschuldigung erforderte.

Opfer haben toxische Scham aufgebaut, durch die anhaltende Projektion und Schuldumkehr befindet man sich in einem Mechanismus sich für alles bis zur eigenen Existenz verteidigen und rechtfertigen zu müssen.

„Es tut mir leid, entschuldige, dass ich mich nicht gleich direkt melde oder gerade keine Zeit habe." „Entschuldige, es tut mir leid, dass ich absagen muss."
„Es tut mir leid, entschuldige dass ich so verwirrt bin."
„Es tut mir leid, die Geschichte ist kompliziert."

Ich weiß noch genau, wie mir das an mir selbst erst nicht auffiel. Dann kam die Zeit, wo ich mir dabei ständig selbst zuhörte oder zusah (beim Schreiben) und wusste, dass es das selbstverabreichte Gift meiner Gedanken ist,

Nachwirkung und Muster, doch noch nicht so recht dagegen ankam. Die rote Pille hast Du soeben geschluckt. Du kannst jetzt diese Info ausblenden, doch ich habe ihr nicht umsonst diesen 37 Tag gewidmet. 3 plus 7 ist 10 und die 10 steht für das Ende des Zyklus und für eine wichtige Erfahrung sowie für den Neubeginn, steht die 1. Du darfst damit aufhören, Dich zu entschuldigen, solange Du nicht eindeutig in eine Position kommst, in der Dir berechtigte Schuld vorgeworfen wird. Ich höre unzählige Steine von den Herzen plumpsen. Ich weiß, wie wichtig diese Botschaft für Dich ist.

Willkommen bei der Idee vom liebevolleren, stressfreieren Leben und natürliche Abgrenzung aufbauen. Besonders im Überlebensmodus, wo es okay ist, nicht okay zu sein. Dazu gehört, aus meiner Sicht, neben der natürlichen Abgrenzung auch die gefühlvolle Kommunikation und Achtsamkeit. Praktisch befinden wir uns hier im Lern- und Erholungsmodus, und heute möchte ich mit Dir gemeinsam, theoretisch den Schritt in die Zukunft wagen, um diese Praxis eventuell bereits jetzt, hier und da anzuwenden.

Ein geschulter Berater, Coach, Therapeut und Beamter wird euere Entschuldigung vorurteilsfrei verstehen, ein anderer vielleicht annehmen, ihr hättet dafür berechtigte Gründe oder im schlimmsten Fall erkennt hier jemand, dass es sich eindeutig um eine Opferposition und leicht manipulierbare Menschen handelt, und nutzt es aus.

Im Falle einer Anklage heißt es nicht umsonst: Du hast das Recht zu schweigen und Dich anwaltlich beraten zu lassen, denn alles kann und wird, gegen Dich verwendet werden. Atme! Für die Öffentlichkeit und Menschen im äußeren Kreis des Schutzgartens ist demzufolge eine Abgrenzung nötig. Sowie engere Kreise die wertschätzende, würdevolle Kommunikation führen, von der Entschuldigung zur Dankbarkeit. Entschuldige ich mich, mich ewig gesucht zu haben oder bin ich dankbar mich gefunden zu haben? Entschuldige ich mich, dass ich so verwirrt bin, oder sage ich: Danke für Deine Geduld und Verständnis? Entschuldige ich mich, für meine unaufgeräumte Wohnung, oder sage ich: Danke, dass meine Freundin darüber hinwegsieht und mich da abholt, wo ich bin? Mir vielleicht auch hilft, das Chaos zu besänftigen?

Ergibt dieses „Entschuldige, dass Du Dir das anhören musst?", irgendeinen Sinn oder Wahrheitsgehalt? Dann darfst Du überdenken, ob es die richtigen Freunde sind oder ob sie gelernt haben, selbst ihre Grenzen zu signalisieren. Frage ob sie mental bereit sind, Deine Geschichte hören zu wollen. Ist das geklärt, bedeutet die Wahrheit sprechen, ohne dabei übergriffig sich selbst und anderen zu werden: „Danke, dass Du Dir die Zeit nimmst, mir zuzuhören."

Dazu gehört ebenfalls, ihnen die Freiheit zu geben, jederzeit Stopp zu sagen, wenn sie es erst mal sacken lassen wollen, oder das Thema zu viel wird. Selbiges gilt auch für Dich, wenn Dir gerade die Geschichten der anderen zu viel werden. „Danke, dass Du mir so viel Vertrauen schenkst, ich brauche jetzt eine Pause, gern können wir später darüber weiterreden."

Danke für Deinen Mut, und das Vertrauen meine Schutzgartengedanken, Dich begleiten zu lassen. Für Dich herauszupicken was Dir zusagt, auszulassen was nicht Dein Thema ist. Ich bin dankbar, für jeden der sich auf den Weg macht, um gesunde Grenzen gegenüber einer narzisstischen Gesellschaft aufzubauen. Für jeden der da seinen eigenen Kampf und Wunden, pflegen, heilen lassen und noch zu durchstehen hat. Du bist nicht allein und viele Menschen gehen seit 2010 diesen Weg bewusst. Die nächsten 10 Jahre werden nicht nur akut Betroffene merken, welchen prekären Einfluss Narzissmus auf die

Gesellschaft haben wird. Und Du dann so: Ich wünsche mir einen würdevollen Umgang miteinander und Sie überschreiten gerade eine meiner Grenzen. Und dann wäre eine Entschuldigung von der Gegenseite angebracht. Wie und wie nicht, dazu kommen wir noch. Heute schon Dein Zeichen, für den Fortschritt gesetzt? Baddabing!

38. Tag Loslassen und warum es ein Hoax ist

Wie soll man loslassen, was nicht festzuhalten ist?
Akzeptieren von Veränderungen ist etwas, was nicht von heute auf morgen gelingt, und ich habe da eine extra Resilienz-Zeitspanne. Veränderungen machen mich erst mal zum Urzeitwesen und dann fall ich Klippen, schrumpfe zu einem Wurm, stampfe, heule und lass meinen Emotionen Raum, aber begebe mich auf Lösungssuche, sobald ich mir Luft gemacht habe, und dann brauch ich Zeit mich an die Situation zu gewöhnen. Bis jetzt war immer eine Lösung da, irgendwann. Wie es bei mir noch nie funktionierte?

„Musste loslassen!"
Was? Nee muss ich wohl nicht. Was ich nicht besessen habe oder halten kann, was soll ich da loslassen? Ich habe diese Theorie mir versucht einzutätowieren, aber das Paradox ist doch, dass es so mir suggeriert ich würde etwas festhalten, wo der Schmerz über das „Nicht halten" können verdeckt wieder zuspielt. Kurz: Ich trigger mich selbst. Also doch annehmen, was ist! Seitdem ich meine Bedürfnisse und Gefühle annehme, aber eben auch aufhöre, einem einzelnen Gefühl die Hoheit auszusprechen, gelingt mir es, das, was vielleicht mit Loslassen gemeint ist zu praktizieren. Abstand und eine andere Betrachtungsweise. Ihr kennt das vielleicht, wenn der Kühlschrank leer ist und keine Möglichkeit vorhanden,

einzukaufen? Was ich da im Kopf beginne, Hunger zu haben, über Essen nachdenke, über den 2 Wochen Vorrat das ist der Wahn-Sinn. Merkwürdigerweise habe ich das nicht, wenn mein Fokus sich auf andere Dinge konzentriert. Nun ist Nahrung überlebenswichtig, jedoch zähle ich die Verbindung zur Umwelt und Harmoniebedürfnis auch dazu. Mir zu erlauben, wie ich fühle, bewusst lieben, trauern oder dankbar sein, das mit der Realität im Einklang Sein, gehört aus meiner Sicht dazu. Annehmen und integrieren nur nicht mehr aufsaugen, wie ein Schwamm.

Ein Gefühl, jemanden zu lieben, ist zeitlos, es ist. Unabhängig, ob das Lebewesen nah, fern, tot oder lebendig ist. Liebe tut nicht weh, es sind Erwartungen, Enttäuschungen, Vorstellungen, Muster, Glaubensbilder und Wunden, die uns ein Bild von Liebe geben, als ob es um einen Kampf geht. Und in diesem Kampf sagt dann jemand, Du musst loslassen?! Das ist, wie sich den kleinen Zeh zu rammeln, und jemand sagt: „Hack das Bein ab!", anstatt „Kühle den Zeh!"

Ich wunderte mich in meinen Beziehungen oft, warum meine Partner nicht für die Beziehung kämpften. Wow, das war Muster und der Glaubenssatz schlecht hin. Ich traf damit meistens auf Ablehnung. Yeah. Ich war noch nicht bereit, zu verstehen, dass Beziehungsarbeit kein Kampf sein sollte und Austausch der natürliche Weg ist. Geben und Nehmen. Und der Gedanke, loszulassen, nicht mehr zu geben… löste Panik aus, anstatt mein Los zu zulassen, wollte ich an meiner Liebe festhalten und doch sind Rios Reisers Worte erst spät bei mir angekommen. Halt an **Deiner** Liebe fest. Wenn Bedürfnisse ignoriert werden, tragen alle Verantwortung und ja, der Ursprung liegt da, wo ich anfange, meine Bedürfnisse zu ignorieren, Authentizität verliere, weil ich denke: So und so müsste ich sein, dann …

Auch diese Muster kann ich nicht einfach loslassen, ich lerne sie zu erkennen, zu verstehen und sie zu integrieren, indem ich meine Bedürfnisse wahrnehme, hinterfrage, aber sie nicht auseinanderpflücke, sondern viel mehr verknüpfe und ernst nehme. Sie nicht mehr jemand zur Aufgabe mache, der nicht bereit dazu ist, sie zu erfüllen. Loslassen ist vielmehr anzunehmen, was zu mir gehört und aussortieren, was nicht. Innehalten, Annehmen und Aussortieren. Der Schmerz daraus fordert Fokus, den mit größerem Schmerz abdecken zu wollen macht es selbstzerstörerisch. Ja ich habe geliebt, ich liebe.

Die Menschen, die ich so gesehen habe, wie ich sie sehen wollte, ist teils Manipulation von Außen gewesen, doch auch eine adaptive narzisstische Verhaltensweise von mir selbst.   Liebe ist eine innere Kraft. Man kann sie ja vielseitig nutzen und es gibt da keine Grenzen zwischen Gut und Böse. Also kann sie sich auch gegen einen richten, genau da, wo es wehtut. Es waren Erfahrungen, was nützt es mir da mit Schuldfarbe alles Schwarz oder Weiss malen, ist es nicht besser, die Farben anzuschauen, die da sind? Die Menschen brauchen unterschiedlich lange, um Dinge zu akzeptieren, anzunehmen und damit zu leben. Tröstlich ist mir der Gedanke, dass sich alles im Wandel befindet und genau da, das Innehalten und Zulassen von Bedürfnissen, Erinnerungen und Gefühlen, das Leben lebendig werden lässt. Manche diese Erinnerungen sind Mahner und große Lehrer. Andere schränken ein, hypersensibilisieren eine Zeit lang. Genau darum soll es morgen gehen, für heute habe ich einen weiteren Tipp für Dich. Such Dir eine positive Erinnerung für diesen Tag!

Fühl sie, spür sie, lade Dich mit ihrer Energie auf. Atme!

39. Tag Überall Narzissten?

Nach einem narzisstischen Missbrauch hält das Leben nicht an. Manche landen in der nächsten glücklichen Beziehung andere wiederum beim nächsten Narzissten und andere landen erst mal so gar nicht. Ist das Ausrichtungsmuster schon früh geprägt worden, durch vorangegangene ungesunde Beziehung oder in der Kindheit, wird der Erkenntnisprozess zur eigentlichen Herausforderung. Es ist eine Grenzerfahrung und gleichzeitig ein Geschenk. Die Erfahrung zu verarbeiten, beinhaltet ein Selbststudium über das große Bild des narzisstischen Missbrauchskreislaufs. Mit allen Nebenpunkten und Informationen, die es neu zu erlernen gilt. Erfahren haben es die Opfer schon, nun sind sie als Überlebender gefordert, nicht nur ihre letzte Beziehung zu rekapitulieren, sie müssen ihr ganzes Leben, bis hin zur Bildung des Ichbewusstseins, zurückgehen und neu zu installieren. Dort gilt es, neu anzusetzen und dieses neue Ich, genauer zu betrachten, und entsprechend zu schützen und zu erziehen. Das Ich hat sich daran gewöhnt alte Schmerzerfahrungen mit neuen zu übermalen, von daher sollte es ihnen leichtfallen, auch wenn es die Herausforderung schlecht hin ist. Denn es hat sich auch darin gewöhnt, gerade da Verbindungen zu suchen, wo keine sind. Das kann zur Folge haben, dass man in seinem Umfeld mehr, als nur einen Narzissten hat. Diese Erkenntnis fragt nicht, wie sicher Du Dich fühlst oder ob Du bereit bist, sie kommt ernüchternd, bedrohlich und unausweichlich. Narzissten neigen dazu, ein ganzes Umfeld zu vergiften, um sich selbst nicht zu enttarnen. Narzissten neigen auch dazu, noch Jahre später ihre Opfer zu attackieren, und sie sind Meister der Rache.

Die sicherste Variante ist Kein-Kontakt einzuhalten, diese Menschen und ihre Manipulationstechniken zu meiden. Ihnen die Macht zu entziehen schmerzt und fühlt sich alles andere als richtig an, vorerst. Doch genau darin liegt der Schlüssel, die Kontrolle zurückzugewinnen. Je öfter und länger Du Dich von Deinen Peinigern distanzierst, je näher kommst Du Dir. Hier geht es nicht darum, jemand mit Schweigen zu bestrafen oder irgendwie den Partner zurückzubekommen. Hierbei geht es nur um Dich! Deine Seele braucht Luft zum Heilen und Bildung. Stell Dir vor, Du sollst eine riesige Maschine bedienen und hast eine zehn Zentimeter dicke Betriebsanleitung dazu. Würdest Du wahllos Schalter bedienen und jeden heranlassen, der meint zu wissen, wie es funktioniert?

Lerne Dich selbst kennen, auch wenn einige durch ihre hochsensible Art sich bereits glaubten, sich zu kennen, und bewusst ihr Leben lebten, sie haben den für sie unsichtbaren blinden Fleck nie kennengelernt. Bei jedem anderen konnten sie ihn sehen, selbst beim Narzissten, doch das, war ihr indirektes Todesurteil. Haben sie erst mal, das System erkannt, wird es ihnen wie Schuppen von den Augen fallen. Plötzlich bekommt vieles eine Antwort, die bis dahin offenblieb. Wie konnte er/ sie mir das antun? Was hat sie dazu bewogen? Warum handeln sie so? Alles Fragen, die Ausrufezeichen bekommen. Das Problem dabei ist, wir hier, die wir in der westlichen Welt leben, leben in einer Narzissmusgesellschaft. Narzissmus lauert auf uns zu Hause, in der Schule, im Job und in den Medien. Bei Ärzten und Ratgebern. Wir werden davon überschwemmt. Diese Erkenntnis ist schmerzhaft und nur schwer verdaulich. Die Lieblingsserie ist nicht mehr skurril lustig, sie handelt plötzlich von 4 Narzissten und die damit verbundenen Probleme, der Lieblingssänger aus der Kindheit, der plötzlich mit jedem geliebten Songtext erklärt, dass er viel falsch gemacht und verletzt hat, aber es nie seine Schuld war… er nur sein Leben lebt und eben deswegen, jetzt kein schlechter Mensch ist. Der beste Freund, der einem so ans Herz gewachsen ist und doch nur spiegelt, statt echte Empathie zu empfinden. So nüchtern, wie die narzisstische Umgebung ist, desto mehr haut es einen förmlich aus den Latschen. Überall Narzissten!

Vergiss die Narzissten!

Check Dich selbst. Auch wenn es sich manchmal wie in einem Horrorpsychothriller anfühlt, Dein Alarmsystem ist gerade neu installiert. Logisch spielt es jetzt erst mal alles durch und irrt sich vielleicht auch in den Bewertungen. Vertrau ihm trotzdem! Dieses Erkennen, ist der erste Schritt, zu Dir selbst! Studiere weiter, wie man Narzissten, Sozio- und Psychopathen erkennt und ihnen keine Plattform zum Spiegeln bietet. Praktiziere Selbstliebe, egal wie ungewohnt und komisch es sich anfühlt. Gib Dir Zeit, zu heilen und einen Schutzgarten zu errichten. Der wiederum, hat eine automatische Alarmfunktion, nähert sich ein Narzisst blinkern, überall innerlich, die roten Warnlichter. Vielleicht spürst Du schon bewusst körperliche Reaktionen wie: Verspannung, Migräne. Fühle Dich nicht ausgeliefert, Du musst niemand gefallen, schon gar nicht Narzissten. Je mehr Du Dich körperlich distanzierst, gelingt es Dir auch innerlich. Hol Dir die Kontrolle zurück. Vertraue dabei der inneren Stimme und warte nie auf Antworten oder Handlungen, die nicht kommen werden. In dem Falle … beantworte Dir selbst die Fragen! Dein Feld ist, für Narzissten, der perfekte Spielort gewesen und das, hat Dein Unterbewusstsein zugelassen, hilf ihm jetzt dabei: Dir zu helfen. Lerne, Dir selbst ein guter Freund zu sein, und Du wirst Narzissten regelrecht abstoßen sowie uninteressant finden und neuen Menschen, mit einem gesunden Selbstwert begegnen.

Fühl Dich umarmt, verstanden und mit Kraft und Zuversicht überhäuft. Ja, es gibt noch andere Menschen auf diesem Planeten, gib Dir und ihnen die Chance, indem Du zu Dir selbst findest.

40. Tag

Wie Angst uns vermeidend werden lässt

Es ist im Überlebensmodus kaum möglich, auf sein Bauchgefühl zu hören oder besser formuliert, jenes von der Angst zu unterscheiden. Im Flucht-Kampf-Modus haben wir Menschen kaum Zugriff auf unsere Intuition, da wir meistens kaum bewegungslos sind oder bei uns.

Bauchgefühl ist: leise, ist mehr so hm, eine Eingebung ohne Erregungen. Gern überhören wir dies oder verwechseln es mit einem viel deutlicherem Signalgefühl: Angst. Angst ist ein starkes Gefühl, es ist lebenswichtig und überlebenswichtig, sie zu regulieren und ernst zu nehmen.

Angst ist: Schwitzige Hände, laute, leise, drückende, schnelle, wirre Gedanken- was wäre, wenn? Fragen, Bauchschmerz, Übelkeit, Ruhelosigkeit, Schlaflosigkeit, Albträume, Panikanfälle, verspannte Muskeln, Hypersensibilität, Appetitlosigkeit, Wut, Isolation und Aufgeben statt Ausprobieren.

Es gibt Angst, die uns warnt sowie schützt und die, die uns aufhält, lähmt und riskant wird. Ein Blick auf die Angst verrät sehr viel, über unsere Schwächen doch auch die Stärken. Sie erklärt sich selbst, wenn wir, bevor wir uns weg oder in die Angst bewegen, unsere Angst erkennen und verstehen.

Wasser ist ein wunderbares Element aber auch respekteinflößend. Ich saß einmal allein am Atlantik und konnte diese überwältigende Stärke und Kraft der Wellen und Wassermassen kaum ertragen. Sie machten mir Angst, Urangst. Schwimmen gehen, ein No-Go! Sitz ich allerdings bei warmen Temperaturen an einem Strand mit kleinen Schwappwellen, entspanne ich mich regelrecht und will ins kühle Nass. Die eine oder andere Perspektive verrät mir noch nicht alle Gefahren, Theorie ist hier nicht unbedingt Praxis. Die Wahrheit liegt also irgendwo zwischen den Extremen. Außerhalb meiner Komfortzone und manchmal auch in ihr. Angst ist nicht nur „negativ". Sie ist Erfahrungswert, eventuell Traumafolge und ein Hinweis auf gewünschte Veränderung. Sie kann ein Indikator für fehlende Sicherheit, fehlende Grenzen, vor allem unterdrückte (Bauch)Gefühle und versteckte Bedürfnisse sein.

Ohne Ängste hätten wir Menschen nicht überlebt und gleichzeitig, hat sie uns in Flucht und Kämpfe getrieben. Kampf oder Flucht, das ist hier die Frage. Viele Erstarren oder passen sich an. Eine der traurigsten Wahrheiten zu toxischen Beziehungen: Je länger Du bleibst, desto härter wird es zu gehen.

Der Hoax der Sicherheit

und die Angst vor Entscheidungen

Das Gegenteil von Angst ist Liebe. Und wenn wir Angst vor Entscheidungen haben, liegt diese im Vorstellungsbereich. Wäre es nicht einfacher Entscheidungen in Liebe (zu sich selbst) zu treffen? Je mehr wir uns von unseren Emotionen und Gefühlen wegbewegen oder hadern, desto schwieriger wird es sich zu ent-scheiden und zusammenzuführen. Wir wüssten nicht, was Liebe ist, ohne unsere Ängste zu kennen. Menschen meiden die Vielfalt der Wahrheit, wenn sie sich von der Furcht beherrschen lassen. Daher ignoriert manch einer lieber die Redflags (Warnzeichen), als sich der Angst zu stellen. Angst ist Bewusstsein. Praktisch geht die Angst unserem Bewusstsein voraus. Angst warnt uns und dafür nutzt sie auch das Bauchgefühl. Sie will angeschaut werden. Ignorieren wir sie ... nähren wir sie.

Die Angst davor (sich zu verlieben, neu anzufangen, Konsequenzen, Ablehnungen, wieder auf Narzissten zu treffen) ist eine Folge der Erfahrung und eine Einladung sich aus der Vergangenheit in ein Jetzt zu begeben. Durchaus gibt es Menschen, die sich bewusst, wohlüberlegt nicht mehr auf Beziehung einlassen, doch weil sie wissen, dass es sie so nicht glücklich macht, nicht aus der Angst heraus erneut verletzt zu werden.

Angst vor den Eltern, Partnern, Kindern, Lehrern, Chefs, Kollegen und Nachbarn

Hier fehlt es schlichtweg an gesunden Grenzen und sie macht uns „manipulierbar". Kinder sind diesem Dilemma „noch" hilflos ausgesetzt, als Erwachsener ist es unserer Aufgabe ein schützendes Lebensumfeld – einen Schutzgarten – zu erschaffen und manche von uns, lernen es mühsam, diese Verantwortung selbst zu tragen. Hier heißt es eindeutig: Stopp! Bis hier hin und nicht weiter. Dein Garten-Deine Grenzen!

Generalisierte Angststörungen

Phobie/Panik/Depressionen und Posttraumatische Belastungsstörung sind mögliche Gesichter der Angst. Ängste sind die häufigste psychologische Erscheinung. Angst ist kulturell verbreitet bei Lebewesen. Wird die Angst konditioniert oder über längeren Zeitraum extrem gereizt und unterdrückt, wird die Amygdala überreizt und unsere Angstschaltkreise spielen verrückt. Man kann das sehr gut bei Jugendlichen und Kindern beobachten, die mit den Auswirkungen eines gruseligen Films oder Bedrohungen umgehen lernen. Schlafloser Nächte, irrationaler Gedanken, Albträume, erhöhte Schreckhaftigkeit und jede Menge unbegründete Reaktionen.

Bei hochsensiblen Kindern lernen hoffentlich Eltern schnell, diese Trigger möglichst zu meiden oder gut vorzubereiten und auszupendeln. Die Angst regulieren und verstehen lernen, ist essenziell auch bei Störungen der Angst. Sorgen und Schuldgefühl sind Teil der Angst. Das Problem ist: Neben der Amygdala ist ein weiterer Bereich

im vorderen Gehirn (dorsale, präfrontale Cortex) bei dauerhafter Angst beeinträchtigt. Jener, der für die Regulation verantwortlich ist, das bedeutet: Unsere Reaktionen können wir dann, nicht mehr so gut steuern. Hinzu kommt das Vergessen und Verdrängen. Diese Abläufe finden ebenso statt, bei Depressionen oder der posttraumatischen Belastungsstörung. Nicht jeder, der traumatische Erlebnisse erlebt, leidet an Posttraumatischen Belastungsstörung. Lässt man die Dunkelziffer weg, sind es 14 von 100 Menschen, die von krankender Angst betroffen sind und deutlich mehr Frauen. Je mehr man auf dem Gebiet forscht, desto sicherer ist man, dass dafür genetische Ursachen mitverantwortlich sind. Frühe Traumata in der Kindheit zeigen sich oft erst im Erwachsenenalter, als eine komplexe PTBS, so spricht man mittlerweile in der Neurowissenschaft von epigenetischen Auswirkungen (umweltbedingte organische Veränderungen). Und dann?
Man kann derzeit mit Medikamenten: Angst auslöschen, überschreiben oder das Gehirn zu anderen Schaltkreisen zwingen. Die besten Ergebnisse erzielen kognitive Verhaltenstherapien, denn Angst kommt nicht allein. Sie hat eine Geschichte, die gesehen/gehört werden will. Sie speist und nährt sich aus unseren unterdrückten oder unerfüllten Bedürfnissen. Angst ist ein Kompass, für unserer moralischen Vorstellungen und Entscheidungen. Dauerhaft keine Angst, haben zum Beispiel Psychopathen. Das kommt denen sozusagen nicht in den Kopf. Wenn das nächste Mal jemand sagt „Das ist nur in deinem Kopf!", hat er zur Hälfte recht, denn das Gehirn ist durch unser Nervensystem mit dem ganzen Körper verbunden und somit ein individueller Part von uns, unseren Genen, unserer Erfahrung und unserer Umwelt. Ein feines Werkzeug, diese Angst, wenn wir sie nicht ausreizen und konstruktiv für uns nutzen. Ist sie bei Dir überausgeprägt oder im Schaltkreis gestört? Hol Dir Unterstützung!

Über die „Sicherheit" stürmender Atlantikstrände lässt sich besser bei Schwappwellen philosophieren. Ich persönlich achte gern auf rote Flaggen am Strand, die stehen für Badeverbot!

41. Tag Heute melde ich mich zur Therapeutenbesichtigung an

Heilung ist ein großes Wort.
Kann die Zeit Wunden tatsächlich heilen?

Manche Wunden mögen mit der Zeit von allein verblassen, verschwinden und abheilen, andere fordern uns heraus. Für schwerwiegende Fälle zieht man Fachärzte heran. Was ist jedoch, wenn Wunden nicht sichtbar sind, wenn uns die Gesellschaft zwingt durchzuhalten, obwohl wir innerlich eine OP am offenen Herzen vollziehen müssen. Der Kopf im Schraubstock, Flügel gebrochen, ohne dass auch nur einer erahnt was um einen, in einem passiert? Aus der eigenen und aus meiner bisherigen Beratungserfahrung heraus kann ich mit Sicherheit sagen, man wird auf andere Weise sichtbar verletzlich. Zum Beispiel körperlich, mit heftigsten psychosomatischen Beschwerden, die anderen mehr so geistig oder eben seelisch. Depressionen sind nur eine Folge von narzisstischem Missbrauch. Ich denke narzisstischer Missbrauch …
Missbrauch allgemein, hinterlässt Wunden, die man einmal richtig durchspülen lassen sollte, gegebenenfalls mehr rausschneiden muss, als man fühlt und bis an sein Lebensende hin und wieder die Narben sich bemerkbar machen. Ja man kann durch die Tiefe, die all das mit sich bringt, durchsteigen und Schritt für Schritt ein neues Leben beginnen, doch ebenso trägt man es mit sich und lernt sich und nahende Unwetter intensiver spüren, die Stelle nicht zu überspannen sowie sich besonders zu schützen

135

Coaching/Psychologische Beratung/Aufklärer

Du willst eine Therapie umgehen, wartest auf einen Therapieplatz, oder willst zusätzliche Unterstützung für Dich in Anspruch nehmen? Dann such Dir einen Coach oder psychologischen Berater, der sich auf dem Gebiet auskennt. Jeder, der sich für qualifiziert genug hält, kann diese Tätigkeit ausüben, Zertifikate kann man erwerben, muss man hierzulande nicht, und ob man dann die Karten befragt, ein telepathisches Holzscheit oder holistisch arbeitet, ist eine Glaubensfrage der Berater, Coaches und Speaker.

Diese Branche arbeiten meist auf Stundenlohnbasis, dürfen keine Therapie anbieten, keine Heilversprechen oder Rechtsberatung. Vertrauen und professioneller Umgang mit Klienten ist sinnstiftend. Achte auf Dein Bauchgefühl!

Therapie aber wie?

Persönlich halte ich eine Therapie in Form einer Psychotherapie für unumgänglich. Die Zeit, Geduld und Achtsamkeit sollte man sich gönnen, erlauben. Wo liegen die eigenen Defizite? Das Erlebte verdauen und aufarbeiten. Resilienz erlernen. Langwierige und individuelle Themen. Seit April 2017 gibt es, eine Neuregelung für Erstaufnahmegespräche, die bekommt man dadurch mittlerweile sehr schnell. Wartezeiten für Therapieplätze können weiterhin schon mal bis zu 6 Monate und länger anhalten. Wenn nicht jetzt wann dann? Es gibt die Heilpraktiker für Psychotherapie (Ausbildungszertifikat) und psychologische Psychotherapeuten (Studium plus Ausbildungszertifikat). Das Wort Psychotherapie, sagt über den Bildungsstand und über Qualität, erst mal noch nicht viel aus. Die gesetzliche Krankenkasse zahlt nicht jeden Therapeuten und nicht jede Therapieform ist schon wissenschaftlich anerkannt, eine Liste mit registrierten Therapeuten aus Deiner Gegend bekommst Du vom Hausarzt oder Deiner Krankenkasse.

Therapie-formen für die Seele

Es gibt verschiedene Therapieformen, welche für einen speziell infrage kommt, ob Medikamente zum Einsatz kommen, sollte man mit einem Hausarzt, Psychologen, Psychiater oder dem Therapeuten gemeinsam entscheiden. Gruppen oder Einzeltherapie, Verhaltenstherapie oder Traumatherapie (bisher leider nur EMDR von der gesetzlichen KH akzeptiert) wären Möglichkeiten, bis hin zur tiefschürfenden Tiefenpsychologie (mehrmals die Woche über mehrere Jahre) oder doch systemische Therapie, es gibt einige Optionen.

Vorerst steht noch die Wahl des Therapeuten, denn auch da gibt es Unterschiede. Ich vergleiche es gern mit einer Wohnungssuche. Da ist es ja auch selten die erst Beste. Man grenzt vorher Kriterien ein, begibt sich auf die Suche und vereinbart eine Besichtigung, dann schaut man sich die Immobilie an, hört sich die Konditionen an und dann darf man überlegen und entscheiden. Da es hier nicht um Wohnungen geht, sondern einen geeigneten Therapeuten oder Therapeutin, formuliere ich es noch mal lieber im humanen Sinne. Man sollte sich zumindest vorstellen können, über alles reden zu können. In den ersten Stunden schaut auch der Therapeut, ob es passt, und wird dann mit Dir, einen Behandlungsplan ausarbeiten, oder Dich bitten, einen anderen Therapeuten zu wählen. Alles andere ist unseriös und darfst Du nicht persönlich nehmen. Generell nimm es nicht persönlich, wenn es nicht passt, und erlaube Dir auch anfängliche Unstimmigkeiten aufzuspüren, kann gut sein, dass dieser Mensch einer der Ersten sein wird, dem Du vertrauen kannst, darfst und solltest und der Dich begleitet, es genauso für Dich selbst zu tun. Eine der typisch ersten Fragen ist übrigens:

„Was erwarten Sie, von dieser Therapie?"

Erwartest Du die Lösung aller Probleme und ein Happy4everAfterlife setzt Du damit nicht nur den Therapeuten in eine Zwickmühle, auch Dich selbst könnte die

Glücklich-Sein-Falle enorm unter Druck setzten. Es ist viel mehr so, je nach Therapieform ist es auch anstrengend und nach der Therapie ist vor der Therapie. Heißt, im besten Falle arbeitet es in Dir, Du veränderst Dich und Du beginnst Dir selbst zu helfen, und Dich und andere besser zu verstehen. Ein Psychotherapeut ist ein Führer, Wegweiser, Verständigungs- sowie Vertrauenspartner für eine gewisse Zeit. Psychologischer Therapeut, Psychotherapeut, therapeutischer Psychologe, Psychoanalytiker, Psychiater, Dr. med. oder was? Da einen Durchblick zu bekommen ist nicht einfach.

Psychologen, und Psychiater haben studiert. Zumindest Psychologie oder Medizin erweitert auf Psychologie. Psychoanalytiker (Tiefenpsychologie analytische Verfahren) und therapeutische Psychologen sind Psychologen mit erweiterter Psychotherapeutenausbildung. Ein Psychiater ist der Facharzt für die medizinische Abklärung/Medikamenten/Diagnose. Therapeutisch können sie durch Zusatzzertifikat arbeiten und dann eher an wirklich "kranken". Das macht sie jetzt nicht zwangsweise zu Narzissmus, Traumabindungs- oder narzisstischer Missbrauch und PTBS- Experten. Leider prüft auch keiner die psychologische Eignung der Fachkräfte. Deshalb ist es wichtig, diese Begriffe einzugeben oder zu erfragen, in der Suche oder Erstberatung oder eben Therapeuten auf das Thema anzusprechen und ihnen die Möglichkeit zu geben mit diesen Themen zu wachsen.

Fazit

Ein bisschen ist es, wie neu laufen lernen und sprechen sowie hören, sehen, schmecken und fühlen. Ich habe lange Therapie gemacht und sie zu beenden, war ein wichtiger Schritt auf meinem Heilungsweg. Ich kann und würde immer wieder, genau diesen Weg wählen. Erlaub auch Du Dir, alle Wege zu nutzen, die Dir helfen. Lass Dir nicht einreden, wo die Grenzen Deiner Heilung liegen, wie die

Hummel fliegt, ist ja wissenschaftlich gesehen auch so eine Sache für sich. Und vergiss nicht, weniger Baddaboom – mehr Baddabing! Und sollte die Chemie zwischen Dir und dem potenziellen Therapeuten nicht passen? Weitersuchen!

42. Tag Dein neues altes Leben

Die Antwort heute, ist definitiv 42. Die Perspektive auf das Leben, wie es vor all den Erkenntnissen war, lässt manchmal den trügerischen Schluss zu, man wünsche sich, die alte Version von sich zu finden. Stopp!

Das impliziert automatisch, erneut im Wunderlandmodus zu wandeln. Einige von Euch hatten Standards, Werte und ja auch gesunde Grenzen, doch die Erfahrung der Täuschung und des Überlebens ist eine Lektion, die egal wie oft sie gemacht wird, das Leben verändert. Es verändert sich fortwährend im Fluss.

Wenn Dein Leben eine Serie wäre, wäre es eine sehr aufregende, spannende mit großen Wendungen, deren Hauptdarsteller gerade eine Transformation erlebt. Erkenntnis ist schmerzhaft, braucht Reinigung, braucht Akzeptanz und Integration und all das braucht Zeit. Nimm sie Dir. Lass sie Dir. Kein Druck! Wozu auch?

Der Fluss fließt nicht rückwärts und ihn dabei anzutreiben oder zu hindern, wird Chaos stiften und unnötig Kräfte verheizen. Vor ein paar Jahren warst Du an der Quelle und jetzt? Jetzt bist Du nach den Strudeln und Wasserfällen, in dieses kühle Becken der Klarheit gestürzt. Ja, es nimmt einem erst die Luft zum Atmen, doch je ruhiger Du wirst und akzeptierst, dass die Ruhe Dir guttut, desto eher spürst Du Deine Kraft und Verbundenheit und ehe Du Dich an die Ruhe gewöhnst, treibst Du weiter auf der Reise zum großen verbindenden Weltenmeer.

Heute scheint alles noch weit weg, doch genauso weit liegt der Weg bereits hinter Dir. Schau allein die letzten 42 Tage – die Antwort ist 42! Wie viele neuronale Zellen sich gebildet haben, wie viel Gift bereits Deinen Körper verlassen hat. Wie die Freiheit langsam ihren Weg bahnt. Willkommen im neuen Leben, auch wenn es sich noch nicht so anfühlt. Zurück zur alten Version würde bedeuten: all diese Erfahrungen nicht gemacht zu haben.

Dennoch eine Idee und Anregung für heute, die sich bewährt hat. Oft erlebe ich im Begleitungsprozess von Betroffenen, wie wirksam die Wiederentdeckung der Kreativität ist. Viele erinnern sich an ein altes Hobby, welches sie in den schweren Zeiten aufgegeben haben oder nie begonnen. Vielleicht hast auch Du direkt eine konkrete Idee? Ich lade Dich ein, genau jene zu aktivieren und gedanklich sowie praktisch jetzt anzugehen. 42 Tage, bleib stark!

43. Tag Was siehst Du?

Eine der entscheidendsten Fähigkeiten ist es, wie wir Dinge und Lebewesen betrachten. Dabei ist unser Gehirn ein wahrer Künstler unsere Wahrnehmungen zusammen zu puzzeln, wie es passt. Wechselt ein Buchstabe seine Position, können wir es trotzdem lesen und Zusammenhänge erstellen. Die meisten Farben, die Sehende wahrnehmen, sind oft die, die das Objekt selbst nicht besitz. Die Farbe Grün bei Pflanzen oder der blaue Himmel, alles eine Illusion so gesehen. In narzisstischer Gesellschaft sieht man Strukturen und Dynamiken oft erst mit Abstand. Ich halte es für notwendig dysfunktionale Muster in Beziehungen oder bei sich selbst zu erkennen, jedoch auch zu sehen, dass Erkenntnis nicht zwangsweise gleich dem Fortschritt entspricht. Über den Fokus sprach ich bereits, und ich gehe davon aus, Deiner war lange auf Dinge gerichtet, die weniger schön waren, plump formuliert.

Wir können weitersehen als reisen … und wir können unsere Sichtweisen ändern, doch nie mit einem Brecheisen, Appell oder Zwängen. Es braucht einen positiven Aspekt für uns. Eine Art Belohnung. Im besten Fall siehst Du bereits selbst Deinen Fortschritt und eine tendenziell positive Entwicklung und wenn es für Sekunden ist. Verinnerliche diese Sekunden. Natürlich ist auch Wachsamkeit und Realitätssinn notwendig, doch auch da schleichen sich gerne die Miesmacher ein, wo wir dann sagen dürfen: Ach herrje, das habe ich kommen sehen. Unsere Ansichtsweisen, Betrachtungen und Blicke besitzen eine Energie.

Im islamischen Volksglauben entstanden und auch hierzulande, ist das Symbol der Hand Fatimas (Hamsa) bekannt. Das Auge in der Hand soll besonders Kinder vor dem bösen Blick schützen. Ein Blick der sich durch Neid, Missgunst sowie Projektionen auszeichnet. Das Meeresauge steht für das uralte Wissen. Das Auge der Vorhersehung – das allsehende, beschreibt das Auge Gottes. Das dritte Auge, unsere Verbindung zur Intuition und Wahrnehmung ist neurologisch betrachtet ein Hinweis auf den präfrontalen Kortex und ein wichtiges Tool für unser soziales Gehirn. Es nimmt die unsichtbaren Energien wahr und ist unabhängig von Zeit und Raum. Nur im Jetzt-Bewusstsein ist es möglich, darauf zurückzugreifen und ja, das ist auch eine Art Trance, doch schwer zu erreichen in toxischen Umständen.

Du siehst, wenn ich sage, ich sehe das so oder so, folgt noch lange keine reale Beschreibung nur stets eine Sichtweise. Jene kann meine Entscheidungen beeinflussen. Was ich zum Scheitern verurteilt sehe, kann genauso Erfolg haben und umgedreht. Was ich als gescheitert betrachte, kann auch eine Chance sein. Was siehst Du, wie siehst Du? Um dafür gewappnet zu sein, Deine Antworten darauf zu finden,…

… sind Achtsamkeitsübung sinnstiftend und förderlich. Und genau so eine will ich Dir heute vorstellen!

Farbenspiel. Was siehst Du? Mal anders herum.

Um diese Achtsamkeitsübung zu beschreiben, wähle ich Gelb. Diese Farbe bringt uns in die Mitte, gibt Sicherheit, Freude und Ruhe. Es funktioniert auch mit der Lieblingsfarbe oder nach Bedarf. Vielleicht ist Dir nach dem Vertrauen und Klarheit schaffenden Blau oder das aktivierende, leidenschaftliche Rot?

Zurück zu der Übung. Ich nehme mir ein paar Minuten Zeit morgens im Bad, im Warteraum meiner Ärztin, an der Supermarktkasse, im Bus und lasse meinen Blick schweifen, um alles zu bemerken, was gelb ist. Der Aufnäher am Rucksack meines Gegenübers, die Naht der Jeans der Frau, die da steht, das gelbe Schild an der Tür, die Sonne, das Blatt.

Diese Wahrnehmungsübung lässt sich leicht in den Alltag einbauen. Sie eignet sich, um Gedankenkreiseln zu unterbrechen, zur Ruhe zu kommen, die Augen zu entspannen, eine tiefere, ruhigere Atmung zu bekommen und Kraft zu tanken. Ich lad Dich ein, es selbst zu erfahren. Wie Du Dich selbst, andere und das Leben betrachtest, das will ich die nächsten Tage vertiefen. Erinnere Dich daran, zwischendurch die Augen zu entspannen.

44. Tag Vergangenheit, Schmerz und Fantasie

Es sind „nur" Erinnerungen (siehe Tag Erinnerung). Was auch immer hinter Dir liegen mag, es ist Teil Deiner Vergangenheit. In ihr gefangen zu bleiben, und sie sich fortwährend vor Augen zu halten führt jeden zwangsweise zur Depression und das kann bewusst oder unterbewusst geschehen. Im Überlebensmodus ist jedoch typisch, von ihr eingeholt zu werden. Zum einen lässt das Gehirn mehr und mehr Erinnerungen zu, der Nebel hebt sich, zum anderen führt die Antwortsuche automatisch in die vergangene Zeit, bei manchen bis zur eigenen Kindheit. Gib Dir die Zeit, die es braucht. Forciere nichts. Hör auf Dein Bauchgefühl und lass Dir Raum und Zeit für aufsteigende Emotionen. Registriere die Gefühle, gib ihnen Wasserhähne und steure selbst, wie viel Du heute bereit bist und wie lange, sie zu öffnen.

Kennst Du Menschen, die Lücken in ihrem Lebenslauf haben? Sei es durch Schicksalsschläge oder Selbstentscheidung, nicht selten finden sich hier interessante Menschen mit intensiven Geschichten und Erfahrungen. Sie haben ihre Komfortzone freiwillig oder bewusst verlassen.

Kein-Kontakt heißt: mindestens ein Stück seiner Vergangenheit hinter sich zu lassen, in Einzelfällen eine neue Stadt oder eine neue Identität. Andere werden gefordert, die Kindheit und Illusion hinter sich zu lassen. Manche werden dazu aufgefordert sein, die Vergangenheit akribisch aufzulisten im Falle eines Rechtsstreits.

Zur Erinnerung: auch ich rate dazu im Anschluss und während des Überlebensmodus, Erinnerungen zu notieren und die Vergangenheit in einer Therapie aufzuarbeiten. Ich rate davon ab, es zu ganzen Teilen Freunden oder Familienmitgliedern aufzubürden. Solange man selbst noch frisch verwundet ist und im Überlebensmodus. Dennoch sind Realitätschecks notwendig und dafür sind auch die vertrauten Menschen sinnvoll und Gold wert. Regulierung ist ein wichtiges Thema.

Du darfst genauso für Dich selbst dosieren und einteilen, wie viel Vergangenheit Du Dir bewusst machst und verträgst. Wer an der Vergangenheit festhält, lädt den schwarzen Hund ein, der sich zu Füßen legt. Wenn man den ignoriert, nicht regelmäßig ans Tageslicht führt und freilaufen lässt und Hundetrainer heranzieht, wächst er und tanzt einem auf der Nase herum bis er die ganze Wohnung einnimmt. Depression ist eine Nebenwirkung des narzisstischen Missbrauchs. Viele Betroffene erleben jene und eine Linderung und abklingen jener, innerhalb von 2 Jahren und länger. Je nach Geschichte und Auswirkungen. Deine Vergangenheit mag in Deinem Erfahrungsbuch von heftigen, traurigen, grausamen, unfassbaren, ungerechten Geschehnissen geprägt sein. BaddaboomBaddabing!

Heute liest Du hier diese Zeilen und ich wünsche mir, Du kannst sehen wie weit der Weg bis hier hin schon war. Du hast überlebt! Deine Stärken sind vielfältig, und auch wenn Du Dir vielleicht nackt vorkommen magst, mir ging es damals so und vielen anderen auch, ohne Schutzmantel aus dem Wunderland in diese Realität, ja ich weiß wie es sich anfühlt mit dieser Vergangenheit, die einen spürbar zu Boden drückt unter Trümmern. Das ist eine Erfahrung und irgendwann auch ein Teil Deiner Vergangenheit. Sie sind real. Sie sind Deine Gedanken dazu. Du darfst sie fühlen und ansehen, behutsam. Vermutlich geht es Dir wie mir. Man hackt hier, buddelt da, gräbt und kratzt. Die Hände blutig das Gesicht verstaubt. Wie im Wahn, rastlos. Das ist okay, doch es funktioniert so nicht. Denn oft treibt hier die Angst. Tag 40 beschreibt, wie wir mit der Angst umgehen. Heute will ich Dir meinen Weg schildern, was mir geholfen hat. Ich habe nichts mehr gemacht, ich habe aufgegeben und bin gestorben innerlich. Ich begriff meine Vergangenheit als Wunderland, welches in sich über mir zusammenbrach. Etwas gegenüber dem ich ohnmächtig bin.

Je mehr ich schiebe und räume, um daraus zu finden, desto weniger kann ich das komplexe Bild dahinter überblicken. Also wie befreit man sich aus Wunderland - auf ins neue Leben? Ich denke, es gibt im Wunderland und Überlebensmodus eine sehr wirksame Methode. Nutze Deine Fantasie – alles ist möglich. Ich persönlich hab mir meine Flügel wachsen lassen und bin aufgestiegen aus diesem Schutt. Vielleicht ein bisschen wie der

Phönix aus der Asche, in der Realität erst mal mehr so ein Bergbaukumpel, der zu lange unter Tage war. Ich habe die Vergangenheit angefangen für diesen Moment, als das zu betrachten, was sie ist und wie meine Gedanken von jener düster wurden. Was geschehen ist, ist geschehen. Die Frage war doch eher, wie geh ich zukünftig damit um? Nehme ich mir heute die Zeit, mir mindestens 5 Minuten am Tag das zu gönnen, was ich liebe? Genieße ich den Sonnen Auf- und Untergang? Gönn ich mir eine Auszeit, wenn ich sie nötig habe? Oder ein sozial supportendes Umfeld? Und wie soll meine Zukunft aussehen?

Doch little by little und step by step. Über die Zukunft habe ich Dir morgen wichtige Informationen gesammelt, heute habe ich Perspektiven auf die Vergangenheit beschrieben und hoffe, dass es Dir glückt direkt praktisch damit zu beginnen, in Deiner Vergangenheit mehr als Feind, Blockaden, Kämpfe und Leid zu betrachten. Es ist, wenn Du willst gleichsam Deine Rüstung, Deine Erfahrungswerte und Schule des Lebens und mit ein wenig Baddaboombaddabing die Universität des Lebens. Die Uni Versa. Gib Deinem Geist die Zeit und den Raum, diese Info ankommen zu lassen, egal wie oft Du es schon gehört hast. Jetzt ist es an der Zeit sie ankommen zu lassen - im Herzen und der Seele. Die Freiheit lässt sich dann auch körperlich spüren, die Zellen vibrieren doch mehr dazu dann erfrischt und ausgeruht Morgen.

45. Tag Zukunft und Ängste

Überlebenskompensation nimmt zu in unserer Gesellschaft, das Trauma bestimmt. Dort ist Nährboden der lähmenden und destruktiver Angst. Existenzangst speist sich aus Urängsten. Sie findet ihr Feld immer dann, wenn wir selbst nicht mehr Gestalter sind. Dann ist die Angst ein tobender, einschüchternder Ozean.

Frage: Würdest Du da allein schwimmen oder segeln

gehen? Ohne Sicherheiten? Nicht wenn Du nicht müsstest, oder? Und wenn dann ist es der beste Weg zu erkennen, dass Sicherheit ein Hoax ist. Die Angst vor dem Unbekannten, mag manch einem den Atlantik in den Adern rauschen lassen und die Füße binden doch es ist eher die Komfortzone, die uns einlullt und eben fehlende Sicherheiten und akute Sicherheitslücken entstehen lässt. Hinter einem ruhigen Strand kann sich ebenso, die eine oder andere maritime Gefahr verbergen (Lebewesen/Strömungen) und wie viele Menschen baden jährlich trotzdem? Die Angst vorm (Er)Leben ist eine Blase, die platzen darf und muss, andernfalls werden ihre fiktiven Geschichten zur Realität und einzigen Lernerfahrung. Die einfachste Übung dazu, wären die Fragen: was genau Schlimmes passieren kann und wie oft diese Befürchtungen in der Vergangenheit eintrafen. Dann aufs Bauchgefühl hören und Entscheidungen treffen. Wer zu sehr in der Zukunft lebt, ist ängstlich und wird womöglich mehr vom Potenzial träumen, als es zu entdecken.

Scheitern ist okay, Fehler sind als Lernhilfe zu verstehen. Vielleicht ergibt es für Dich einen Sinn, zu schauen, welche Dinge in der Zukunft nicht mehr zu Dir gehören, die Du ablegen, abstreifen darfst? Vielleicht ist es sinnvoll, Wörter wie Fehler zu streichen aus dem Vokabular? Hier wird das Vertrauen zum Universum erneut gefordert. Es kennt nur 3 Antworten.

1. Ja.

2. Jetzt noch nicht.

4. Ich habe etwas Besseres für Dich!

Und jetzt? Atme die Vergangenheit und die Zukunft liegen, auf einer sich drehenden Scheibe, außen am Rand gegenüber. Du kannst versuchen, da auszuharren und zu balancieren, doch in der Mitte wartet das ruhige Jetzt. Ich lade Dich ein, dahin jederzeit einzukehren und Dich vom Trubel im Außen nicht nervös machen zu lassen.

Und wo ich beim Thema Mitte bin, schau mal, wo heute Dein Kreuz für den Tag landet, und wo Du Dich befindest.

46. Tag Bergfest und jetzt!?

So! Ich habe hier buntes Konfetti, eine Flamingogruppe, die Hin und Her tanzt und ‚The Eye of the Tiger' von Survivor laut aufgedreht und hoffe, Du kannst es vor Deinem innerlichen Auge sehen und hören. Vielleicht hast Du ja heute auch daran gedacht, etwas Gutes zu planen. Ich bin so stolz auf Dich und auch wenig tüttelig vor Rührung, weil ich weiß, wie wichtig dieser Punkt ist und gleichzeitig schwer, wenn man da selbst drinsteckt. „Und jetzt?" fragst Du Dich und ich sage: Jetzt ist jetzt! Und dahin führt ein Weg namens Achtsamkeit. Ausgangspunkt ist das bewusste Wahrnehmen, das Beobachten ohne Wertung. Sich der vielen möglichen Wahrheiten zu öffnen, ohne sich selbst auf eine Seite oder Meinung zu beziehen. Das pure Sein, ob beim Abwasch, in Unterhaltungen, bei der Arbeit oder im Bett, zu zweit oder all-ein.
Sich nicht von Emotionen und Gefühlen, leiten zu lassen, sie dennoch wahrnehmen. Es ist das Loslassen und Annehmen im Fluss der Einheit. Einklang der Schwingung. Achtsamkeit ist. Und nun mal Tacheles, klar kannst Du Dich für 7 Jahre unter einen Baum setzen, oder Dich bei einer Vipassana-Meditation der Achtsamkeit schweigend widmen, Ratgeberbücher kaufen, Achtsamkeitskurse buchen. Ich jedoch komme in meinem eigenen Erleben und Beobachtungen nicht umhin zu bemerken, dass die meisten Menschen, dabei stets fokussiert sind, auf Besserung, Heilung, Auflösung und Erleuchtung sowie sich selbst hinter Mauern zu verschanzen. Und warum funktioniert dies bei vielen nicht? Weil es Bewältigungsversuche und Verdrängungen sind, aber nicht mehr. Coping-Strategien. Ich zweifle nicht die Wirkung der Praktiken an, ich hinterfrage, die persönlichen Bedürfnisse dahinter, besonders

die versteckten.

Ein kleines Beispiel wie das im Alltag aussieht mit den unterdrückten Bedürfnissen: Frau Mustermann beschwert sich bei ihrem Mann über die laut spielenden Kinder auf dem Hof. Sie beklagt sich über fehlende Ruhe. Frau Mustermann nutzt ihre Wahrnehmung und richtet sie auf die Kinder. Sie wertet das Verhalten der Kinder ab, aufgrund ihrer Bedürftigkeit nach Ruhe, aber wie bewusst ist sie sich selbst und ihrer Umwelt gegenüber? Reagiert sie eventuell nur und verschiebt das Problem verschlüsselt zu ihrem Gegenüber? Ist Frau Mustermann bereit, ihr Bedürfnis sich selbst zu erfüllen? Wer hält Frau Mustermann auf, sich einen Ort der Ruhe zu erschaffen, ohne dabei das herzerfüllte Kichern und Toben unterbinden zu wollen, an dem sich Frau Müller schräg gegenüber täglich erfreut? Was genau will da Ruhe und will es überhaupt Ruhe? Wann hat Frau Mustermann das letzte Mal selbst derartige Aufmerksamkeit auf ihre Freude gelenkt oder sich selbst erlebt, muss sie ruhig sein, oder will Frau Mustermann schon lange etwas aussprechen, oder ändern? Selbst laut werden, denn das tut sie ja gerade. Und wie soll jetzt der Herr Mustermann ihr entgegnen? Wie sie bei der Frage nach dem Warum unterstützen, ohne Mittäter zu werden? Da setzt Achtsamkeit an und setzte ich morgen fort. Heute gratuliere ich Dir zum Bergfest! Feier Dich wenigstens ein bisschen, ich feiere gedanklich mit.

47. Tag 8 Samen ‚Sein'

Ich hatte dieses Wortspiel im Kopf und schrieb es an meine Schranktafel und sehr schnell hatte ich meine persönlichen 8 Samen zusammen. Bei anschließender Recherche und in Gesprächen fiel mir auf, dass viele Theorien Achtsamkeit auf weniger beschränken. Die buddhistische Lehre thematisiert die Achtsamkeit, doch sie ist mehr als ein buddhistischer Weg, sie ist Aufklärung, Bewegung, und die Acht steht für die Unendlichkeit. Sie ist Bewusstsein. Ich behaupte würden wir Menschen es schaffen, jeder für sich, das persönliche Achtsamkeitslevel um 1 % zu erhöhen, hätten wir weltweit gravierende, spürbare Veränderung zum Positiven. Ich bin dafür, dass wir uns auf den Weg machen und der sieht so aus, dass wir folgende Samen pflegen, nähren und in unsere Beete pflanzen und uns bewusst werden. Bevor ich auf meine Ideen dazu eingehe, gebe ich Dir den Hinweis, das Folgende ist Fortgeschrittenen-Thema, doch vielleicht kannst Du Dir bereits heute, das Eine oder andere als Idee mit-nehmen.

1. Körpergefühl

Der Atem, Bewegung, Yoga, die feinstofflichen Grenzen. Hier ist die Wahrnehmung für unser Körpergefühl gefragt. Jenes „in sich hinein spüren", ohne werten zu wollen. Das Bedürfnis danach ist in unserer Gesellschaft in den letzten Jahren stetig gewachsen. Progressive Muskelentspannung, Meditation, Nahrungsideologien und Sportstudios erlebten einen erstaunlichen Boom.

2. Der eigene Schutzgarten

Gesunde Wahrnehmung des eigenen Selbstwertes, der Selbstachtung und Selbstliebe. Grenzen und Selbst-bewusst-sein. Gib Dir für dieses Thema Zeit. Ich denke, im Überlebensmodus ist Ruhe und Schutz notwendig, wenn man in den Erholungsmodus kommt, ist auch die Lernphase gekommen.

3. Die Wahrnehmung von Natur/Umwelt

Wahrnehmung der Natur und Umwelt mit all ihren Facetten. Natürlich ist hier die echte Natur Meister und schnell als Sklave der Gesellschaft zu erkennen, doch auch Strukturen von Netzwerken, Städten, Frau Mustermanns Umfeld über den Kinderspielplatz hinaus bedürfen eines Bewusstseins. Beobachter der Umwelt zu sein heißt: Student des eigenen Lebens und aller Zusammenhänge zu werden.

4. Geist(reich)

Über den Tellerrand schauen, sich bilden, lernen, sich reflektieren, andere reflektieren, überhaupt die Reflexion des Geistes. Auch hier Muster verstehen, lernen, erkennen, ohne es gleich werten zu wollen in Schwarz oder Weiß, rechts oder links.

5. Das Seelenheil

Friede Freude Eierkuchen.
Harmonie, Bedürfnisse erkennen und versorgen. Das Bedürfnis nach inneren und äußeren Frieden gehört hier her, die Freude am Leben und Hingabe. Nahrung für Körper und Geist.

6. Das Erschaffen

Das Handwerk und gestalten. Ich finde es gehört zur Achtsamkeit dazu und sollte im besten Falle zur Ausführung dazugehören. Das bewusste Erschaffen, Handeln ob die Gedanken oder Taten. Kunst oder Alltagsgegenstände, aber auch die Idee und Möglichkeiten.

7. Sinnähnlichkeit/Fraktale erkennen

Hier fließt alles zusammen. Die Muster, die Kohärenz, das sich unendlich Wiederholende. Die heilige Geometrie und die Muster unserer Kindheit, die Psychologie der Massen, Quantenphysik, Biochemie der Zellen. Unser Universum. Alles Fraktale die einzeln betrachtet, das große Ganze wiedergeben. Die Spirale unserer Galaxie, der Hexenkreis von Pilzen oder systemische Beratung. Unserer Wahrnehmung schafft das Bewusstsein und umgekehrt.

8. Irdische, universelle Gesetze verstehen

Hier liegen nun die Antworten seit Jahrtausenden vor uns, werden uns immer wieder unter die Nase gerieben nur verstehen und annehmen, sich dessen bewusst werden schleppt sich dahin. Dabei geht es weniger um schwer komplizierte Formeln, Magie oder Berechnung. Es ist. Polaritätsgesetz. Oben wie unten. Gesetz der Anziehung. Du bist, was Du isst, also womit Du Deinen Verstand fütterst. Was Du suchst, sucht Dich. Alles ist Energie.

Ich wünsche Dir, der heutige Tag wird mehr als eine neue Halbzeit. Viele erleben in dieser Phase, Minuten und Augenblicke, in denen sie Mut, Zuversicht und Selbstvertrauen verspüren. Sie spüren, wie sie durch Kein-Kontakt die Kontrolle zurückgewinnen und achtsamer mit ihren neuen Grenzen umgehen. Kannst Du die Dinge schon so betrachten? Gib Dir Zeit. Und wenn sei in diesen Momenten bewusst oder entdecke die Vorfreude auf diese neuen Gefühle, deren Energie Du bei Dir - für Dich - behalten darfst.

48. Tag Wie (D)ein Buch,

Dein Leben verändern kann

Kennst Du bereits die Idee eines Bullet- Journals? Nutzt Du es bereits, dann kannst Du diesen Betrag getrost überfliegen und Dich heute der Gestaltung widmen, oder etwas anderes Kreatives ausleben. Falls nicht, möchte ich Dir heute dieses wunderbare Tool an die Hand geben, welches ich für mich entdeckte.

Dieser Satz den Du aufschnappst und der Dir Erkenntnisschauer über den Kopf oder Rücken jagt. Der Buchtitel, den Du Dir merken wolltest, die Skizze, die Dir nicht aus dem Kopf geht, Dein Lieblingsgetränk, das Rezept Deiner Freundin für diesen leckeren Kuchen, der wunderbare Spätsommerabend, von dem Du noch den Winter lang zehren könntest, die Theaterkarte einer großartigen Vorstellung und die Feststellung, dass ein Treffen mit einem guten Bekannten schon längst überfällig ist, all das kann man festhalten und notieren.

Ja und wo schreibst Du das jetzt hin, damit Du später daran denkst? To-do Zettel? In den Kalender? Aber, wo da? Telefon? Wo ist Dein neues Projekt zu Hause? Diese Fragen, stellt sich nur jemand, dem es noch am eigenen Bullet-Journal fehlt - Die Lösung meiner Kalender- und Organisationsprobleme ... ist möglicherweise auch eine für Dich!?

Ich hatte früher stets Probleme mit Kalendern, das ist vorbei. Die Suche hat ein Ende! Ich bin jetzt mein eigenes Kalenderorganisationstalent. Okay, jetzt habe ich ein bisschen geflunkert. Talent nein, zu Beginn war ich noch blutiger Anfänger und es brauchte Monate rauszufinden, was mein perfektes Journal braucht. Hast Du eine Vorstellung davon, was das für Spaß machen kann?

Neben Farbe und Kalenderplatz habe ich jetzt Stimmungstracker, Ideenpool, Favoriten des Monats, Portaltage und Mondphasen, Playlist des Monats sowie alle meine Projekte im Überblick plus Platz für all die neuen Eindrücke, Momente, Gedichte, Kritzeleien und das so viel, wie ich es brauche. In (m)einem Buch!

Schon früher beobachtete ich, wie andere ihre Listen planten oder akribisch Kalender füllten, bei mir war eher die Frage: Ist das Kunst? Oder kann das weg? Ich habe Kalender misshandelt und dann die vielen Notizbücher, für viele Themen und wenn ich was suchte, habe ich es selten gefunden. Jetzt passiert mir das nicht mehr und das Schärfste daran ... ich brauch dafür weder Handy noch Internet! Jetzt kann ich planen, was ich will, wo ich will, wann ich will. Ich kann Übersichten und Realitätschecks erstellen, meine Gedanken und Erinnerungen festhalten, Ideen und kreativ sein. Und zugegeben ohne Anleitungen die einem sanft, die vielen Möglichkeiten offenbaren, hätte ich im Alleingang das Projekt Bullet-Journal wohl abgebrochen und dann hätte es mein Leben nicht verändert. Das Gute ist, es frei nach den eigenen Bedürfnissen zu gestalten. Angefangen wie viel Platz ein Tag braucht, geendet was für Dich wirklich wichtig ist. Minimalistisch oder kunstvoll farbenfroh bestimmst Du. Lass Dich inspirieren von unendlichen Möglichkeiten und den Nebeneffekten. Was die sind? Überblick, Freude, Klarheit und Organisation. Das Gestalten nimmt mit etwas Übung Form an und entspannt. Gleichzeitig bekommt man Appetit auf jede neue Woche, verliert Wichtiges nicht aus dem Auge, dokumentiert und psychologisch bringt es eine Verbesserung der Lebensqualität.

49. Tag Dein Lieblingsfilm, Visionen und Achtsamkeit

Wir sehen, indem wir Bilder in unserem Kopf reproduzieren und unsere Erfahrung und Gefühle eine Art Code speichern, der ein Eigenleben entwickelt. Ich habe in den vergangenen Beiträgen, verschiede Hinweise gegeben, wie essenziell Betrachtung, Perspektive und die Wahrnehmung des Sehens und Erblickens unser Handeln und Denken sowie umgekehrt beeinflussen. Den Sinn hinter diesem Sinn zu „erkennen", lässt mich zur folgenden Wahrheit gelangen: „Du kannst weiter sehen, als reisen..." (Deine Kinder/Mein ReggaeGefühl 2009) habe ich einst in einem Lied festgehalten, und diesen Gedanken will ich Euch mit an die Hand geben. Sehen ist unabhängig von Zeitbegrenzung und Grenzen. „Es gibt von oben keine Grenzen, wenn ich über allem flieg" (Soldaten, gleiches Album), ist die andere Erkenntnis dazu. Die Adlerperspektive ist ein guter Berater von vielen, doch fällt sie Menschen mit Depression oft sehr schwer. Druck tut kaum gut. Viele schlittern unbemerkt in depressive Phasen, indem sie sich ständig eigene Zukunftsvisionen von sich und ihrem Umfeld imaginieren.

Die Gefahr sich in Meditationsreisen zum zukünftigen Ich und Visionsboards zu verlieren, ist hoch. Visionboards, wem das jetzt nichts sagt, sind Collagen der zukünftigen Ziele. Die Methode, diese zu visualisieren, versprach lange Erfolgschancen der Motivation im Sinne dem Gesetz der Anziehung und ‚fake it til you make it' (Täusche vor Du hättest schon erreicht, was Du erreichen wolltest) Methoden. Nun auch ich finde es wichtig, sich bestimmte Ziele oder Situationen vor dem inneren Auge zu manifestieren, doch möchte auch eine deutliche Warnung mitgeben, sich darauf zu fokussieren, was man nicht hat. Der Anspruch hinter diesen Übungen ist es, sich tatsächlich zu fühlen, als hätte man diese Ziele bereits erreicht. Dazu ist ein ruhiger nicht anhaftender Geist notwendig und Dankbarkeit. Alles andere manifestiert den Mangel. Also, dass Du etwas siehst, was Du nicht hast oder noch nicht erreicht hast. Gerade im Überlebensmodus liegt die Herausforderung darin, mal nicht zu wissen was kommt. Sich von den Bildern der Vergangenheit und dem komplexen Bild im Jetzt zu erholen.

Heute möchte ich Dich daran erinnern, dass Du, einen Einfluss darauf hast, was Du siehst. Auch wenn viele Filter automatisch ablaufen, besitzen wir das Bewusstsein, uns gezielt Bilder vor Augen zu führen. Neben vielen Eindrücken, die auf uns ungewollt einprasseln, ist es notwendig, auch positive Trigger zu setzten.

Ich lade Dich ein, Dir die Zeit zu nehmen und eine Liste zu erstellen, was Du gerne siehst. Was Deine Augen entspannt, was Dir Freude bereitet. Ob ein Ausblick in der Natur, eine bestimmte Pflanzen- oder Tierart, bestimmte Menschen oder ihre Aktivitäten, Farbe, ein bestimmtes Kunstwerk, ein Lieblingsfilm oder Dokumentation.

Natürlich ist hier Zeit gefragt, je öfter Du darüber nachdenkst, desto mehr fällt Dir, wie Schuppen von den Augen und auf, was für eine derartige Wohlfühlliste infrage kommt. Wie? Mit den folgenden Fragen, sollten die Antworten sprudeln: Was lieben meine Augen? Was sehe ich gern?

50. Tag Deine Stärken und Superkräfte

Der für mich größte Irrtum besteht in dem Dogma, jedes Opfer eines Narzissten oder einer Narzisstin, wäre ein empathischer Mensch.
Kleines Gedankenspiel dazu: Stell Dir vor Du bist Wolf, natürlich magst Du es bei den Schafen, Deine Opfer zu erwählen, doch es gibt da auch stets das Rudel und andere Beute. Nichts selten sind Narzissten Rudelanführer, manchmal auch ein weggebissenes Alphatier. Doch ja sie stehen auch auf die Schafe. Die Empathen und Superempathen, aber warum sind sie begehrt? Durch sie können Narzissten lernen/spiegeln und eigene fehlende Gefühls-Empathie ergänzen. Empathische Menschen können nicht "ohne Offenheit und Ehrlichkeit", das macht es einfach für Manipulatoren. Attraktiv ist, die Einstellung und das Vertrauen "ich behandle andere so, wie ich behandelt werden möchte". Helfen wollen und generell der Wunsch zu heilen, sind offene Türen. Empathische Liebe und Reaktionen sind intensiver Treibstoff.
Empathie mit gesunden Grenzen fördert sehr feine Antennen und wenig Anziehung, für toxische Menschen. Empathische Menschen lassen sich nicht so einfach aus ihrer Mitte verschieben. Doch auch bei ihnen, höhlt steter Tropfen den Stein. Führt ein Weg, über die Täuschung. Du siehst, die Rechnung geht nicht ganz auf. Es gibt verschiedenste Supporter der Narzissten wie ich die, Partner, Freunde, Familienmitglieder und Bekannte nenne, die sich im Dunstkreis narzisstischer Strukturen, jenen

anpassen. Es bedeutet auch nicht zwangsweise eine Diagnose wie: Abhängigkeitsstörung, ein Kindheitstrauma, Borderlinetyp, Anpassungsstörung und Helfersyndrom oder all die anderen Labels, aber alles kann eben und dafür ist ein Bewusstsein nötig und fachmännische Einschätzungen und entsprechende Behandlung oder Therapiekonzepte. Die Anziehung wird laut Sandra L. Brown durch Supereigenschaften gefördert. Persönlichkeitsmerkmale, die manche besitzen und kaum hinterfragen. Einige hängen direkt mit der Empathie zusammen, doch können auch unabhängig davon in Erscheinung treten. Hier lohnt es, auch mal zu graben. Und dazu will ich Dich heute einladen.

Übereinstimmung, dieses 100 % Zustimmen und die Extremform des Grundvertrauens, anzunehmen: Er/Sie ist wie ich.

Kooperationsbereitschaft, die sich in Konfliktscheue ausdrückt.

Ein Bewusstsein für **sicheres Bindungsverhalten**. Ja, so absurd es sich anhört, doch in normalen Beziehungen wird gestritten, gibt es nicht immer Sonnenschein, wollen Konflikte gelöst werden. Wenn Du darin ein tiefes Wissen besitzt, kann Dich genau jenes für toxische Beziehungen attraktiv machen. Ist doch schön, wenn Du immer erst bei Dir schaust, wo das Problem zu lösen wäre, bevor Du Deinen Unmut an jemand anderen auslässt unabhängig davon ist dann auf Dich treuer Verlass. Leider verschiebt sich das Bindungsverhalten, je länger die Beziehung dauert.

Gebermentalität. Du gibst gern? Das ist okay, freut jedoch auch Manipulatoren, denn die können sehr wohl ein Helfersyndrom gezielt auslösen. Besonders bist Du ihnen emotional nahe. Der Unterschied zwischen gern geben und sich etwas vor machen ist für manche kaum spürbar.

Du bist redselig? Das spielt Manipulatoren sehr in die Hände, da müssen sie nicht alles ausfragen und wissen, wo Du gerade mit Deinen Gedanken bist. Auch das Gesicht erzählt. Besitzt Du das Pokerface nicht in Deinem Arsenal und ist Dein Gesicht ein offenes Buch, sind Worte nicht mehr nötig.

Du wurdest wohlerzogen. Du lebst mit gewissen Anpassungsregeln, Ethik und Anstand? Prima das wirkt gut an der Seite von Narzissten, bei ungehobelten oder bei Prestigeverhalten.

Verfügbarkeit. Oh ja, manchmal ist es leichter, auf Quellen zurückzugreifen, die freiverfügbar sind, statt Neue zu jagen. Du bist da, egal wann man Dich braucht?

Vielleicht bist Du **Friedensstifter?** Jemand, der gern vergibt? Auch das ein kleiner Garantieschein.

Besitzt Du eine **hohe Intuition?** Auch dies ist eine Eigenschaft, die äußerst anziehend auf Narzissten wirkt und gern missbraucht wird.

Und wie ist so Deine **Toleranz gegenüber dem Verhalten anderer?** Sehr hoch? Bingo dann stört Dich ja das nicht so und fällt Dir erst sehr spät auf.

Oder bietest du **finanzielle Sicherheiten/Immobilie?**

Oder **bist Du berühmt** und stehst in der Öffentlichkeit? Hast Zugang zu elitären Kreisen? Eine gewisse Stellung erreicht und Ansehen? Damit lässt sich schmücken.

Solange Du Dir nicht der Gefahren, die damit verbunden sind, bewusst bist sind das die Einfallstore. Dann hadert man damit in die eigene Mitte zu finden und die versteckten Bedürfnisse dahinter bleiben unerkannt und unerfüllt. Blindflug. Es kann jeden treffen. Darunter Ärzte, Pfleger und Krankenschwestern, Therapeuten, Sozialarbeiter, Geistliche, Rettungssanitäter, Lehrer, Berater, Schriftsteller, Künstler. Je höher das Bewusstsein, umso größer die kognitive Dissonanz. Und dann?

Für Betroffene einer toxischen Beziehung ist es wichtig, die emotionale Fehlprogrammierung/den Beziehungsnebel und den Prozess der Gefühle und Weiterentwicklung zu verstehen und weniger im Blindflug zu gestalten.

Da reicht, das Ego aufpusten, nicht aus! Da kommen auch seltener Rache Gedanken. Da geht es meistens darum: sich komplett neu auf die Beine zu stellen, die kognitive Dissonanz zu überwinden, sich selbst zu finden, Skills zu erlernen zusammen mit Traumatherapie, auszuruhen und erholen. Kein-Kontakt ist für die Heilung notwendig. Alte Hoffnungen begraben, neue aktivieren. Eine spirituelle Weiterentwicklung. Wer sich ab diesem Punkt der Selbstentfaltung verweigert, landet bei den nächsten narzisstischen Strukturen und inneren Druckstellen. Wenn man einfach weiter macht, können Psychologen auch immer schwieriger an den Kern ran. Die Auswirkungen werden sich jedoch melden. In Akutphasen ist jedoch Stabilisierung angesagt. Laut Expertenmeinung sind sich über die Hälfte der Menschen ihrer Kindheitstraumata nicht bewusst. Wenn jenes ihr eigenes Bindungsverhalten betrifft, dann ist es durchaus sinnvoll, da drauf zu schauen im „geschützten" 1 zu 1 Rahmen mit Menschen, die das abfedern können. Du siehst, es geht um mehr als Empathie, und spätestens das '*sich aus den Strukturen freibrechen und selbst Stück für Stück und Schritt für Schritt wieder auf die Beine stellen*', macht Dich zum Superhelden.

Gib Dir und diesen Themen Zeit und Raum.

Vorerst Atmen und Kontaktabstand.

51. Tag Fliegende Affen, Nebelschwaden und schwarze Augen

Heute möchte ich einen kleinen Ausflug in das Thema toxische Taktiken und Bilder wagen. In der Poppsychologie sind Begriffe wie Gaslighting oder Flying Monkeys bewusst gewählt, um subtilen Handlungen einen Namen zu geben. Sei Dir bewusst, wenn Du mit diesen Begriffen hantierst, werden Außenstehende nicht unbedingt leichter verstehen, von was Du sprichst. Genauso ist es schwer, jemand den schwarzen Blick zu erklären, der ihn noch nie erlebt hat, denn es ist zu 50 % eine innere Erfahrung. Wenn Du beginnst den Dingen einen Namen zu geben, lässt sich leichter verarbeiten und somit eine 100 % innere Erfahrung daraus zu machen. Achtung dieser Beitrag enthält mehr als Spuren von Triggern. Überprüfe für Dich, ob es Dir guttut, Dich heute damit zu beschäftigen. Wenn Dein Bauchgefühl sich meldet, hör darauf! Dann bist Du schon einen Schritt weiter. Wer hier eine persönliche Grenze setzt weiß, dass er zu diesen Infos, zurückkommen kann, wenn es nötig wird.

Doublebind
Die doppelte Botschaft ist Form der verbalen emotionalen Erpressung. Ich liebe Dich wenn, … (Du so und so bist). Du bist ein netter Mensch und deswegen… (Forderungen). Es sind zwei Botschaften, die sich widersprechen, manipulativ beeinflussen und häufiger zu beobachten sind. Auch Opfer narzisstischer Beziehungen legen sich eine Art Doppelbindung zurecht, wenn sie über den Missbrauch Bescheid wissen und aus Liebe, Mitleid oder falscher Sicherheit bei dieser Person bleiben. Kinder narzisstischer Eltern sind regelrecht von Doppelbindungen erzogen. Da hier die Psychologie und Soziologie, sehr viel Wissen bereithält, rate ich zu einem Selbststudium zu dem Thema. Gemischte Signale sind Verwirrer, Lähmer und

als Gaslighting zu definieren. Das kann nach der Double-bindtheory in eine Art Konditionierung ausarten und ernsthafte psychische Schäden hervorrufen.

Flying Monkeys

Aushorcher oder Tratschende, Gerüchteverbreiter und Dunstkreis der Narzissten. Die fliegenden Affen haben ihren Ursprung in der Geschichte des Zauberers von Oz. Die grüne Hexe benutzt ihre Affen, um auszuschwärmen, für Information und um zu verwirren oder anzugreifen. Das kann für Narzissten so ziemlich jeder Mensch werden, der Ihnen in den Weg kommt. Die Minions sind ebenfalls ein perfektes Beispiel. Dass sie nur benutzt werden, ist oft der blinde Fleck der Flying Monkeys.

Gaslighting

Kommen wir zum Nebel. Das kirre Machen und absichtliche Verwirren ist eine Art Hauptüberschrift narzisstischer Beziehung. Da die Illusion, über die Beziehung, eine übergeordnete Rolle spielt. Die Folge ist der Selbstzweifel, Unruhe und Unsicherheit. Der bekannteste und wohl auch älteste Film zum Thema narzisstische Beziehung ist ‚Gas Light'. Es gibt mehrere Verfilmungen, unter anderem auch bei uns unter dem Titel: ‚Das Haus der Lady Alquist' mit Ingrid Bergmann, zu finden, zum gleichnamigen Theaterstück von Patrick Hamilton aus dem Jahre 1938. Nach diesem Film haben Fachkreise der Psychologie den Begriff ‚Gaslighting' ab 1960 übernommen, um die Gehirnwäsche (bewusst falsche Informationen zu streuen), die eine narzisstische Persönlichkeit ausübt, zu benennen.

Grooming

Eine Taktik, um Grenzen seines Gegenübers langsam aufzuweichen, es ist das langsame Beimischen von schlechtem Verhalten. Da ein harsches Wort, hier der Klaps auf den Po, da mal das böse Mädchen oder der Mistkerl wird zum Test für: Wie weit kann ich eigentlich hier gehen?

Auf Dauer wirksame Vorbereitung zum weiteren Missbrauch. Subtil wie das geschieht, bemerken Opfer dieser
Taktik nicht, wie der Sturm der unbemerkt aufzieht.

Hoovering (saugen, wie ein Vakuumsauger)
Die Taktik nach der Trennung, die Partner an sich zu binden oder für eine gewisse Zeit zurück zu holen. Es findet
in unterschiedlichen Arten statt. Vom erneuten Lovebombing oder dem neutral wirkenden Versuch, irgendetwas
klären zu wollen, oder Eifersuchtsszenen initialisieren.
Kurz, es gibt nichts, was Narzissten nicht tun würden, um
die Energiequelle erneut sprudeln zu lassen. Selbst das
Nichthoovern wird von Narzissten gerne als chancenrei-
che Bindungsmethode betrachtet (siehe Silent Treatment).

Grundlage ist die Entscheidung des Partners die Trennung zu akzeptieren und ein oder eine Narzisstin, die
nicht bereit ist, dies wiederum zu akzeptieren. Will man
selbst als Missbrauchsopfer den Partner zurück, kommt
man ihnen quasi auf halber Strecke entgegen, doch das
Spiel bleibt stets das Gleiche.

Wenn nach der Trennung, der Kontakt durch Hoovering
erneut entsteht, kleidet er sich in dringende Angelegen-
heiten, Sorgen, Entschuldigungen, Gemeinheiten, Seelen-
verwandtschaft, sexuelle Verbindung und leere Versprechen. Die Gefahr dabei, ist zu denken, es hätte sich etwas
geändert. Dabei geht es dem Manipulator um Kontrolle
und Zufuhr.

Lovebombing (Liebesbombardierung, die Charme-Offen-
sive)
Die Art und Weise den Partner einzulullen mit allen Mit-
teln, die gefragt sind und zur Verfügung stehen. Der Kö-
der, um mit Narzissten in Beziehung zu treten. Dafür nutzen sie ihre eigenwillige Scanner-Empathie, die Bedürfnisse der Menschen zu erkennen und zu bedienen.

Wie Knöpfe, die gedrückt werden, wird die Falle unsichtbar hinter Rosenblätter verdeckt. Du hast keine Rosen bekommen? Vielleicht brauchte es Dein Partner nicht? Manche sind so ausgehungert von Liebe, dass ihnen ein paar nette Worte und eine starke (oder sexy) Schulter ausreichen, um zu zerschmelzen. Ein anderer Grund für große Gesten könnte auch schlichtweg die Ex sein, die mit der Vorstellung was die/der Next alles bekommt, parallel gehoovert wird. In der Regel kann die Munition der Liebe, drei bis sechs Monate dauern, bis der erste Erkenntnisschlag zuschlägt, ist man so gebunden und verführt, dass man egal wie schlimm der Vorfall sein wird, bereit sein wird, die Narzissten zurückzunehmen. Der Kreislaufmagnetismus schnappt zu. Ein klassischer Hoover besteht aus einer erneuten Idealisierung mit nachfolgender Entwertung oder Ignoranz.

Silent Treatment (… das Ausschweigen)
Das Ausschweigen ist eine der härtesten Taktiken. Es ist nonverbale Ablehnung, deutlich doch ebenso unverständlich. Tagelanges Abtauchen oder Nichtbeantwortungen von Fragen und Nachrichten. *Was macht er oder sie gerade? Ist irgendwas Schreckliches passiert? Was hat er oder sie? Was habe ich falsch gemacht? Warum bekomme ich keine Antwort?*
Das sind die typischen Fragen, die sich Opfer von Silent Treatment stellen. Die schlimmste Form ist wohl das Ghosting, der absolute Kontaktstillstand. Hier kann man sich auf den Kopf stellen oder psychologisch schlau agieren, wie man will. Die Kontrolle liegt bei den Narzissten. Bis man selbst entscheidet, sich die Kontrolle zurückzuholen, und das Silent Treatment selbst anwendet … im Idealfall für immer. Das regelmäßige Ausschweigen, löst eine innere Anspannung aus, die sich mit dem erneuten Einstieg oder einer Nachricht enthemmt und kurzzeitig

gefühlt verschwindet. Hier ersetzt dann der erneute Kontakt, die Entschuldigung.

Smear campaigns (Verleumdungskampagnen)
Sie werfen mit Dreck oder Flying Monkeys. Erfinden abstruse Geschichten, verbreiten Lügen. Zum einen kann es hier, um Hoovering gehen, mit dem Ziel man meldet sich daraufhin. Zum anderen ist es, eine Form der Entwertung. Das müssen sie, um den Verlust nach Trennungen zu akzeptieren. Oder ihre eigene Grandiosität zu veredeln. Ebenfalls beliebt sind Verleumdungskampagnen bei Triangulation. Wenn Du davon aktuell betroffen bist, beinhaltet der 85. Tag wichtige Informationen und Tipps für Dich.

Stonewalling (ähnlich wie Silent Treatment)
Das Steinwanden, beschreibt das passiv-aggressive Verweigern der Kommunikation bei Konflikten oder im gemeinsamen Leben. Vielen bekannt, als die letzte Phase einer Beziehung. Politisch eine beliebte Taktik, aber auch in missbräuchlichen Beziehungen. Es ist dieses „nicht reagieren auf Fragen" oder drumherum Reden, das Ignorieren, Aufschieben von Beweisen, aus dem Raum flüchten und Vorenthalten von Auskunft. John Gottman, der auf diesem Gebiet forschte, meint: 80 % der Stonewaller sind Männer. Der häufigste Effekt bei Frauen dabei: Herzrasen. Dem Mauern zugrunde liegt ein Verteidigungsmechanismus, den sich manche bewusst sind, andere nicht. Im Grunde ist es eine Art Flucht-Kampfmodus des Stonewallers, jedoch genauso effektiv, wie sich die Hände vor die Augen zu halten und zu meinen, ich bin nicht da. Der Unterschied zu Grey Rock Methode, wo Kommunikation und Antworten minimal möglich bleiben.

Triangulation (Dreiecksbeziehung)
Triangulation funktioniert wie ein gespanntes Gummiband in Triangelform. Eine Vorliebe der Narzissten die

offenen Enden zu halten und jemand Drittes mit einzubeziehen und damit Druck und Spannung aufzubauen. Ob
Großeltern zwischen Elternteil und Kindern, ob Partner
zwischen Ex/Next und aktuellen Partnern, Chef zwischen
Herrn Meier und Frau Soundso. Genauso zwischen narzisstischen Eltern und Kindern. Hier kommt dann noch
das zusätzliche Ergebnis: goldenes Vorzeigekind und
Sündenbock. Ziel ist es, die zwei Parteien gegeneinander
auszuspielen. Das kann jede Person des anderen Ge-
schlechts und manchmal auch selbes Geschlechtes sein o-
der die Katze vom Nachbarn. Dabei kommt es zu Eifersucht und in jedem Falle wird Treibstoff generiert.

Das war nur ein kleiner Ausflug in die Begrifflichkeiten,
mehr findest Du auf der Schutzgartenseite, doch praktisch
bietet es sich an, diesbezüglich eine Extralektüre anzufer-
tigen. Und auch hier erneut der Hinweis sich die eine oder
andere Fachliteratur zu besorgen.
Eine kleine Auswahl derer, die ich bevorzuge, füge ich in
den Literaturtipps am Ende mit an. Wie ist das bei Dir?
Erkennst Du diese Verhaltensweisen? Verstehst Du, wie
wichtig hier die Perspektiwänderung und Betrachtung ist?
Wie das Wissen Grenzen aufbaut, die vorher nicht ange-
dacht, angelegt waren? Das ist Dein Alarmsystem und es
ist okay, wenn es derzeit hochsensibel auf kleinste Bewe-
gungen und Geräusche reagiert. Werde Beobachter!
Atme! Was will es Dir sagen?
Wie fühlt es sich an?
Worauf will es Dich hinweisen?
Ich denke, lieber vorübergehend eine Grenze zu viel, als
eine zu wenig.

52. Tag Was hörst Du?

Eine spannende Frage und eine vielfältige hinzu. Angefangen dabei was wir empfangen, und auch innerlich

senden. Wie laut ist Dein innerer Kritiker, Dein Schmerz? Was will Dir Dein Körper sagen? Was flüstert das Gefühlo-meter? Welche Geräusche dringen an Dich heran? Was magst Du nicht mehr hören? Töne und Klänge können heilsam wirken, beruhigen und aufbauen, doch genauso ist es auch möglich, dass sie Schaden verursachen. Zurück zur heutigen Ausgangsfrage! Nenne 5 Dinge, die Du gerade hörst! Dies ist eine effektive Sinnesübung.

Meine Momentaufnahme

1. Das Tappen meiner Finger auf den Tasten.
2. Die Kirchenglocken im Hintergrund.
3. Den Wind in der Abdeckplane meines Wäscheständers.
4. Meine Pflanzen, die Durst haben.
5. Meinen Atem.

Gerade ärger ich mich etwas, keinen coolen Song laufen zu haben, den ich hier einfügen kann, doch in der Ruhe liegt die Kraft und ich lege meine in dieses Buch. Jetzt Du! Nenne 5 Dinge, die Du gerade hörst! Es gibt belastende Geräusche, aufregende, schöne, erheiternde. Wie ansteckend ist ein echtes Lachen? Wie unmöglich es zu unterdrücken?

Frage: Wie viele Narzissten braucht man, um eine Glühbirne zu wechseln?
Antwort: Keinen, sie benutzen Gaslicht.

Verzeih mir, ich hoffe, der war gerade passend. Es ist eher typisch, dass im Überlebensmodus die Empfänglichkeit für Humor und Sarkasmus abnimmt. Alles normale Transformation und Selbstschutz. Das, was wir hören, beeinflusst uns. Und unser Innerstes beeinflusst, was wir hören. Dies ist ein fortlaufendes feinstoffliches Wechselspiel, eine Art stille Grenzkommunikation. Hast Du bereits das **rosa Rauschen** oder **ASMR** (Autonomous Sensory Meridian Response) ausprobiert? Eine Möglichkeit gerade für

hochsensible, gestresste Menschen zu entladen und die Herzfrequenz zu senken. Ziel dabei ist es, durch leise Geräusche oder gehauchte Wörter ein Kopfkribbeln auszulösen und eine Erregung zu stimulieren (hier geht es vorrangig weniger um sexuelle Erregung). Nicht jeder ist empfänglich dafür, jedoch kann man das schnell herausfinden, denn die Anzahl der Onlinevideos dazu ist überragend. Manche jener Videos wirken auch bizarr, besonders für Menschen, die dadurch keine Stimulation erfahren. Das rosa Rauschen ist eine Frequenz, die andere Störgeräusche, wie Straßenlärm reduzieren kann und somit auch Stress. Hast Du Hymnen parat? Mit Hymnen meine ich Lieder, die Dir Kraft geben. Dem Thema widme ich einen Extratag. Heute lade ich Dich ein, Dich bewusst auf die Dinge zu konzentrieren, denen Du gerne lauschst.
Vielleicht hast Du Lieblingsstimmen, bestimmte Musik, ein Naturgeräusch was Dich stimuliert.
Benutzt Du vielleicht bereits Klangschalen, Stimmgabeln oder Windspiele? Notiere Dir diese Dinge, die Deine Ohren verwöhnen. Wir sind mitverantwortlich für das, was wir hören und wie wir uns selbst Gutes gönnen.

53. Tag Worte sind mächtig

Wenn ich beschreibe, welche Kraft Wörter besitzen, fühle ich mich manchmal wie ein Außerirdischer auf diesem Planeten. Die Macht ist nicht im Außen sichtbar, die Macht sitzt hinter den Augen. Einzelne Wörter geben ganze Sinfonien in unserem Unterbewusstsein zum Besten, bilden ein neuronales Muster, Glaubenssätzen, Erinnerungen und Vorstellung und besitzen eine hohe Wirkkraft.

Nimm Dir das nicht so zu Herzen!
Allein dieser Satz zeigt uns, wie nah Wörter kommen können. Bewusste, überlegte und einfühlende Worte können

heilend wirken und jeder erlebt, wie sie unüberlegt, tief treffen können. Wie ein Mensch, der sich etwas nicht mehr zu Herzen nimmt, sich kalter und zynischer Wörter bedient sowie keinen Kontakt zu seinen Gefühlen und die der Anderen pflegt. Worte können auch verzaubern, hypnotisieren und gezielt zur Falle werden. Worte können manipulieren. Die Wahrheit ist stets beigemischt, das macht es so perfide. Also, wenn ich 20 % Wahrheit mische mit 80 % Mist und jemand kenne, kann ich in die 20 % genau das legen, wo ich weiß da springt derjenige an. Banales Beispiel aus dem Alltag. Ich bin in den folgenden Zeilen ein ‚geschäftstüchtiger' manipulierender Staubsaugervertreter.

„Ja, sie brauchen Unterstützung und Entlastung im Alltag und einen neuen Staubsauger? Okay ich habe hier die Entlastung! Das System ist etwas kompliziert aber sie sind ja nicht von gestern?!"

Die chinesische Bedienungsanleitung habe ich hiermit entschuldigt und die erste Doppelbindung gezogen. *„Hier haben wir die neuste Technik und quasi müssen sie nichts mehr machen, die Akkus sind modernste Hochleistungsakkus."* Halten halt nur 1 h und der Staubsauger ging nie in eine erweiterte Auflage. *„Die Saugkraft ist einmalig!"* Aber nur für geeignete Böden, sonst lässt sie nach einmaliger Saugkraft konstant nach. *„Mehrere Optionen zum angepassten Reinigen auf Knopfdruck."* Es ist ein Stecksystem mit Bausätzen. *„Sie brauchen keine Extras!"* Nach jeder Bedienung muss der Auffangbehälter gewechselt werden und die Plastikverankerung bricht als Erstes, der Hersteller ist längst pleite und existiert nicht mehr, dass die Garantie ungültig ist, erfahren sie erst, wenn sie reklamieren. Ich habe dann aber auch schon geschlossen. *„Ich habe selbst mit diesem Gerät tolle Erfahrung und Entspannung."* Würde das Ding mir nie kaufen, aber wenn sie es tun ... läuft es für mich. Es lohnt sich demzufolge: nachzufragen. Die Worte, die wir wählen, ob morgens nach dem Aufstehen, wie wir mit

167

anderen sprechen unsere Wünsche und Ziele formulieren, sind Teil unserer Entscheidungen. Die Frage ist, leben wir eine Lüge oder die Wahrheit oder besser die Weisheit dahinter. Wie übereinstimmend ist das, was ich glaube und das, was ich sage? Wie sehr achte ich dabei auf meine Gefühle und Muster, wie sehr auf andere? Wie sehr lasse ich mich von außen von Worten berühren, wie sehr berühre ich selbst? Was richtet mich, was unterstützt mich, was lässt mich verstummen?

Es macht allein einen Unterschied, ob Du Dir finstere Hörspiele anhörst oder liebevolle freundlichen Worten lauschst. Gerade nach traumatischer Erfahrung, toxischer Beziehung mit verbalen Attacken, ist es wichtig, sich freundlichen Worte zu widmen. Das Bewusstsein mag ja Wiederholung, was hörst Du Dir morgens oder abends an? Was ist da vielleicht so manch unbewusstes Ritual mit Tiefenwirkung?

Ein typisches Symptom der posttraumatischen Belastung ist: des Nachts den Fernseher laufen zu lassen. Was paradox erscheint und zusätzlich triggert, doch manch einem lehrt die Stille mehr das Fürchten, als beliebige Worte aus dem Fernseher. Da denke ich an Franz Ruppert, der sagt: Die ganze Gesellschaft ist traumatisiert. Auch so starke Worte, hier jedoch als Erinnerung: Dass es okay ist, nicht okay zu sein.

Im Überlebensmodus sind viele über-sensibilisiert der Worte. Das bildet sich im besten Fall zurück, andere werden zu Triggern. Hier sind, die Zusammenarbeit mit Therapeuten und Selbstschutz gefragt. Ehrlich zu sich selbst, freundlich und liebevoll. Je mehr Abstand Du haben wirst, desto mehr wirst Du erkennen wie unbewusst, das Böse der Worte gehandhabt wird und wie Du gesündere Grenzen diesbezüglich aufbauen kannst. Das steckt auch hinter diesem ‚es nicht persönlich nehmen', was zugegeben eine Kür für sich ist. Wer unreflektiert Menschen betitelt, abwertet und richtet, bleibt Gefangener jener. Für eine vorübergehende Abgrenzung mag das okay sein, ich habe gelernt, dass es negative Energien mit sich bringt.

Jemand als Toxe, Cluster B, Narzisst oder Ar... zu bezeichnen, sind heftige Energien die uns dauerhaft binden können. Das heißt nicht, dass ich mir das nicht mal denke, doch es ist vorrangig ein Mensch, dahinter stets eine Geschichte. Und wie sieht es aus, lässt Du Deine Gefühle sprechen?

Atme. Das heißt nicht, ihnen die Zügel in die Hand zu geben und sich auf wilde Fahrten einzulassen. Gefühle sind Gäste, sie kommen, wollen sich unterhalten und wieder gehen. Manche ziehen vorübergehend ein, manche davon willkommen, andere werden mit der Zeit tatsächlich lästig, doch auch da gibt es viele Möglichkeiten sich selbst gegenüber, gesunde Grenzen zu wahren und Gefühle, als friedliche Hinweise und Ratgeber, zu betrachten. Ich werde darauf zurückkommen. Stück für Stück und Schritt für Schritt. Symbolsprache redet auch mit uns. Der 53. Tag war der Tag, wo ich statt Kreuzen angefangen habe, Herzen und Blümchen in meine X-Liste einzutragen. Ich denke, da hat jeder sein eigenes Tempo und Bedürfnis.

Ich lade Dich ein achtsam, darauf zu lauschen, wo und wie Worte zurzeit bei Dir wirken. Verurteile Dich und andere nicht, schütze Dich! Jetzt ist noch nicht die Zeit dem entgegenzuwirken oder entgegenzutreten.

54. Tag Wenn die Gefühle schweigen

Gewalterfahrung führt ab einem gewissen Punkt bei vielen Menschen zu einer Art Abspaltung von den Gefühlen. Einige denken sich an etwas gewöhnt zu haben andere empfinden das Abstumpfen als Schutzblase, andere erleben den immensen inneren Druck oder alles zusammen. So weit ist es eine natürliche Reaktion. Dauerhaft sprechen Psychologen von Dissoziation und kennen Wege da raus. Allein das Vermissen eines positiven Ausgangs oder der anderen Person kann vorübergehend zu einer derartigen Abspaltung führen.

Jetzt, wo das Substitut zum Vermissen sich entschleiert, bleibt da erst mal die Leere. Leere ist eine der möglichen Traumafolgen. Doch am Ende auch "nur" ein Gefühl. So gesehen entsteht diese Leere, in Gegenwart der narzisstischen Menschen… der sprachlose, kraftlose und irgendwie auch leere Platz in mir, um die Balance zum narzisstischen Gegenüber halten zu können. Ich denke, genau das ist ein Hauptaspekt einer narzisstischen Störung: diese Leere. Die sie versuchen, in anderen aufzuspüren und zu nähren, um sie gleichsam in sich selbst zu betäuben. Eine Verlustrechnung auf beiden Seiten. Erkenne Leere als Potenzial! Es ist der Platz für Neues, auch wenn man noch nicht weiß, was das sein soll. Gib Dir Zeit für Heilung der narzisstischen Wunden in Dir. Zuerst muss man, das alte verdorrte Gestrüpp vom Eingang und der Gartenfläche entfernen, die Böden befreien und durchackern. Schwere Arbeit, die einem wie Kreislauf, Rückschritt und ein nicht Vorwärtskommen gleicht.

Stets ist etwas „noch" nicht so oder man „muss" jenes noch lernen, ertragen, aushalten.

Du darfst diesen Druck die Macht entziehen und musst erst mal so gar nichts. Ich höre schon Deinen inneren Protest, Job, Haushalt, Gesellschaft, Kinder. Ja, und noch mal erinnere ich daran: Niemand sucht sich den Zeitpunkt raus, wann ein Blinddarm sich entzündet, man sich ein Bein bricht oder die Seele von einem Bus angefahren wird. Dann von sich zu verlangen, voll funktionsfähig zu sein … macht uns zu Maschinen. Klingelt schon etwas? Maschinen haben keine Gefühle, obwohl ich mir da mittlerweile, was die künstliche Intelligenz betrifft, auch nicht schlüssig bin, ob diese Vorstellung zeitgemäß bleibt, doch zurück zu unserem Schutzmechanismus. Unverdaute

Gefühle sind Energieräuber und das wissen wir intuitiv und verdrängen sie. Gehen joggen, zum Zumba, shoppen, ins Internet oder treffen uns mit Freunden. Ist ja auch gesellschaftlich derzeit weniger bekannt, dass „Du ich habe da so eine Leere in mir, ich will mich mal zurückziehen und schauen, wie sich das anfühlt und was da für ein Bedürfnis, außer die Leere zwanghaft füllen zu wollen, dahintersteckt!", echt was bringt. Nein, dies ist weder eine Aufforderung, in die Isolation zu gehen, noch in unerträglichen Gefühlen zu versinken. Für heute möchte ich Dich einfach anregen, Dich selbst und Deine Schutzmechanismen zu verstehen. Lerne Gefühle als Sprache zu verstehen und manchmal, ist eben schon alles gesagt.

55. Tag Über die Stille

Sich für 'Kein-Kontakt' zu entschließen heißt, sich bewusst für Ruhe zu entscheiden. Als Stille betrachtet, wird es zur Heilung und ist als Nährboden zu verstehen. Wie ein Gartenteil, der erst mal beackert wird und ruht, bis er bereit ist, für neue Samen. Ja es ist eine Herausforderung. Praktisch kommen dann die Themen von selbst. Doch gerade hier und jetzt ist sie in erster Linie eine Art Einladung und Freund. Nicht zu verwechseln mit der Angst vorm Alleinsein, die sich zu gern ausdehnen will. Mit den entsprechenden Transformationen sowie mit jedem Tag Abstand und Erholung, ist die Stille in Wahrheit eine Art Superpower.

1. Sie schützt Dich.
2. Sie gebiert Dich.
3. In ihr findest Du alle Antworten.

Sie schützt Dich vor Fehlentscheidungen. Toxischen Menschen und Reizen.
Ich beobachte fortlaufend, es sind nicht die lauten Momente, die uns verändern. Veränderung geschieht in der

Stille. Sie ist der Weg, Dir selbst zu begegnen ohne Scham, Schuld, Ängste und Wut die Oberhand zu überlassen. Und Du allein bestimmst wie, wann und wo Du Dich ihr nähern willst. Selbst die Samen gedeihen in Stille, denn in ihr liegt die Kraft.

Wie stehst Du zur Stille? Mich hat die Stille gequält zum Beginn meiner Reise, denn es krachte alles zusammen und Stille war für mich gleichbedeutend mit Folter oder der Ruhe vor dem Sturm. Verständlich. Die Methode andere auszuschweigen, ist dauerhaft eine emotionale Tortur und spirituell gesehen hat das mit Stille nichts zu tun. Es ist mehr so ein lautloses, permanentes Schreien – ein Seelen-Tinnitus. Und die narzisstische Wut gleicht einer Planierraupe im eigenen Schutzgarten, wenn man zu nah dran ist. Ich beschrieb mein Angstmonster bereits, was dann lauerte. Das ist wahrlich keine Zeit der Stille.

Es war gefühlt kurz nach der Halbzeit von 'Kein-Kontakt', wo ich spürte, dass ich ständig versuchte, gegen die Stille zu arbeiten. Oh Gott, nein bloß nicht die Stille. Ich hatte keinen Tränen mehr übrig, ich wollte keine Schatten mehr ergründen, grübeln oder verzweifeln. Ich bin mir sicher, auch Du kennst Deine Strategien, der Stille zu entkommen. Erinnerst Du Dich an die kognitive Dissonanz und was narzisstische Gewalt für Auswirkungen hat?

Genau das erträgt keine Stille. Das könnte ja ein Weg daraus sein und noch viel mehr. Die Stille legte sich wie eine schützende Decke um mich, als ich abgekämpft und aufgelöst am Boden lag. Die Informationen sind wie Blätter in mir gefallen, lagen durcheinander auf einem Laubhaufen. Da dachte ich … gut. Jetzt nur kein Windhauch. Jetzt mal einfach durchatmen und nicht bewegen.

Da war sie, die Stille.

Erfahrene Coaches und Mediationslehren arbeiten mit Stille. Vipassana ist zum Beispiel eine Praxis der

Schweigemeditation, die über mehrere Tage bis Wochen gehen kann, doch nur für Fortgeschrittene und nicht für jeden etwas ist. Sie bedeutet in etwa „die Dinge zu sehen, wie sie wirklich sind". Zur Stille gehört neben dem eigenen zur Ruhe kommen, auch die Umgebung. Menschen, die sich im Kontaktabstand und Überlebensmodus befinden, ist es oft schon eine Herausforderung Stille, als etwas Harmloses, Schützendes und Heilendes anzuerkennen. Gib Dir die Möglichkeit, es hin und wieder auszuprobieren. Eine gute Praxisübung, für die Zukunft, wäre: sich die Stille täglich morgens und abends für mindestens 5 Minuten zu gönnen. Alles hat seine Zeit.

56. Tag Musik ist Heilung

Erinnerst Du Dich, dass ich davon sprach meine Pflanzen zu hören, wenn sie durstig sind? Es ist ein hohes Fiepen und praktisch nicht hörbar. Pflanzen kommunizieren und mögen Musik. Sie sind Künstler und Musiker. Das erste Mal bin ich darauf durch Damanhur und deren Experimente, aufmerksam geworden. Einer der hierzulande, das Experiment dazu liefert, ist Harald Finke, falls Dich das Thema interessiert.

Ein Instrument zu erlernen oder zu singen, fördert das Wohlsein ungemein und ich möchte Dich einladen, wenn Du Musik noch nicht aktiv nutzt, in Dich zu horchen, ob es da nicht bereits den innerlichen Wunsch gibt, jenes zu tun. Mach es! Unheimlich viele Möglichkeiten lauern da von der Maultrommel zum Schlagzeug, Blas-, Zupf-, Streichinstrument und mehr. Oder das Instrument, welches wir alle mit uns tragen, unsere Stimmbänder, die man trainieren kann, wie jeden anderen Muskel auch. Es macht Sinn, einen Gesangscoach oder Chor zu besuchen, auch für Hobbyaktivität, denn auch hier kann man fehltrainieren. Basiswissen von Fachleuten erspart später: nervige Besuche beim HNO-Arzt. Auch bei Instrumenten lasst Euch beraten, nicht immer ist es ratsam, da mit preiswerten Instrumenten zu beginnen, da es Euch schnell die Laune verderben kann. Musik wird, wie ein Foto, innerlich abgespeichert, nur mit viel mehr direkten Emotionen und Gefühlen verbunden. Das lässt sich leicht nachspüren, wenn man die Lieblingssongs der Vergangenheit sich erneut anhört. Musik erinnert und verbindet, das ist heilsam und manchmal auch schmerzhaft. Doch aus meiner Sicht, immer noch die wundervollste Möglichkeit Gefühle auch kulturell, zu verarbeiten. Bereits im Bauch der Mutter beginnt sich, das Gehör auszubilden. Neben dem Herzschlag und anderen Körpergeräuschen der Mutter dringen auch Schallimpulse von außen ein.

Vereinzelte Studien belegen, dass die Entspannung der Mutter durch die Musik genauso Dopamin fördernd für das Kind ist. Die Forschung geht so weit, zu behaupten, dass es auch spätere Musikalität sowie die Reife fördert, nicht nur des Gehörgangs auch rein körperlich. Wenn das Thema interessiert, die pränatale Psychologie wird seit den 70er Jahren ernst genommen und bietet viele Erkenntnisse dazu.

Musiker verspüren oft den seltsamen Wunsch, auf der Bühne abzudanken, und anderswo wird Musik als Foltermethode eingesetzt. Genauso wie hohe Töne und ihre Schwingungen Gläser zerbersten können, kann tiefer Bass (in gewisser Lautstärke) den Herzschlag irritieren oder einen Lungenkollaps verursachen. Vielleicht hast Du bereits Erfahrungen mit diesem Druck auf der Brust in einem Klub, auf einem Konzert oder durch Deine Wohnungswände gesammelt. Vorsicht, die Veranstalter stehen in der Pflicht, das zu regulieren oder zu warnen. Wenn es drückt, Abstand von den Boxen suchen dabei ist zu beachten, wo überall Boxen stehen und sich das Schwingungsfeld ausbreitet. Regelmäßig extremer Bass belastet auch die Statik eines Hauses. Und dauerhafte Belastung durch

Lärm oder Musik verursacht psychosomatische Schäden. Solltest Du in die Situation kommen eine Herzdruckmassage auszuführen, kann Musik Leben retten. In dem Du Dich an ‚Stayin` Alive' von den Bee Gees erinnerst. Dieser hat 100 Beats pro Minute und ist somit die perfekte Tempovorlage. Übrigens auch für alle sportiven Aktivitäten. In diesem Sinne noch ein weiterer Song fürs Herz mit Schlagzahl 100, die Backstreet Boys mit ‚Quit Playing Games With My Heart…".

Der Gesang der Saatkrähe ist nicht gerade Musik in unseren Ohren, durch die für uns unverträglichen Frequenzen. Kreide an der Tafel und im Gegenzug: die Wirkung von ASMR, weist schon darauf hin. Unser Gehirn verarbeitet die Schwingung der Frequenz. Ein feinfühliger Mensch wird durch unangenehme Schwingungen in Musik regelrecht aus der Bahn geworfen oder eingelullt. Wiederum ein Mensch mit perfektem Gehör kann Disharmonien, die nichts mit Jazzmusik zu tun haben, nur schwer ertragen. Im niederfrequenten Bereich beeinflusst Musik, ob wir wollen oder nicht, es lässt unsere Zellen und Gehirn tanzen und schwingen und je nach Rhythmus oder Frequenz werden wir ruhig oder aktiviert bis völlig außer Kontrolle geworfen oder kann uns handlungsunfähig machen. Leider hat auch die Waffenindustrie, dieses Feld für sich, entdeckt. Einer der einen großen Anteil, an positiven Erkenntnissen beigetragen hat, ist Solfeggio. Er entdeckte die Wirksamkeit bestimmter Klangspektren und wandte bewusst, die Fibonacciformel im Choral-Gesang, mittels einer 6 Ton Notenleiter an. Aber auch ein Physiker Namens Dove der ebenfalls im 18. Jahrhundert die Wirksamkeit überlagerter Frequenzen erforschte. Erst über 100 Jahre später war es der Biophysiker Gerald Oster, der alle Forschungen zusammentrug und den Begriff, der binauralen Beats prägte, der heute in der Esoterik-Szene hohen Stellenwert besitzt und leider eher eine kleine Nische in der Neurophysik. Wie bewusst oder unbewusst diese

Wirkung bei Supermarkt, Film, Pop, experimental oder Heavy Metal Musik eingesetzt wird, ist spekulativ, jedoch dass es benutzt wird, keine Verschwörungstheorie, mehr so Praxis.

Auch Tiere lieben Musik und haben einen eigenen Musikgeschmack. Unabhängig davon, dass man die Musik von Tieren erforscht, im Fach der Zoomusikologie, arbeiten manche Tierärzte oder Bauern mit Musik, um die Tiere zu entspannen oder zu locken. Kennst Du „Kulning"? Ein schwedischer Herdenruf, um Ziegen oder Kühe zusammenzutreiben. Musik hat Wirkung und wenn Du singst, blockiert es Dein Angstzentrum. Summen hat positive Effekte auf unser Nervensystem, es beruhigt. Einzelne Lieder können wie ein Schutzmantel wirken. Schreibst Du schon an Deiner Songliste oder brauchst ein paar Beispiele? Hier ein paar aus meiner, in der erschreckenderweise keine deutschsprachigen Lieder auftauchen. Dir fällt bestimmt der ein oder andere da noch ein!

Where is home? Von Elliphant
Survivor von Destinys Child,
Let Go von ¬Imogen Heap,
New Rules von Dua Lipa,
No More Drama von Mary J. Blige,
Let Me Live von Rudimental feat, Major Lazer,
Too Close von Alex Clare,
My Dream von Nethbeth,
Exfactor von Lauryn Hill
What about us? von Pink und
das Gayatri Mantra von Deva Premal gesungen.

57. Tag Pawlows Klingel

Sicher hast Du bereits von Pawlow, der Hundeklingel und dem Leckerli gehört. Diese Experimente zeigten unter

anderem, wie man über das Belohnungssystem Konditionierung erreicht. Die schlechte Nachricht zuerst: Wir Menschen ticken da ähnlich wie die Hunde!
Die gute Nachricht, das lässt sich nutzen, indem wir uns positive Anker setzen. Ich möchte Dich dafür sensibilisieren, dass Menschen bewusst und unbewusst solche ‚Klingeln' anwenden. Gerade Manipulatoren neigen zu einer bestimmten Art und Weise, sich unserem Belohnungssystem zu nähern. Indem sie mit akustischen Signalen, ihren Gegenüber in eine bestimmte Stimmung versetzen. Das kann sich schon in der Art des Klingelns oder rhythmisches gleichbleibendes Anklopfen bemerkbar machen.

Es kann mit Kosewörtern, bestimmten Begrüßungsritualen oder dem Schnalzen der Zunge, einem Räuspern zusammenhängen und sich weit in die nonverbale Kommunikation ausweiten. Ich beschrieb schon den Klick- Surr Effekt und bitte Dich diese Trigger nicht zu unterschätzen. Dafür ist der Kontaktabstand nötig.
Der eine Blick, eine Handbewegung oder das Verschränken der Arme. All das wirkt unbewusst. Bleibst Du da bei Dir, kannst Du die Muster erkennen und sanft entgegenwirken. Es ist unsere Wahrnehmung und einfachste Psychologie und im besten Falle, verstehen wir uns besser und lernen, achtsamer auf Grenzen zu achten. Wie sprechen Dich andere an? Wie Du Dich selbst? Welche Geräusche umgeben Dich, die direkt Stress auslösen können? Was löst der Weckruf des Hahnes bei Dir aus, Deine Klingel, oder die eines Eiswagens, Du ahnst es, wenn ich jetzt behaupte, all das hat Potenzial uns zu konditionieren. Warum, also nicht einfach das Positive daraus ziehen, und nutzen. Wenn uns Dinge leichter fallen mit Belohnung und es sich mit akustischen Signalen verbinden lässt, bietet es sich doch an, das gezielt positiv zu nutzen. Thema Gedankenkreiseln oder der Trigger durch bestimmte Reize. Klatsche drei Mal, in die Hände! Oder sage laut, das

Wort: Baddabing! Danach gönn Dir etwas Gutes. Einen guten Tee, ein Stück Kuchen, einen Naturausflug oder einfach nur 5 Minuten für Dich. Wie wäre es mal bei Entspannung oder Freude lustvoll zu seufzen?

Heureka! Probiere es aus und finde Deine Methode. Das mag magisch klingen, ich denk gerade an Dorothy aus dem Zauberer von Oz, drei Mal soll sie die Hacken der roten Schuhe zusammenschlagen und ihren Wunsch äußern, nach Hause zu kommen. Sei ein bisschen wie Dorothy, hol Dich selbst nach Hause!

58. Tag

Was ist Dein Geschmack?

Gestern erwähnte ich die roten Schuhe, wäre so was nach Deinem Geschmack? Darüber lässt sich gut streiten, jedoch halte ich es für essenziell, sich seines eigenen Geschmacks bewusst zu sein. Selbst jene die behaupten keinen zu haben, haben einen. Und was uns nicht schmeckt, liegt uns auf der Zunge. Novalis schrieb: Wer Schmetterlinge lachen hört … der weiß, wie Wolken schmecken. Was mich zu der Frage führt, was schmeckt Dir am und im Leben? Ist es die salzige Meeresluft? Oder der süße Blütennektar, das säuerliche, erdige Petrichor, was nach dem Regen aufsteigt, das Bittere der Blutorangen?
Das Leben kommt mit all diesen Geschmäckern, manchmal schmeckt die Luft metallisch, und den Lieblingsmensch haben wir zum Fressen gern. Wenn Du´s anleckst, ist es Deins, weil Du ein Geschmacksmuster aufnimmst und verinnerlichst. Manche der hochsensitiven Menschen, sind derart sensibilisiert, neben dem Geschmack eines Getränkes, auch dessen Behältnis zu erschmecken. Vielleicht nickst Du gerade, doch für diejenigen die sich wundern, ein Beispiel aus meinem Erleben: Kaffee wird weicher und bitterer im Abgang in Porzellantassen und

178

im Glas kräftiger jedoch weicher im Abgang.

Glas passt einfach geschmacklich besser zu Kaffeearomen. Papp-, Plastik- und Blechbecher sind nicht nur für die Umwelt eine Katastrophe. Ebenso ergeben Aroma und Konsistenz ein zusammenhängendes Bild. Der Geschmackssinn kann sich verunreinigen mit vielerlei Dingen. Gedanken, Chemie und schädliche Zusatzstoffe, permanente Grenzüberschreitungen, schlechte Erlebnisse sowie Manipulation. Eine wunderbare Achtsamkeitsübung ist es sich bewusst, einem Geschmack zu widmen. Das kann ein Glas Wasser sein, für das man sich Zeit lässt. Oder ein Stück Schokolade. Zu dem komme ich später noch. Für heute lade ich Dich ein, Dir eine Liste der Dinge anzulegen, deren Geschmack Du liebst!

Und eine mit Dingen die Deinen Geschmack treffen.

Bestimmte Epochen?

Kunst?

Mode?

Orte?

Menschentypen?

59. Tag Dein Lieblingsessen

Heute lade ich Dich ein, Dich mit Deinem Essen liebevoll zu widmen und somit auch Dir selbst. Wenn das Essen nur funktional stattfindend, ohne Lust und Leidenschaft, kann es aus meiner Sicht heraus so gesund sein, wie es will, es wird einem auf Dauer nicht guttun. Unverträglichkeiten tauchen auf. Du bist, was Du isst, ist nur ein Teil der Wahrheit, jedoch ein essenzieller. Gerade zum Entgiften und innerlichem Aufwärmen eignen sich Suppen und Eintöpfe. Auch wenn Du kaum etwas hinunter bekommst, oder gerade dann solltest Du darauf achten, ausreichend Flüssigkeit zuzuführen, klare Brühen sind wahre Wunderheiler. Selbstfürsorge fängt genau hier an, bei etwas, was wir fast täglich tun: Essen planen. Frische ist natürlich ideal, doch dies ist kein Ernährungsratgeber, eher einer für die Seele. Auch hier können uns unsere Sinne führen. Heiß oder kalt? Süß oder salzig. Ich behaupte, intuitiv verlangt unser Körper nach den Dingen, die er braucht und bevorzugt. Es ist nur schwer, im Supermarkt diese Stimme ausfindig machen zu wollen. Man kann nach Farben wählen, Zitrusfrüchte heben bekanntlich die Stimmung. Oder man wählt eine Konsistenz. Nervenschonend solange man keine Nussallergie besitzt, sind die Hülsenfrüchte, wie Macadamianüsse oder Mandeln. Pistazien sind Schlaf fördernd und diese Superfoods wirken bereits in kleinen Mengen. Auch interessant sind die Form und die Zusammenhänge, die auftauchen, wie das Brokkoli oder Blumenkohl nicht nur gehirnähnliche Strukturen aufweisen, sondern auch tatsächlich gut für unser Gehirn sind? Und was steht denn nun auf Deinem Speiseplan? Hast Du Deine Lieblingsspeisen und Abwechslung im Blick? Oft schleicht sich auch da ein Automatismus ein. Zwei Ideen, sich die Liste, mit Ideen an Lieblingsspeisen zu füllen.

Lieblingsgerichte aus der Vergangenheit, zum Beispiel der Kindheit. Was hat Dir ein Wohlgefühl damals verschafft und hat auch heute noch Potenzial dafür? Ich begann sehr spät, die heiß geliebte Pudding-Suppe wiederzuentdecken, und sie ist einer meiner Seelenstreichler. Dank dem Internet finden sich auch längst verschollen geglaubte Rezepte wieder. Auch lassen uns Bekanntschaften und Bequemlichkeit so manches Gericht vergessen, welches einst heiß geliebt war. Hier lohnt es sich auf Erinnerungsschatzsuche zu gehen und sich, wie ich es formuliere, ein Stück heile Welt selbst zu kochen.
Eine weitere Idee ist es, **offen für Neues sein**. Ich erwähnte bereits die große Rezepte-Datenbank des weltweiten Netzwerks, diese lässt uns in fernste Geschmäcker aber auch in heimische längst vergessene kulinarische Welten abtauchen.

Kochen ist kreativ und Kreativität fördert den Heilungsprozess. Neues ausprobieren, verwerfen oder in den Speiseplan einzubeziehen, das nährt die Seele.

Und ja ein Lieblingsessen darf auch mal „ungesund" sein. Nährwert ist doch mehr als Proteine, Vitamine und Kohlenhydrate. Viel mehr. Es ist der Geschmack des Lebens und Hunger aufs Leben. Es ist mehr als Grundversorgung und Belohnungssystem. Ich hoffe, ich inspiriere Dich, Deinen Nahrungsspeiseplan liebevoll zu gestalten.

60. Tag Wenn die Seele hungert

Essen kann zum Spannungsabbau dienen. Dann sind wir schnell bei einer Coping-Strategie, die wohl jeder kennen dürfte. Das berühmte Eis bei Problemen und Sorgen, das nicht aufhören können/wollen. Essen kann beruhigen aber auch betäuben.

Es gab Könige, die ihrem Volk das Essen sehr stark rationierten, bahnte sich jedoch ein Staatsbesuch an, tischten sie stundenlang auf. Das hatte zur Folge, dass sich die Menschen auf das Essen stürzten und dann müde und wortkarg wurden. So zufrieden und ohne weitere Wünsche beschwerte sich niemand und der Besuch lobte, die Zustände, denen keiner widersprach. Fresskoma nennt man es salopp und auch das, denke ich, hast Du bereits schon einmal erfahren. Menschen die seelisch viel zu verdauen haben, kompensieren jenes manchmal über das Essen selbst. Spirituell ganzheitlich birgt dieses Ungleichgewicht einer hungernden Seele - wonach auch immer - das Risiko, des ständigen Hungergefühls. Natürlich ist es ein Teufelskreis.

Die schnelle Gewichtszunahme ist für den menschlichen Körper eine Herausforderung und doch ist es nicht untypisch, dass genau dies in schwierigen Phasen greift. Da sind auch immer Ansätze in der Kindheit zu finden, inwiefern wurde hier Nahrung als Belohnung eingesetzt oder war sie tatsächlich Mangelware? Die Fragen, die sich jeder stellen sollte: Was nährt meine Seele außer Nahrung? Wie sättigend ist mein Essen? Was habe ich generell zu verdauen? Diäten sind in meinen Augen nur sinnvoll im gesundheitlichen Rahmen, unter Ernährungsberateraufsicht mit klarem Verstand. Wer Euch damit Nahrungsergänzungsmittel aufwartet, hat von seinem Fach nur begrenzt Ahnung. Wer mit Herz, Seele und Verstand seine Speisen wählt, braucht keine Kalorien zählen und dazu möchte ich Dir heute, eine sehr persönliche Erfahrung mit an die Hand geben. Ich war jahrelang der festen Überzeugung, wenn ich groß bin, werde ich Primaballerina oder zumindest Balletttänzerin in einem Ensemble eines Opernhauses. Dafür besuchte ich eine staatliche Einrichtung und trainierte von Kind an mehrere Stunden täglich. Natürlich waren an dieser Schule die Figur und die Anzeige der Waage, ein permanentes Thema. Ich rationierte mir meine Süßigkeiten und jede war eine Sünde in meiner Pubertät, denn ich wog für das klassische Tänzerideal einfach 2 Kilo zu viel. Über jedem süßen Vergnügen schwang ein Damokles' Schwert. So wurde ein Stück Schokolade zum Fest, der Süßigkeitenautomat meiner Schule der anziehende Freundesfeind und so was wie Kaffeetrinken mit Kuchen, eine Sünde. Manchmal war sie es mir wert oder ich brauchte sie regelrecht, doch erinnere ich mich zurück, war Verzicht ein Hauptthema und allgegenwärtig. Und so hart, wie es war, diese Kilos loszuwerden, gelang mir einfach nicht. Dann kam der Tag meiner Exmatrikulation und somit auch jener, an dem mein Traum ein jähes Ende fand. Nein es war nicht die Figur, vielmehr konnte ich tatsächlich den Leistungsanforderungen nicht mehr folgen. Neben dem Schreck mein Weg mit einem Brückenfall zu beenden, erreichte mich an dem Tag eine Freiheit, die ich noch heute gebührend feiere. Essen zu dürfen was und wann ich will. Einer meiner ersten Wege führte mich direkt in den Konditoreiladen in dem ich, sooft meine Begehren es zu ließ und so bestellte ich mir 3 Teile feinster Tortenstücke. Das war ein Fest, mhmmm.

Natürlich waren drei eine Ausnahme, doch war mir nach Bäcker oder Süßigkeit musste ich mich ab dem Tag, nie wieder bremsen. Und was passierte, nachdem diese Kopf-Seelenschranke aufgelöst war? Genau ich aß mehr als zu vor und nahm exakt 2 und ein halbes Kilo ab.
Ich hatte es endlich geschafft, mir meinen Kummerspeck wegzunaschen. Ich möchte vor exzessivem Essen warnen, sinnstiftender sind kleinere Mahlzeiten ausgewogen und die hungernde Seele mit einbezogen. Hol Dir Unterstützung in gesunder und ganzheitlicher Form und lerne den eigenen Körper mit jedem Zentimeter Erfahrungswert lieben. Lass es Dir und Deiner Seele schmecken und verzichte auf die Kopfknoten, wenn möglich.

61. Tag Wenn die Seele satt ist

Trauer, Wut und Ängste schlagen uns auf den Magen und können im anderen Extrem auch dazu führen, keine weitere Entspannung anzuvisieren. Manchmal ist die Seele so satt, dann will sie nichts mehr schlucken. Genauso typisch wie das Kompensieren durch Essen ist das Verweigern. Keinen Hunger mehr zu haben kann ein tief greifender Hilfeschrei sein. Ist der Körper krank oder der Mensch in einer konzentrierten Situation, ist es durchaus gewinnbringend, auf jeglichen weiteren Ballaststoff zu verzichten. Besonders im Flucht- Kampf Modus, der im Überlebensmodus gern als Erstes noch greift, waren wir früher darauf angewiesen, uns schnell zu entleeren. Wenn nun die Seele spricht und satt ist vom Erlebten, wird sie uns genau das als Information im Unterbewusstsein preisgeben, Nahrungsaufnahme wird zur Funktion. Dabei ist sie die Grundlage, um sich zu regenerieren, doch ich bin auch kein Freund des Essens, nur weil man essen muss. In meiner Anfangszeit des Kein-Kontakts, war ich froh über jede Tütensuppe, die mich davor bewahrte unter Menschen zu müssen. Kochen? Fehlanzeige!

Ich hatte weder den Kopf dafür, noch die Lust. Zum Glück hatte ich Freunde um mich, die jene Gefahr erkannten und bannten, indem sie mich bekochten oder zum Essen einluden und ich danke ihnen heute noch dafür, denn instinktiv halfen sie mir damit sehr. Essen hat einen gesellschaftlichen Aspekt. In Gemeinschaft schmeckt es besser.

Ich möchte von einem Fall berichten, der mir meine ganzheitliche Sicht dazu grandios bestätigte. Eine Mutter im Kontaktabstand, nach narzisstischer Beziehung, machte die Entdeckung gemeinsam mit ihrem Psychologen, auf der Spur nach den fehlenden Pfunden. Hauptsächlich versorgte sie in erster Linie die Kinder, doch ihr verging der Appetit, sobald ihr Kochwerk auf dem Tisch stand. Erst die gewinnbringende Idee des Psychologen, die Küche und ihre Energien könnten eine Rolle spielen, bot sich die Lösung und Erkenntnis. Nachdem die Küche renoviert wurde, in der die Erinnerungen an viele Streitigkeiten und kalte Momente festhing, kam der Appetit wieder und die Familie konnte nach langer Zeit wieder lachen beim Essen.

Ein spezieller Themenbereich, um den ich hier kaum umhinkomme, ist die pathologische Seite. Ob Über- oder Untergewicht, beides tut dem Körper nicht gut und wird ernsthafte Schäden verursachen. Einseitige oder unausgewogene Ernährung kann seelisch bedingt, ein Versuch der Seele sein, sich Gehör zu verschaffen. Anorexia ist selbstverletzend. Therapeutische Unterstützung ist notwendig, um den Weg zurück zur natürlichen Ernährung und sich selbst zu finden. Bewusst essen, bewusstes Fasten kann und wird Lebensqualität steigern.

Sich selbst reflektieren und mit dem Körper sowie der Seele und ihren Bedürfnissen ins Reine kommen ist ein wichtiger Schlüssel, sich das Leben schmecken zu lassen. Bevor Du auf gesunde Nahrung verzichtest, überprüfe ob es andere Bereiche gibt, bei denen ein Verzicht mehr Sinn stiftet. Überprüfe, welche Nahrung Deiner Seele Energie gibt und welche sie Dir nimmt.

Lerne auf diese Bedürfnisse und Reaktionen zu achten, denn was sich liebt das nährt sich. Gut, der Spruch geht etwas anders, doch ich denke das trifft es.

62. Tag Hungrig aufs Leben

Ich erwähnte bereits den Geschmack und nun komme ich zum Hunger. Den Hunger aufs Leben. Wer jetzt an ein Schnitzel denkt, hat hier den Zusammenhang noch nicht erfasst und ist moralisch auf einem bedenklichen Pfad. Wir haben ja schon eine eigenartige Ernährungsgewohnheit, was das Domestizieren und Nutzen von Lebewesen betrifft, doch das ist auch ein Wissensfeld, welches den Rahmen des Buches sprengt, zumal ich mich nicht als Veganer bezeichne, mir nicht mal Vegetarismus gelingt. Dennoch bin ich überzeugt, dass wir Menschen dringend unsere Glaubenssysteme diesbezüglich sowie unseren Konsum umstellen müssen. Zumindest wenn wir vorhaben, als Spezies weiter zu existieren. Sich der eigenen Existenz überhaupt bewusst werden und dann? Jeden Tag so leben, als ob es der Letzte wäre. Wir wissen nicht, wie viel Zeit uns verbleibt.

Nach 2 Monaten Überlebensmodus, sind die restlichen Energien gefühlt aufgebraucht, der eine geht durch den Schmerz durch, ein anderer flüchtet sich ins „neue" Leben. Ich rate dazu, die Balance zwischen Vergangenheit und Zukunft zu finden. Zum einem, Plänen und Träumen Zeit geben, zum anderen sich selbst. Der Hunger aufs

Leben kommt, wenn es an der Zeit ist, und sollte nicht der Ablenkung oder Flucht dienen. Und dann spürt man den Hunger nach Abenteuer, nach guten Unterhaltungen, inspirierender Kunst, Wissen und Erfahrung. Nach dem Danach und auch hier macht die Dosis das Gift und leitet die Frage: Was nährt meine Seele? Dabei geht es seltene um den nächsten Kick oder Erlebnisrausch. Erinnere Dich, auch Stille kann die Seele nähren.

Wenn Du Hunger nach Leben verspürst, ist die Innensicht notwendig, um die geeignete Nahrung zu finden. Vielleicht ist es Dir schon aufgefallen, viele Menschen versuchen sich, diesen Hunger wegzureden, indem sie ständig nur über Pläne erzählen. Dann lebt man in einer Illusion. Machen ist wie wollen nur magischer. Um dahin zu kommen, darf man auch groß träumen und aus den Vollen schöpfen. Alles hat seine Zeit.

63. Tag Was riechst Du?

Die frische Brise riecht heute nach Meer. Immer der Nase nach. Ein wesentlicher Bestandteil des Schmeckens ist das Riechen. Und wer eine feine Nase für etwas hat, besitzt ein gutes Gespür. Düfte und Aromen sind mehr als Erinnerung und können intensive Momente auslösen.

Forscher der Rockefeller-Universität in New York vermuten, über eine Trillion Düfte hängen in unserer Luft und ständig schleusen sie sich neue ein und arbeiten mit unserem Unterbewusstsein. Es ist der Sinn, der zuerst existierte. Unsere olfaktorischen Neuronen erkennen, ordnen und bestimmen die Gerüche, die uns umgeben, um zu überleben, beleben und erleben. Was stinkt Dir? Welcher Duft verführt Dich? Was spürst und fühlst Du? Wie sensibel ist Deine Nase und wie sehr achtest Du auf diese Eindrücke? Die Kombinationsfähigkeit von Düften ist geradezu unendlich, und doch kann uns einer in der Zeit zurückreisen lassen, Flashbacks hervorrufen und extrem triggern. Positiv und negativ. Der Geruchssinn ist direkt eine Leitung zur Amygdala (Gefühlszentrum) und unserem Hippocampus (Erinnerungen), neben den unangenehmen Eindrücken, lässt sich dies auch gewinnbringend nutzen. Auch hier beleben die Zitrusaromen und andere, wirken beruhigend oder zentrierend. Vielleicht meidest Du bereits bestimmte Gerüche, doch wie sehr setzt Du sie bewusst ein? Duftkerzen und viele erhältliche Raumdüfte sind weniger geeignet. Da die Dämpfe sehr umstritten sind. Räuchern ist eine praktische Alternative, wenn man auf natürliche Produkte achtet. Hier meine Tipps aus der Reihe der beruhigenden Düfte, ob als Aromatherapie, Öl, Gewürze oder Badzusatz.

Fichtennadel

Nicht nur bei Erkältungen gewinnbringend. Der Geruch besänftigt und fördert die Verbindung zur Natur. Tatsächlich hat es dieselbe Wirkung, wie Waldbaden.

Geranien

Es lebe die Symbolpflanze Balkoniens. Der Duft, der die schönen Seiten des Lebens zeigt, löst negative Erinnerungen und entspannt bei Stress und Erschöpfung.

Kamille

Nicht nur in Tees und Cremes ein Wunderwirker, der Duft wirkt stark angstauflösend. Die beruhigende Wirkung spürt die Seele und somit ist, dieser Sommerblume eine stimmungsaufhellende Wirkung zuzuordnen.

Lavendel

Er sorgt für verbessernden Schlaf, Ausgleich und wirkt beruhigend für Körper und Seele. Als Lavendelfan weiß ich die unterschiedlichen Arten zu schätzen. Während die eine Sorte fast sediert, kann eine andere belebend wirken.

Lavendelpflanzen in den Gärten ist eine meiner Lieblingserrungenschaften nach der DDR.

Melisse
Entspannung gegen Melancholie, Depressionen, Stress und nervöser Unruhe gewünscht? Dieser Duft lockert und ist ein sanfter Helfer.

Narzissen besonders Dichternarzissen
Ja verrückt ich weiß. Narzissen sind grundsätzlich giftig, doch ihr Duft wirkt direkt gegen Stress und verbindet sich mit unserer Psyche. Nachtigall ich hör Dich trapsen.

Sandelholz
Steht für Wärme und Harmonie und wirkt entkrampfend. Nebenbei fördert der Duft Zellregeneration und die Wundheilung.

Tonkabohne
Die vanillige Wärme und der Depressionskiller schlechthin kann auch hervorragen zum Würzen von Süßspeisen verwendet werden, der Duft wirkt seine Wunder.

Ylang-Ylang
Die Blume der Blumen sollte in einem Schutzgartenratgeber nicht fehlen. Der süßliche Duft entspannt und euphorisiert, da es unseren Körper signalisiert Endorphine und Serotonin auszuschütten. Baddabing!

Menschen die ihren Geruchssinn verlieren, neigen zur Depression. Düfte regen unser Gehirn, die Psyche, die Verdauung und Zellerneuerung an. Wenn Du Deine Nase und somit Deine Lebensqualität unterstützen und verfeinern willst wie ein Profi, bietet Aroma- oder Riechtherapie eine besondere Möglichkeit. Für heute verbleibe ich mit der Frage: Was riechst Du?

64. Tag Atme!

Diese Aufforderung steht in diesem Buch auffällig oft. Heute möchte ich Dir dazu ein paar Gedanken, an die Hand geben. Unser Atem ist unabhängig von unserem bewussten Denken eine Art Automatismus. Es geschieht, ohne nachzudenken. Diese lebenswichtige Funktion versorgt unser Gehirn und Blut mit Sauerstoff. Energiegewinnung und Stoffwechsel ist abhängig, von unserem Luft holen. In spirituellen Kreisen redet man von Lebensenergie. Diese Lebensenergie kann durch bewusstes Atmen gesteigert werden genauso wie durch unbewusstes, krampfartiges Atmen jene gemindert wird.
Menschen im Flucht-Kampf Modus oder unter Stress neigen zur Schnappatmung und der sogenannten flachen Atmung, auf den oberen Brustkorb beschränkt.
Wenn Du das über längeren Zeitraum machst, fühlt es sich normal für Dich selbst an und die Bauchatmung und Entspannung bleibt in unerreichbarer Ferne. Hierfür ist das bewusste Atmen ein großer Schlüssel. Unsere Lungen sind Flügel unserer Seele.

„Die Seele atmet durch den Geist, der Geist atmet durch die Inspiration, und die ist das Atmen der Gottheit." Bettina von Arnim

Es ist sinnvoll, solange Du noch keine Übungen dazu ausführst, dies in Deine Rituale mit aufzunehmen. Es ist unnötig und auch unmöglich, gleich oder unbedingt den anspruchsvollsten Atemmeditationen zu folgen. Little by little and step by step.
Für den Anfang rate ich, mit der 'eine Minute Meditation' zu starten. 60 Sekunden lang konzentriert man sich dabei auf das Ein- und Ausatmen. 4 Sekunden einatmen und 7 Sekunden aus. Versuche, mit Deinen Gedanken bei der Sache zu bleiben. Spüre, was Du durch die Nase aufnimmst, wie es in Deinen Körper Platz findet, bis in den

Bauch und das Becken hinein und wie die alte Luft entweicht. Lass kleine Pausen dazwischen, doch versuche das Atmen im Fluss zu lassen. Das Gute an dieser Meditation, sie lässt sich überall jederzeit einbauen und benötigt keine Vorbereitung. Na klar triften die Gedanken auch in einer Minute ab, das ist okay, hol Dich zurück zum Atem. Alles darf sein. Der Effekt, sich entspannter und fokussierter danach zu fühlen, sollte sich direkt bemerkbarmachen. Nach Belieben kannst Du die Zeit ausdehnen und Dich mit weiteren Techniken vertraut machen. Auch hier rate ich zu Expertenwissen und professioneller Anleitung, von Selbstexperimenten ist abzuraten. Nicht jede Atemmeditation ist für jeden geeignet.

Es gibt keine andere Körperfunktion, die wir durch Bewusstsein entschleunigen können. Den Atem können wir beeinflussen und somit auch andere Funktionen. Umso unverständlicher für mich, dass jenes noch nicht zum Schulunterricht gehört. Unser Atem sagt etwas über unseren Zustand aus. Atmen bedeutet Leben. Atemtherapie ist ein Weg nicht nur für Lungenprobleme, sondern auch bei Herzbeschwerden, Verdauungsproblemen, chronischen Schmerzen, Ängsten und Depressionen. So oder so verbessert die tiefe Atmung unsere Lebensqualität. In diesem Sinne auch wenn ich mich unendlich wiederhole: Atme!

65. Tag Wenn eine Rose, nicht Rose hieße ...

Ob Shakespeare wusste, dass eine Kombination aus 275 Duftbestandteilen uns Rosenduft erkennen lässt?

„Was ist ein Name? Was uns Rose heißt, wie es auch hieße, würde lieblich duften."
Romeo und Julia, Shakespeare

Der Lotus des Westens ist ein Ur-Symbol des Lebens und der Menschheit und trägt seine Wurzeln in China. Es erzählt von Schönheit, Vollkommenheit, Respekt, Liebe, heiliger Geometrie und Verschwiegenheit. Rosenkreuzer, Rosengärten, Dornröschen und der kleine Prinz – die Rose weiß ihre Geschichte zu erzählen. Jetzt wo wir uns den Sinnen zugewendet haben, können wir die Rose erkennen. Sichtbar die Form und Farbgewalt, das samtige und dornige, die Glätte und Rauigkeit erfassbar. Ihre Wirkung erfühlt, ihren zitronigen süßbitteren Geschmack schmecken und uns von ihrem Duft mal leicht, dann schwer verwöhnen lassen, all dazu lädt uns die Rose ein. Wir hören ihre Geschichten anmutig, stark und grausam. Wer mit seinen Rosen redet, soll sich davon überzeugen, wie sie besser gedeihen. Die Königin der Blumen steht somit für intensive Gefühlserlebnisse, Weiblichkeit und die Untrennbarkeit von Leid und Liebe. Sie spiegelt Treue, Eifersucht, Leidenschaft und eine höhere Weltordnung.

Sie zeigt uns, wie komplex etwas sein kann.

Wir neigen dazu, die Dinge zu ergänzen und herunterzubrechen, gerade wenn wir kaum Zeit haben Dinge komplex zu erfassen. Nicht selten hilft uns dabei der richtige Riecher für etwas. Eine Spur zu verfolgen, um den Dingen einen Namen zu geben. Zwischen dem Ding und Dir liegt die Wahrnehmung. Unbedacht ein Label zu vergeben und aufzukleben, kann uns von den Dingen mehr trennen, als uns bewusst ist.

Rosenduft gehört wahrlich nicht zu meinen Lieblingsdüften und doch erkenne ich ihre Schönheit, liebe Shakespeare und irgendwie auch Rosen. Ihre leuchtende Kraft, ihre Anmut und Mystik ziehen mich in ihren Bann. Zu viele Reize führen uns zur Sinnblindheit. Wenn Du das vierte Parfum hintereinander testest, wirst Du kaum noch Informationen rausfiltern können, die Nase streikt dann und geht in den Offlinemodus. Ähnlich reagiert unsere Seele auf Ablehnung und gewalttätige Sprache. Reize haben eine Bestimmung und fordern unsere Achtsamkeit. Hinter jedem Reiz liegen ein neuronales Netzwerk und einzelne Stränge, die Nerven und deren Verbindungen. Kennst Du das Phänomen, dass Reiz nur in eine Richtung funktioniert? Zumindest kennst Du sicher den Trick sich beim Zahnarzt, sich selbst in die Hand zu kneifen? Falls nicht ausprobieren. Reizverlagerung, der Stärkere setzt sich durch. Wenn ein Nerv permanent getriggert wird, kann er absterben oder ausgeblendet werden. Bewusstsein schafft uns den Freiraum, zu entscheiden, was uns guttut. Bei der nächsten Rose, die Dir in der Natur begegnet, nimm Dir die Zeit, sie wahrzunehmen. Wo steht sie? Was macht sie aus? Wie fühlt sie sich an? Was erzählt sie Dir? Koste das Rosenblatt! Riech an ihr!

Mein Geheimtipp, ist die Blüte im Endstand und verliert erste Blätter, sammle jene ein und nutze sie für ein Bad. Gib vorher den Kleinstlebewesen Zeit herauszukrabbeln. Ein Bad in Rosenblättern wirkt stimmungsaufhellend, ausgleichend, reinigend und entzündungshemmend. Die Rose ist ein intensiver Duft und Reiz, es lohnt sich, in ihre Welt abzutauchen. Sie lehrt uns die Welt und all das, was wir in ihr vorfinden, mit anderen Augen und allen Sinnen und Gefühlen zu betrachten.

66. Tag Dein Lieblingsduft

Wir überriechen uns schnell. Ein Mensch, der sich mit Gerüchen stark beschäftigt erkennt ungefähr 1000 von über einer Trillion. Der Normalo kommt gerade mal auf ein paar Hundert. Merkwürdige Evolution! Uns gelingt es wesentlich, mehr Farben und Töne wahrzunehmen. Doch, wenn es um die Beeinflussung geht, geben Düfte den Ton an. Da der Riech-Sinn als einziger direkt mit dem limbischen System verbunden ist, können wir hier, auf unser Belohnungssystem setzen und bewusst positive Gefühle triggern. Hast Du schon Beispiele für Deine Lieblingsdüfte-Liste? Und kannst Du für Dich benennen, warum dem so ist? Falls nicht gibt es von mir zwei Tipps fündig zu werden und so mehr über sich selbst zu erfahren sowie diese Düfte zu nutzen.

Blumen, Blüten-Duft

Ob in der freien Natur, den heimischen Garten, beim Blumenhändler oder im botanischen Garten, begib Dich einen Schritt auf die Natur zu und sie wird es Dir danken. Lass Dir Zeit beim Schnuppern, trinke unbedingt zwischendurch Wasser dazu. Achte dabei ein bisschen auf Pflanzenkunde. Nicht jede Pflanze, die duftet, will berührt werden oder ist gut für unsere Schleimhäute. Narzissen zum Beispiel verursachen Kontakt-Allergien und vergiften das Blumenwasser ... für alle anderen Blumen.

Parfum

Auch hierfür solltest Du Dir Zeit lassen. Ich bin ein großer Fan von guten Düften und der Wirkung derer auf mich. Sich in einen exklusiven Duft zu hüllen hat einerseits etwas von Schutz doch es intensiviert auch bestimmte Lebensphasen und Erinnerung an Momente. Ich unterscheide in Tragbarkeit und in Stimmung und so besitze ich Düfte, die sind etwas für den Moment und andere für die Haut. Überhaupt solltet ihr prüfen wie der Duft auf der Haut sich entwickelt und bestmöglich an mehreren Tagen. Eine gute Parfümerie bietet Proben oder kleinere Einheiten an. Die eigene Haut, plus das Parfum entfalten zusammen den endgültigen Duft. Nicht selten ist ein Parfum, welches einem bei anderen oder im Laden gefällt, ist eher etwas für einen Wattepad und zählt somit zu den positiven Triggern.

Inhaltsstoffe sollten so natürlich wie möglich sein, denn Parfum neigt auch mitunter dazu, auf unser Hormonsystem Eingriff zu nehmen. Lieblingsdüfte sind individuell und manchmal auch merkwürdiger Herkunft. Petrichor, der Geruch des Regens auf der trocknen Erde, den viele lieben, entsteht zum Beispiel durch ein Bakterium genau wie unser Körpergeruch sich durch Bakterien auszeichnet. So entsteht eine persönliche Signatur, gespeist durch unser körperliches und limbisches System und dem, was wir uns zuführen und was uns umgibt. Dazu morgen mehr. Für heute hoffe ich, hast Du mindestens einen Lieblingsduft zur Hand oder hast Lust darauf gewonnen, einen Neuen zu finden.

67. Tag

Der Mensch, den Du nicht riechen kannst

Ist Dir schon mal aufgefallen, dass Angstschweiß besonders streng riecht? Und der von Anstrengung … macht uns im besten Falle attraktiv für andere. Isst Du starke aromatische Speisen, werden auch Deine Poren diese Düfte aussenden. Warum jemand schlecht riecht, kann vielfältige Gründe haben und sollte praktisch, auch ärztlich abgeklärt werden. Wenn wir in Deutschland davon sprechen, einen Menschen nicht riechen zu können, hat das eher selten mit einem bewusst wahrgenommenen Geruch zu tun. Den oder die nicht riechen zu können, bedeutet, diesen Menschen innerlich abzulehnen. Auch hierfür kann es vielfältige Gründe geben, berechtigt und unberechtigt. Wenn ich die reine Projektion und Vorurteile versuche auszublenden, entdeckt sich für mich mehr als ein genetischer Schnuppercode dahinter. Im Unterbewusstsein ist es die Signatur des Geruchs, die uns viele Informationen und Erinnerungen übermittelt und wir empfangen lediglich das Ergebnis. Es wäre Pseudopsychologie zu behaupten, narzisstische Menschen stinken, manche schon. Ich traf ein, zwei, … deren Körpergeruch für mich nicht auszumachen war. Ich konnte sie tatsächlich nicht riechen. Einer der stärksten Trigger, bei posttraumatischer Belastungsstörung, sind Gerüche.

Ob Orange-Zimt aus der Kindheit, ein bestimmtes Parfum oder ein bestimmter Raumduft. Es kann plötzlich in die Nase dringen und uns zum Reagieren bringen. Auch hier ist es sinnvoll, sich der Trigger bewusst zu werden und, die helle Seite zu nutzen. Den Lieblingsduft habe ich bereits angesprochen, doch bei Panikattacken, Anspannung, Nervosität und Gedankenkreiseln gibt es auch direkte Akuthelfer. Die Hauptsache ist die starke Intensität zu wählen.

Ein paar Beispiele, der intensiveren Art, lege ich Dir ans Herz.

Anis
Bei inneren Unruhen und Anspannung beruhigt und harmonisiert der Geruch von Anis. Es ist ein Stabilisator und Ausgleich.

Bergamotte
Sie entkrampft, kann Ängste lösen, wirkt positiv auf die Kreativität und stimmungsaufhellend. Ob die Engländer deshalb auf ihren Earl Grey bestehen?

Jasmin
Für einen Tropfen Jasminöl benötigt es 1000 Blüten. Er ist einer der intensivsten Gerüche der Welt und dabei wirkt er krampflösend und mindert Stress. Wer mit dem Duft umgehen kann, hat hier einen guten Gegentrigger gefunden, gerade bei aufkommender Panik.

Minze
Viel direkter wirkt jedoch bei Panikattacken, die Pfefferminze. Das Multitalent erfrischt, klärt und verbessert unser Gedächtnis.

Putzmittel
Ja Du hast richtig gelesen! Mir hilft es, bei Übelkeit oder aufkommender Panik an einem Bad oder Haushaltsreiniger mit Frischeduft kurz zu riechen. Und ich denke, jeder

hat seine eigenen intensiven Gerüche, die einen abholen, rausholen und besinnen lassen.

Finde Deine! Vertraue Deinem Bauchgefühl! Wenn Du jemand nicht riechen kannst, ist das möglicherweise ein wichtiger Hinweis. Was der Geruch mit der Partnerwahl zu tun hat, darüber will ich morgen berichten.

68. Tag Über die Biochemie der Liebe

Achtung jetzt wird es nüchtern. Neben Spiegelneuronen, Umgebung und erlernten Prozessen kommt noch ein bisschen mehr als biochemischer Hokuspokus dazu. Hormone, Transmitter, Botenstoffe. Wir fühlen, mittels unserer Sinne. Sehen, spüren, schmecken, riechen, tasten. Dieser Mensch sieht gut aus, diese Berührung fühlt sich intensiver an. Der eine ist kitzlig, ein anderer sieht rot. Heißhunger verspüren oder einen bestimmten Menschen nicht riechen können, all das macht unser Wesen aus. Je besser wir die Bandbreite an Gefühlen und Eindrücken verstehen können, desto besser funktioniert unsere Empathie und Theory Of Mind (schnelle Erfassung, was in einem Menschen vorgeht). Jedes Gefühl verursacht Reaktionen. Unterdrückte Gefühle verwandeln sich womöglich in Krankheiten. Ob Abneigung oder Zuneigung entscheiden wir oder eben vielmehr unsere biochemischen Vorgänge im Körper anhand unserer Informationen. Es ist der Fortpflanzungstrieb und Natur in uns, der den Ernährer oder die gebärfreudigen Becken zu erkennen weiß. Durch Boten- und Duftstoffe bekommen wir innerhalb von Sekunden unterbewusste Mitteilungen über Testosteron oder Pheromonstand des Gegenübers, den Rest machen unsere Erfahrungen und die Umgebung, in der man sich trifft, aus. Im Hintergrund rechnet unser Hormonhaushalt einmal das komplette DNA-Möglichkeitsprogramm durch.

Erscheint uns ein potenzieller Partner, fühlen wir uns körperlich angezogen und das treibt uns Menschen seit Jahrtausenden in die Arme und teilweise brenzlige Situationen wie toxische Beziehungen oder ungewollte Schwangerschaften. Gerade bei Narzissmus hat man die Hypersexualität bereits mit einem zu hohem Testosteronspiegel und eingehender Endorphinsucht erkannt quasi die Sucht nach dem körpereigenen Rausch. Die Nebennierenrinde arbeitet unter Hochdruck und der Cortisolspiegel ist in Dauerproduktion übergegangen. Der biologische Urtrieb verträgt sich nur bedingt mit Individualismus-Stress und Paarbeziehung im Ehe-Model. Die Vorstellung von Freiheiten innerhalb von Beziehungen haben die meisten im Kopf, doch selten wird wahrheitsgemäß darüber kommuniziert und so locken wir uns geblendet von Rauschgefühl und Projektion in so manches Abenteuer, welches auf Dauer nicht über die Bettkante reicht, aber tief in uns gefühlsgesteuert wird. Für eine ernsthafte Beziehung braucht es mehr. Biologen fanden heraus, dass der biochemische Hokuspokus sich nach sieben Jahren im Durchschnitt wieder normalisiert und aufhebt und Psychologen sagen: Eine gute Beziehung hält heutzutage 4-5 Jahre … Alte Paare sprechen vom Geheimnis der Liebe, welches zunehmend aus dem Bewusstsein schwindet und doch die meisten unterbewusst gern kennenlernen wollen und sich auf die ewige Suche begeben. Aber was genau verbirgt sich hinter dem biochemischen Zirkel, der ab und an mehr als Leiden schafft?

Als Erstes treibt uns **Serotonin** in die Arme der Liebe. Das absolute Knallerzeug steckt auch in Schokolade und genau macht glücklich. Schmetterlinge, Grinsen, leichtfüßig überall Herzformen erkennen, oder einfach nur an nichts anderes Denken können, die Antwort ist: Serotonin und das in schwallartigen Ausschüttungen. Die Neuronen feuern und tanzen, im Zentral-, Herz, und

Darmnervensystem und rauscht durch unsere Blutbahnen, man spricht dann davon „verliebt" oder verknallt zu sein. Doch kaum wahrgenommen nimmt es ab, so hat man bei frisch Verliebten eher niedere Serotoninwerte gemessen. Und jetzt kommt der eigentliche Hammer: Sinkt dieser Wert, laufen wir geradewegs in die Arme einer Depression, wir kommen in einen biologischen Zugzwang. Es ist zu vermuten, dass Narzissten mit einem sinkenden Serotoninspiegel weniger zu kämpfen haben, ich erahne eher das Gegenteil.

Hinzu kommt **Neurotrophien**, hält die frische Verliebtheit an, bilden sich nachweislich diese Nervennährstoffe, die vermutlich ebenfalls für unsere Euphorie verantwortlich sind. Forscher sind mit diesen stark beschäftigt da sie nachweislich für die Neubildung bestimmter Hirnareale und Nervenverbindungen verantwortlich sind. Liegt man sich in den Armen, fängt das Kuschelhormon an zu wirken und setzt sich frei oder engt auch schon mal ein. **Oxytocin** ist der Grund, warum Frauen nach dem Sex kuscheln wollen und Männer treu werden. Überhaupt stärkt es das Zusammengehörigkeitsgefühl, macht uns zufrieden und lässt uns über Nachwuchs und Nestbau nachdenken sowie eine Geburt überstehen. Kurz es beeinflusst unsere soziale Interaktion. Wärme, Berührung aber allein auch die reine Vorstellungskraft kann die Produktion erhöhen (nach neuster Erkenntnis) und uns ein Gefühl geben, die ganze Welt umarmen zu wollen. Es senkt die Stresshormone, verbessert die Wundheilung, lässt uns zunehmen und senkt den Blutdruck. Es entsteht körpereigenes **Dopamin**, unser persönliches Glücksprinzip. Hier kommt jetzt unsere Vorstellung dazu und schüttet bei schönen Momenten, gutem Sex kurz unseren erfüllten Zielen und Wünschen richtig aus und ein. Je konstanter es fließt, desto weniger nehmen wir es wahr. Und hier setzten Narzissten an, in Unterbrechung dieser Zufuhr erzeugen sie das Gefühl, mit dem sie selbst konfrontiert sind.

Leere, Mangel, Frustration. Doch beim gesunden Menschen führt es vom wahrgenommenen, seelischen Schmerzen hin zu physischen Symptomen, in Form von körperlichen Entzugserscheinungen. Hier nutzen die Narzissten, Psychopathen, Soziopathen und Pick Up Artist ihr Wissen und ihren seelisch „unabhängig davon - Zustand" aus und spielen sich als Dealer auf.

Und auch sie leiden darunter.

Je reflektierter sie an sich selbst und ihrer Umwelt arbeiten, desto näherkommen sie diesem Schmerz. Dann wären da noch **Adrenalin** und **Cortisol** und andere Antistresshormone, welche ordentlich durcheinander gewürfelt werden und fertig ist der Drogencocktail ... alles nur ein biologischer Trick der Evolution, oder doch mehr?

Ein bisschen Bewusstsein ...

Und was ist nun die tiefere Liebe? Die Gefühlswelt lässt sich ja nur schlecht einseitig betrachten. Im Grunde geht es darum, sich selbst zu lieben, damit man diesbezüglich nicht nur die Biochemie walten lässt, gehört auch hier Geist, Herz und Seele in Einklang. Jemand heilen zu wollen oder selbst Heilung zu erwarten ist da womöglich der falsche Ansatz. Dieses „es liegt in Dir" ist keine Hexerei. Kommunikation, das Reflektieren der eigenen Vorstellungen und kompatible Macken sowie das Vertrauen in die Partnerschaft, Freundschaft und Zweisamkeit sind wegweisend. Liebe entwickelt sich, Gefühle entwickeln sich, ob und wann wir den großen Emotionen Platz geben sich zu entfalten, liegt in und an uns selbst. Und jetzt wieder zum Anfang dem Spiegeln der Mimik und damit der Ursprung unserer Gefühlswelt der Spiegelneuronen. Auch im Erwachsenenalter wirken diese nach wie vor. Und im Gegensatz andere Manipulieren zu wollen, wo man bei gesunder Eigenliebe, Selbstachtung und Selbstbewusstsein schnell auf Grenzen trifft, können wir die Beeinflussung dennoch für uns nutzen. So können wir dank unserer Vorstellungskraft unsere Einstellung zu unseren Vorhaben und uns selbst ändern. Eine Minute Lächeln reicht aus, um unserem Gehirn zu signalisieren, neuronales Muskelsystem meldet Glück! Baddabing!

Der Gedanke an warme Karibikstrände lässt uns plötzlich innerlich warm werden und wenn ich jetzt schreibe: Der Geschmack einer frischen, saftigen Zitrone, wird Dir dies nicht nur das Lächeln unterbrechen, sondern vermutlich auch das Wasser im Mund vermehren. Wir sind eben nicht frei von unseren Vorstellungen. Selbst wenn wir nicht sprechen, spiegeln wir permanent in unserer Mimik Gefühle. Manche antrainiert andere echt, jedes Gefühl hat seinen Hintergrund und jeder ist individuell im Umgang damit, doch es gibt 7 universelle Emotionen, die weltweit in allen Kulturen vorkommen und die uns stets verraten, denn Angst, Trauer, Freude, Verachtung, Ärger, Ekel und Überraschung können wir kaum verbergen. Wo ich schon beim nächsten Thema angekommen bin. Bevor wir uns dem Fühlen zuwenden, ein kleiner Hinweis vorab. Egal was Du machst, es gibt stets einen Weg und Drang zum positiven Gefühl, doch der Drang es nur positiv sehen zu wollen und ‚zu sein', ist eine Falle.

69. Tag Was fühlst Du?

Über Gefühle wäre es sinnvoll, ein extra Buch zu schreiben, denn aus meiner Sicht ist die Gesellschaft, die den Kontakt zu ihren Gefühlen verloren hat, kaum überlebensfähig. Es sei denn, wir werden zu Maschinen. Gruslige Vorstellung und nicht mal so fiktional, wie ich bereits feststellte. Als Hochsensitive bin ich mit den Gefühlen meinerseits und der anderen per Du ob ich nun will oder nicht und es hat mich, ein paar Jahre hartes Training gekostet das zu verstehen, anzunehmen und damit umzugehen. Tja und heftige Erfahrungen führen zu heftigen Reaktionen und dazu, dass man nichts mehr fühlt, oder zu

viel und daher aus Schutz der Zugang zu den Gefühlen gekappt wird. Soweit eine wirklich gute Sache … vorübergehend. Dann braucht es professionelle Hilfe. Das ist doch verrückt, meistens wenn Menschen darüber sprechen, was sie fühlen, verraten sie so herzlich wenig über ihre Gefühle. Erst recht nicht über die, die eher auf der Seite der Gefühle stehen, die ich die Schattenseite nenne oder den versteckten Hinweisgeber. Negative Gefühle sind Pseudonyme für unerfüllte Bedürfnisse. Manchmal scheint es einfach, weil die Lösung im Gefühl liegt. Ist es aber nicht so ganz. Schauen wir uns das mal an!
Ein Beispiel: Ich fühle innere Unruhe …
Könnte sein: Bedürfnis nach Ruhe,
aber auch: nach Klarheit, eventuell Sicherheit, Aktion.

Es ist eine individuelle Sache, denn für den einen ist es das Bedürfnis nach Ruhe, der andere fühlt sich unruhig, weil er Bewegungsdrang verspürt, sich eingeengt fühlt. Ihr seht, da bewegen wir uns tiefer ins Unterbewusstsein, denn da liegt ein verdecktes Bedürfnis der Freiheit und so weiter. Für so was sind Gefühlscoaches gut, wir können helfen da behutsam drauf zu schauen und lernen damit umzugehen. Eine spezielle Kommunikationsmethode möchte ich Dir mit an die Hand geben. Ich bin mir sicher, Du bist ein freundlicher Mensch, im Überlebensmodus fällt einem oft kaum auf, wie unfreundlich und verschlossen man sich selbst gegenüber ist. Marshall B. Rosenberg hat mit seiner Idee, der gewaltfreien Kommunikation, eine Art Kommunikation(spiel)-Modell entworfen, mit dessen Hilfe es möglich ist, Beziehungsqualität zu sich und seinem Gegenüber zu verbessern. Grundvoraussetzung alle Beteiligten sind sich der Spielregeln bewusst und bereit dazu. Heute will ich mich einem dem theoretischen Ansatz der Sprache der Gefühle widmen. Praktisch gibt es nicht umsonst Kursangebote zur gewaltfreien Kommunikation.

Anzumerken wäre: GfK – Gewaltfreie Kommunikation – klappt nicht mit Manipulatoren, Narzissten, Psychopathen ... es setzt das gegenseitige Anerkennen und Achten von Bedürfnissen und Gefühlen voraus sowie die Einigung darüber, GfK anzuwenden. Dabei dürfen auch Grenzen gesetzt werden und negative Gefühle wie Wut oder Aggression eine Rolle spielen.

Warum das sinnvoll ist, verrät ein einfacher Selbsttest aus dem Alltag. Beende folgenden Satz ohne Wertung, bevor Du weiterliest!

„Ich habe das Gefühl, ...“

Ein Paradox, der Kommunikation über Gefühle, ist laut der gewaltfreien Kommunikationstheorie, oft nicht wirklich über Gefühle zu sprechen, wenn wir denken, wir tun es. So stehen nach „Ich habe das Gefühl, das/dass ...“ Gedanken, Glaubenssätze und Behauptungen. Und hinter „Ich fühle mich, ...“ stehen oft Bewertungen oder Glaubenssätze.

Beispiel: *„Ich habe das Gefühl, dass du mir nicht zuhörst.“*
Ein Gegenüber könnte das Gefühl (welches hier nicht beschrieben ist im verbalen Ausdruck und eher eine Feststellung/Behauptung ist), als Druck empfinden, das Bedürfnis dahinter, erfüllen zu wollen/müssen ohne eine Anliegen-Formulierung oder eine Ahnung zu besitzen, was das Bedürfnis dahinter ist.

Es folgt, der 2. Schritt: Das Gefühl erkennen. Theoretisch war der erste Schritt sich selbst zu beobachten und zu reflektieren ein bestimmtes und mehrere Gefühle zu spüren. Zurück zur Aussage „..., dass du mir nicht zuhörst?“
Frag Dich: Wie fühlt sich das an? Wie fühlt es sich an, wenn Dir Dein Gegenüber nicht zu hört? Enttäuscht? Ungeduldig? Deprimierend? Irritierend? Verbittert? Angespannt? Geladen? Besorgt? Einsam? Belastet? Bekümmert? Sauer? Ausgelaugt? Betrübt? Frustriert? Gehemmt?

Zynisch? Dumpf? Antriebslos? Kalt? … Lustlos?
Und dies sind nur einige negative Gefühle, die hier ein mögliches Gefühl hinter der Äußerung sein könnten. Die Palette ist mannigfaltig. Sich selbst reflektieren, bezüglich des Gefühls dahinter, ist jedoch noch nicht der gesamte Weg, sich nun mitteilen zu können.

Der 3. Schritt: Das Bedürfnis dahinter erkennen. Ein weiterer Schritt den Kommunikationsweg zu finden, den der Empfänger verstehen kann, bei negativen Gefühlen ist, die Frage: Was ist mein Bedürfnis dahinter? Auch hier gibt es individuelle Unterschiede. Beispiel: *„Ich fühle mich angespannt."* Der eine will die Spannung entladen, der andere will sie sofort auflösen, um sich entspannt, frei, geborgen oder verstanden zu fühlen. Das Bedürfnis dahinter ist ein Wunsch nach positiven Gefühlen und was damit verbunden ist!

Ein weiteres Beispiel: *„Ich fühle mich unvollkommen."*
Hier haben wir eine Selbstwertung. Da steckt nicht nur der Glaubenssatz dahinter: Perfekt sein zu müssen, …es fehlt auch die Eigenempathie, das Gefühl zu verstehen und zu benennen (ich bin traurig, entmutigt, allein usw.) noch ist das Bedürfnis dahinter zu erkennen. Zuwendung, Zuneigung, Zuversicht, Selbstannahme, Akzeptanz - auch hier können verschiedene wichtige Hinweise im Schatten liegen. Wenn es an uns selbst gerichtet ist, fordert es uns auf, ins Handeln überzugehen. Ist es an ein Gegenüber gerichtet, wäre hier ein Hellseher oder Superempath notwendig, um zu erfühlen, was hinter „Ich fühle mich unvollkommen" steckt.

4. Schritt: Das Anliegen – die Bitte – formulieren. Im Gespräch gegenüber, wäre es sinnvoll, das Gefühl und Bedürfnis zu benennen und das Anliegen dahinter mit einer Bitte zu formulieren. Kurzes Beispiel auch dazu. *„Ich habe das Gefühl, wir haben ewig nicht telefoniert, ich fühle mich*

vernachlässigt." Was beim Empfänger ankommt: verdecktes Bedürfnis, als Gefühl getarnt und Bewertung. Verständlicher wäre: *„Ich bin traurig und unsicher, wenn wir lange nicht telefonieren, denn es tut mir sehr gut und gibt mir Sicherheit. Wärst du auch bereit öfters mit mir zu telefonieren?"* Und die verständlichere Variante zu *„Ich habe das Gefühl, dass du mir nicht zuhörst."* Lautet dann: *„Wenn ich denke, dass du mir nicht zuhörst, bin ich verunsichert und angespannt. Damit ich sicherer und entspannter bin, bräuchte ich Aufmerksamkeit und Feedback. Wärst du bereit, mir hin und wieder eine Rückmeldung zu geben im Gespräch?"* Rosenberg fasst die Schritte der GfK in folgendem Satz zusammen:

„Wenn ich a sehe, dann fühle ich b, weil ich c brauche. Deshalb möchte ich jetzt gerne d."
Marshall B. Rosenberg

Zugegeben hört man das erste Mal von dieser Kommunikationsart, ist man vermutlich überfordert. Ich rate dazu, sich in die Materie weiter einzulesen oder einen Kurs zu besuchen. Und dann üben, üben, üben. Es schadet nicht, über seine Gefühle mit Gefühl zu sprechen.

70. Tag Abschließen wollen und warum Langzeitcoaching nichts bringt

Bei bestimmten Sätzen, meiner Klienten, freue ich mich darauf, zum freundlichen Zahnklempner mit Zange zu mutieren. Klar könnte ich Unmengen Gewinn machen, in dem ich Langzeitcoaching/Kurse und Beratung mit dem Versprechen, genau dabei helfen zu können, verkaufe. Mach ich nicht, ich biete an, den Zahn kostenfrei zu ziehen, weil er so immer wieder Problem macht. Da helfen keine Kronen, wir brauchen Brücken.

„Ich will endlich mit dem Thema abschließen!"
„Ich will wieder die Alte sein, die ... die ich war!"

Solange der Fokus auf Thema: „Endlich abschließen" gerichtet ist, wird es kompliziert. Es geht um Integration und lernen. Wieder in Kontakt mit allen Gefühlen kommen, sich verwöhnen, sich selbst vertrauen und die Angst dahinter anschauen. Gesunde Grenzen schützen, lassen Freiraum und oft steckt, hinter solchen Sätzen noch etwas, was angeschaut werden will.
Und wieder die/der Alte sein? Der Mensch ohne das Wissen über Narzissmus, ohne diese Erfahrung, bereit alles noch mal zu erleben? Man springt nicht zwei Mal in denselben Fluss. Dein Körper bildet täglich neue Zellen, und solange Du und Körper dazu bereit sind, bleibt kaum was beim Alten. Wir warten halt nicht, bis wir uns häuten, wie die Schlange, wir machen das Tag und Nacht. Alles sind Prozesse, manche dauern länger und die Transformation geschieht im Stillen. Ich erinnere Dich an den Schmetterling, dessen Flügel nach dem Schlüpfen vorerst trocknen müssen, ehe er fliegen kann.
Heiße Dich selbst willkommen, in Deinem neuen Leben! Baddaboom Baddabing!
Dazu ist die professionelle Unterstützung für einen Großteil der Menschen, die aus narzisstischen Strukturen ausbrechen notwendig. Die Annahme es „allein schaffen wollen", ist in vielen Fällen das Stöckchen, über das stets gestolpert wird. Gerade wenn es schwerfällt, darüber zu sprechen, oder Du das Gefühl hast, wie neben Dir zu stehen. Fehlen Dir bisher Momente, in denen Du gefühlt entspannter und zuversichtlich bist sowie das Gefühl, einer Besserung, sind das wichtige Zeichen, Dir Fachleute hinzuzuholen. Neben Traumatherapeutischen-Interventionen ist die verbale Entlastung wichtig, um das Erlebte zu verarbeiten. Wichtig dafür ein geschützter Rahmen, die Bereitschaft und nötige Energie und Intention des

Gegenübers, Verständnis. Dies ist ein Thema für sich, welches ich mir morgen vornehme. Um Muster aufzulösen, bedarf es anderer verhaltensorientierter Therapien und viele Coachings werden nicht greifen, wenn sie nur Verbesserung, Erfolg oder den idealen Partner versprechen oder Verdrängungsmethoden lehren, statt mit den Gefühlen und tatsächlichen Bedürfnissen arbeiten. Und lass mich das noch mal wiederholen: Das ist eine schmerzhafte, anstrengende Arbeit, es ist also wichtig auf verschieden Aspekte bei der Auswahl zu achten. Endlich abschließen, würde also bedeuten das Erlebte zu all den anderen ungeliebten Gefühlen zu packen. Und im Überlebensmodus sollte Dir jedes Gefühl willkommen sein, jedoch auch als vorübergehend und Teil des Ganzen.

71. Tag

Warum der Austausch wichtig ist und wofür

Erinnerst Du ich noch an den Wunderlandmodus, wenn die Infos neu sind und man besser beraten ist, eher als stille Mitleser/in, Beobachter/in die Foren, Gruppen und Seiten zu nutzen. Dafür eher den Austausch mit vertrauten Menschen, Psychologen, Beratern zu suchen.
Im Wunderland ohne Info ist es kaum möglich, den Ausgang zu finden, und die Infos sind nicht ohne Nebenwirkung. Ab wann ergibt der Austausch mit anderen Betroffenen einen Sinn? Es ist aus meiner Sicht, am Ende des Überlebensmodus. Nach der Entgiftung, wenn man begonnen hat gesunde Grenzen aufzubauen. Warum? Weil Narzissten, Psychopathen, Soziopathen aber auch traumatisierte Menschen besitzen oder kennen gesunde Grenzen nicht und das kann wahnsinnig triggern. Selbst mir ist es zum Anfang passiert, da in die nächste narzisstische Falle zu tappen. Noch kritischer, als blindes Vertrauen (das gehört zum Lernprozess), sehe ich die eigene

Rohheit, Verletzlichkeit, Zweifel, Verwirrtheit, Trigger und diese Echokammern. Das heißt nicht umsonst so. Echo und Narziss, alles dreht sich um Narzissmus, alles wird zu Narzissmus. Auch wenn das eine wichtige Phase ist, verleitet diese dazu, jahrelange Schlaufen zu drehen. Die Trigger sind mannigfaltig.

Ein paar Beispiele:

Diskussionen, in denen keiner bei sich bleibt.

Der Fokus nur aufs Vorwärtskommen.

Der Fokus nur auf Vergangenheit.

Die Gefahr, die eigene Geschichte zu minimieren.

Da Narzissmus, im pathologischen Sinne eine Spektrumsstörung ist, sind Muster gleich, doch auch verschieden. Ein grandioser Narzisst ist ein anderes Kaliber, als eine verdeckte Narzisstin, oder ein Betrüger. Narzisstische Familie ein anderes Erleben, als eine Affäre oder Langzeitbeziehung. Eine narzisstische beste Freundin, anders als, der narzisstische Chef oder eine Kurzzeitbeziehung. Gemeinsame Kinder oder keine. Oder Bekannte/eigene Kinder/Eltern die in toxischer Beziehung stecken.

Wie krass war/ist dein Narc/mein Narc...? Sollte nicht zum Maßstab werden. Die Frage ist doch: **Wie geht es Dir damit?** Oder: Was brauchst Du? Welche Fragen sind noch offen? Was kannst Du für Dich tun, wobei brauchst Du Unterstützung? Was ist Deine Konsequenz? Heißt auch: Welche Auswirkung es hinterlässt und welche Bedürfnisse Betroffenen haben. Da kann es durchaus auch sein, mal jammern zu wollen, wütend und unsachlich zu sein oder alles nur keine Ratschläge oder andere Leidensgeschichten erhalten zu wollen und zwischendurch die, die akut Unterstützung und Rat suchen. Das rauszuhören ist ein Beraterjob! Das kostenfrei zu bieten ist nett, ansonsten ist es eine Grauzonen-Berufsbranche mit ein paar ethischen Regeln und für ein spezielles Fachgebiet ist weit mehr, als Narzissmus-Wissen notwendig. Emotionalen Voreingenommenheit ist gefährlich. Psychologische Unkenntnis auch. Gerade Berater sollten viel Wissen mitbringen, unter anderem jenes, die Hälfte davon nicht aktiv anzuwenden. Es gibt gesetzliche Grenzen, zwischen Beratung/Coaching und Therapie.

Ich erlebe resolute Menschen in der Beratung, die haben Sachen durch, die sprengen hier den Triggerrahmen. Sie sind verwundet und stark und haben Fragen, Zweifel und verdeckte Bedürfnisse. Genauso erlebe ich auch Menschen, die selbst ein Paket mitbringen oder von narzisstischem Missbrauch betroffen sind, ohne dass eine narzisstische Persönlichkeitsstörung dahintersteht. Stichwort: Gruppennarzissmus, Mobbing, Krankheitsnarzissmus. Auch diese sind verwundet und stark, haben Fragen, Zweifel und verdeckte Bedürfnisse. Menschen besitzen unterschiedliche Resilienzdauer, Erfahrung, Werte und Spiritualität und wenn sie auf dem Weg zu sich sind, sollte es auch um sie gehen, weniger die anderen.

Eine weitere Gefahr: die Narzissmus- und Kritikfalle in der Selbsthilfe. Für den verdeckten Narzissmustypus und manchmal auch der grandiose Typ findet sich, in der Selbsthilfe, ein prima Spielfeld. Manchmal geht es nur um Zufuhr, doch gefährlicher sind, aus meiner Sicht: die Absicht neue Quellen zu finden oder an Infos zu kommen, die gegen die Betroffenen oder direkt zum Thema verwendet werden (typische Redflag). Oder die private Kontaktaufnahme mit einer unsozialen Absicht dahinter. Das Narzissmusding kann auch von nicht Narzissten als Feedback kommen. Das kann so subtil sein, wie ein: *„Ihr Lieben … Ihr müsst mal, weil ich, ich, ich, ich… hab das auch geschafft, also los!"* Oder direkt ins Gaslighting-Programm rein mit: *„Na dann kann es kein Narzisst sein!"* und *„Ihr müsst mal auf Euch schauen!"* Ebenso sind Fragen wie: *„Warum trennst*

Du Dich nicht?" sowie *„Warum beschäftigt Dich das (noch)?"* das Allerletzte, was Betroffene nach oder während narzisstischem Missbrauch benötigen.

Sicher spielt dabei, oft Unverständnis über das Ausmaß eine Rolle, es kann auch sein, dass sich da jemand übergriffig verhält, weil es ihm eine gewisse Genugtuung bringt oder das Thema schon längst nicht mehr das eigene Thema ist. Genauso verletzten kann auch die schmerzliche Wahrheit. Ist auch egal, wer oder was dahintersteht, solange Du nicht gewappnet bist, es noch persönlich nimmst oder in der Verteidigungshaltung bist… schwierig. Ebenso, wenn noch Beziehungsenden und Anfänge oder Verfahren offen sind. Du kennst doch das, wenn Parteien in einem noch offenen Verfahren vor Gericht sind und nicht darüber sprechen dürfen. Ich appelliere erneut an Deinen Selbstdatenschutz!

Austausch über Möglichkeiten, und Tipps sind sehr wichtig. Ratschläge können sich in Schläge verwandeln, wenn es persönliche Meinungen sind, die nicht als solche gekennzeichnet oder wahrgenommen werden. Das, was bei Dir einmal funktionierte, muss noch lange nicht der langjährigen Erfahrung im Umgang mit narzisstischem Missbrauch entsprechen und ein bisschen ist es auch andersherum. Ich sehe es als typisches Muster einiger Betroffenen, einen gefühlten Bildungsauftrag zu erhalten, und zu früh in die Umsetzung gehen. Der Ursprung ist auch erklärbar. Nichtwissen, wird zu Wissen und hängt mit tiefem Schmerz und Belastung zusammen.

Jetzt liest, sieht, hört man sich verschiedener Quellen und neben neuem Wissen kommt die Wut über das Nichtwissen. Das will man ändern und aufklären, Netzwerke gründen, Bücher schreiben. Das wird durch den Austausch in Foren und Gruppen noch verstärkt. So viele Unwissende. Denen muss doch jemand die Augen öffnen! Da lauert die Gefahr, dass neue Erkenntnisse zum absoluten Wissen werden und es nur um die Info geht, die man an den Mann bringen möchte. Ohne die Konsequenz zu bedenken. Was oft passiert:

Man ignoriert, dass man selbst über so ein Netzwerk, ein Buch oder Seiten die Infos bekommen hat und zu Beginn die Kompetenz nicht validieren kann oder die Information reproduzierbar verarbeiten. Man gründet eine Gruppe/Seite. Erstellt einen YouTube Kanal zur Aufklärung. Die Themen sind Narzissmusmonster/Nichtmonster, die Geschichten der anderen, Deine Geschichte und das Leid. Man ignoriert, dass man Hilfe und Ruhe benötigt sowie Erholung und bietet selbst Hilfe an, im schlimmsten Falle Halbwissen und keine Beratungskompetenz. Angriffe und Entwertungen finden statt. Es folgt ein Ausbrennen und Überforderung. Man erkennt es und schmeißt hin … oder dreht eine weitere Runde im Helfersyndrom und verliert zunehmend restlichen Energien.

Es ist grundlegend, neben dem Verständnis für die anderen, das Verständnis für die eigene Geschichte zu finden. Narzisstische Menschen haben oft ein sehr feines Gespür, wo Du Dich befindest auf Deinem Weg, ähnlich wie ein kompetenter Berater auf dem Gebiet. Die einen spielen Empathie um Dich leiden zu sehen oder als andere Quelle zu benutzen, andere haben sie aber nicht für sich selbst. Auf welchem Silbertablett willst Du Dich präsentieren, wenn Drama, Drama anzieht? Vielleicht sind es auch wichtige Erfahrungen, die noch gemacht werden sollen. Aus meiner Sicht ist eine Warnung berechtigt. Zu erkennen, dass man mit seinen Erfahrungen nicht allein ist, ist jedoch unbezahlbar und heilsam und dazu und zur Achtsamkeit mit diesem Thema möchte ich ermutigen! Für viele ist der gelungene Austausch, das befreiende Gefühl nicht verrückt oder schuld zu sein. Für manche ist dies ein völlig neues Lebensgefühl. Dann kann sich Logik und Emotion in Einklang bringen und das spürt sich bis ins Körpergefühl hinein.

72. Tag Barfuß laufen

Das Körpergefühl spiegelt unser Seelenleben und Entgiftung schmerzt. Bewegung und Wellness sind notwendig und neben der Psychohygiene können wir auch aktiv auf unser Körpergefühl und ganzheitliches Wohlbefinden einwirken. Schuhe aus und rauf aufs Gras, den Boden, das Moos, die Steine oder den Sand! Wenn Du die Möglichkeiten hast, ist Erdung durch Direktkontakt ein wunderbares Mittel. Was fühlst Du da? Je nach Ort und Bestand des Untergrundes gibt es da eine Welt für sich zu entdecken. Es ist eine kostenlose Fußreflexzonenmassage und energetische Verbindung zur Mutter Erde. Stell Dich mal auf eine Baumwurzel oder ins taufrische Gras und Du erlebst noch weitere Energien, von denen ich hier nicht so viel verraten möchte. Und nein, Du bist nicht verrückt, wenn Du es praktizierst, eher bewusst. Keine Angst Du musst jetzt nicht zum Barfußläufer werden, wobei die meisten von ihnen erstaunlich hohe Gesundheit und Vitalität zeigen, sowie eine Abhärtung gegenüber der spitzen und scharfen Flächen. Mir persönlich fühlen sich die warmen und weichen und nassen Sachen am liebsten an. So einen Moosunterleger in der Dusche, ei das wäre was. Doch da hat jeder andere Vorlieben. Eine weitere Möglichkeit sich zu erden ist es sich direkt auf den Boden zu legen. Auf den Bauch von Bauch zu Bauch oder auf den Rücken, von Mama Erde getragen. Die Erdung ist mit dem Wurzelchakra verbunden, dem tiefen Becken und Geschlechtsorganen und ja auch den Ausscheidungen.
Haben wir Problem mit unserer eigenen Verwurzelung, kann es da sichtbar werden, und wer sich entwurzelt fühlt, kann sich die Bodenhaftung zurückerarbeiten. Barfuß unterwegs zu sein ist mehr als Erdung. Es stärkt das Immunsystem, fördert eine gesunde Körperhaltung, hilft bei Fußdeformationen, steht für Freiheit und Kraft und ist eine Möglichkeit mit seinen Sinnen und Gefühlen in

Kontakt zu kommen. Es gibt eine Barfußbewegung, in der sich Menschen für diese Praxis starkmachen und mit Vorurteilen aufräumen. Ist es mir gelungen, Deine Neugierde zu wecken? Profis empfehlen für Ungeübte eine max. Temperaturtiefe von 10 Grad Celsius.
Viel Spaß beim Rumfüßeln.

73. Tag Der Stoff aus dem die Träume sind

Der Stoff der Träume
Nun komme ich zu einer praktischen Frage. Vorausgesetz Du liest diese Zeilen gerade nicht nackt, in der Wanne oder an einem FKK-Strand. Wie fühlt sich der Stoff Deiner Kleidung gerade an? Und für die Nackedeis: Was für ein Handtuch ist Dir lieber? Weich oder hart? Jeder hat da seine eigenen Vorlieben, was er auf seiner Haut fühlen mag, doch wie sehr achtest Du auf Deine? Es ist ganz einfach: Jener Stoff fühlt sich gut an und ein anderer weniger. Hast Du Vorlieben, in was hüllst Du Dich. Wie eng darf es sein, wie kuschelig, wie glatt? Und wenn Du jetzt an Deinen gesamten Kleidungsbestand denkst, wie sehr sind dies, entscheidenden Faktoren? Vielleicht bist Du bereits feinfühlig zu Dir selbst, ich schneide das Thema an, weil es bei mir diesbezüglich ein echtes Defizit gab, Kleidung hauptsächlich nach Funktionalität und Optik zu wählen. Kratzende Pullover waren noch nie meins, aber schwere Stoffe und Enge habe ich gern übersehen und mehr ertragen, als gern getragen. Obwohl auch ein schwerer Stoff durchaus mal erden kann, ist er für meinen Alltag eher belastend als eine Stütze. Unsere Kleidung ist Schutz und auch eine Art physische Grenze zu Außenwelt. Die Fragen sind: Für wen ist diese Grenze gedacht? Wie fühlt sich diese Grenze für Dich an? Ebenso neigen auch Dinge wie Stoffe dazu, bestimmte Energien zu speichern. Sind sie noch tragbar? Gehört es noch zu Dir? Wenn Du Dich gerade ertappt fühlst, rate ich Dir einzeln jedes Teil darauf

zu überprüfen, dafür braucht es etwas Zeit. Und wie mit den Handtüchern, ist auch mit der Bettwäsche zu verfahren. Denn wie man sich bettet, so schläft man.

Träume in der Nacht

Ich habe, bereits dazu geraten sein Schlafzimmer von alten Energien zu befreien. Und dann gibt es noch die inneren Energien, die gern nachts arbeiten. Albträume können sich bemerkbar machen, sie sind Teil des Verarbeitungsprozesses. Sie sind auch eines der Symptome einer Belastungsstörung, doch sie bieten uns auch gute Wegweiser. Ich mag Dir hier nicht versprechen, dass es aufhört, doch es sollte sich bessern mit der Zeit oder entsprechender Therapie. Grundsätzlich neigt man dazu, in Pärchen-Träumen die Person zu wählen, mit der man sich zuletzt eine Partnerschaft vorstellen konnte. Die Betonung liegt, auf konnte, nicht kann. Erinnere Dich daran. Verurteile Dich nicht dafür, von Menschen zu träumen, von denen Du Dich abgewendet hast, Deine Seele zeigt Dir Bilder, falls Du noch nicht damit vertraut bist, das Internet bietet großartige Traumdeutungsseiten. Ich kann nur erneut zu einem Traumtagebuch raten, das schriftliche Festhalten kann gerade bei Albträumen eine lösende Wirkung mit sich bringen.

Träume und Wünsche

Noch ein paar Worte zu den reellen Träumen und Wünschen. Sie beinhalten eine Absicht doch auch die Ungewissheit, der Kenntnis über Wahrscheinlichkeit.
Man könnte ja, aber erst mal eher nicht. Eher so Verantwortung abgeben. Dann kommen die Wünsche ohne Hoffnung ins Spiel. Und oft sind es dann die Nicht-Wünsche. Ich wünsche mir, dass ich nicht mehr …So geht das „Nicht"! Ja, mit Glück gehen Wünsche und Träume in Erfüllung und manch einer braucht dafür nicht mal die Hoffnung. Doch das Universum kann manches … nicht! Zum Beispiel begreift es das Wort „nicht" nicht. Atme!

Ich weiß, wovon ich hier schreibe, auch wenn der nächste Abschnitt etwas eso-gaga klingen mag. Das Universum ist taub für ein „nicht". Es ist ihm, unmöglich es zu übersetzen, denn es: ist… und somit Existenz absolut. So wird das Wort vereinfacht erklärt gestrichen. Und wenn ich mein Ego zurückschraube und nachdenke, dann geht es ja wohl kaum darum, dass das Universum meine Sprache versteht, viel mehr darum, dass ich Universisch beherrsche. Und Du magst mich verteufeln dafür, doch ich denke, das Universum ist auf unserer Seite, wenn wir ihm die Möglichkeit geben. Das heißt, dass Du auf Deiner Seite stehst und Dir Gutes wünschst und träumst. Deiner Hoffnung folgst, so lange sie Dir guttut.

Vielleicht fällt es Dir leichter, wenn Du eine Liste erstellst. Wünsche auf die einen und Hoffnungen auf die anderen. Ich denke, natürlich geht oft beides Hand in Hand. Doch während uns der Wunsch zurücklehnen lässt, fordert uns Hoffnung heraus. Sie will, dass wir den Mut fassen, und uns einen Kopf machen, wie wir unsere Ideen und Bedürfnisse erfüllt bekommen. Sie ist in uns verwurzelter, als das Verzweifeln oder sich Sorgen machen, Hoffnung ist Überleben.

Hoffnung auf Abwegen

Hoffnungslosigkeit ist ein Symptom und manchmal auch Auslöser einer Depression oder depressiven Verstimmung. Hoffnung kann auch unter unseren Erwartungen liegen, manchmal ist sie wie Pattex, Uhu, Pritt … Kleber eben oder Pech. Dann hält sie an dysfunktionalen, toxischen Beziehungen und Mustern fest und lässt uns nicht den Weg erkennen. Wenn wir zu sehr festhalten und sie direkt fürs Überleben nutzen, ist sie eben in all ihre Stärke und parteiischen Dynamiken zu erkennen. Dann erwartet sie und verliert an Empathie. „Ich hoffe zu gewinnen" – interessiert es selten, wer verliert. Platon bezeichnete einst die Hoffnung als Traum des Wachenden. Wie wach bist

Du, für Deine Hoffnung? Was macht Deine Freude und Deinen Antrieb aus? Wie viel Hoffnung beinhalten Deine Wünsche und Erwartungen? Und was, kann von dieser Wunsch- Erwartungen und Hoffnungsliste auf die „Machen" Liste? Ja ich weiß dafür braucht es etwas Kopf-Seele-Herz-Energie, Mut und Zeit und ich denke, das ist für jeden Menschen etwas knifflig. Jedoch löst dies im besten Falle, die ein oder andere unbewusste Blockade. Besonders wenn die Motivation oder Hoffnung für die eigenen Wünsche und Bedürfnisse fehlt.

74. Tag Über die Liebe

Liebe kennt keine Grenzen, sagen sie. Liebe in Beziehungen jedoch schon. Und ja es ist kompliziert für Außenstehende, doch intern ist Liebe unabhängig von Zeit und Raum. Und je mehr wir sie in uns finden, desto eher können wir, sie um uns sehen und weitergeben. Alles andere wäre sich (un)bewusst in Manipulation oder Selbstsabotage zu üben. Nur weil es eine Art geschäftlicher Vertrag ist, heißt es nicht, dass es automatisch ein Geschäft oder Spiel ist, welches zu gewinnen ist oder Profit abwirft. Es sollte nichts sein, wofür wir uns verbiegen oder was sich für den einen rechnet, während der andere leer ausgeht… denn die Endabrechnung macht man stets mit sich selbst. Liebe ist ein vielfältiges Gefühl abhängig von unserem Erleben, Erfahrung und unseren Bindungstyp. Objektliebe ist häufiger, als uns bewusst ist. An dem Punkt, wo wir uns untereinander zum Objekt machen oder uns selbst so sehen. Eine Liebesbeziehung ist eine Art unsichtbarer Vertrag mit individuellen Regeln und leider ohne Garantieschein, auch wenn manch einer den Trauschein als solchen betrachtet.

Liebe ist.

Um zu fragen und zu beantworten, was es ist, bedarf es gesunder Selbstliebe, Selbstachtung und Selbstwert und Kommunikation.

Dichter, Musiker, Philosophen, Biologen, Psychologen und Analytiker können nur Momentaufnahmen wiedergeben. Liebe macht sich überall sichtbar, in der Natur, in Geschichte, Wissenschaft und Kultur, im Universum. Ist es möglich, dass Mensch heutzutage eher Liebe und ihrer natürlichen Abhängigkeit zum Umfeld, mit Selbstaufgabe, Kontrollverlust, Mangel und Gefahr verbindet, warum nach biochemischer Reaktion nur noch Pragma wartet? Ist es, weil sie selbst sich, weder Wert noch Achtung und Liebe entgegenbringen und damit das nicht getriggert wird, schießen sie gegen das, was sie näherbringt, authentisch sein zu können? Überlebensmodus als Grundeinstellung?
Haben wir in unserer Kindheit oder wiederkehrend in Beziehungen erlebt, wie sich Eltern streiten, nicht achten, ignorieren und trotzdem zusammenbleiben, dann ist das ein Fingerabdruck in uns, der Liebe mit negativen Gefühlen und Dynamiken zusammenbringt. Vielleicht gehörst Du zu diesen Menschen, die Angst haben sich fallen zu lassen, davor Nähe mit Gefühl und Bindung zu vereinbaren, vielleicht gehst Du aufgrund solcher Erfahrung auf Nummer sicher und hast dadurch jede Menge Abwehrmechanismen? Liebe ist ein Gefühl im Chamäleongewand. Liebe ist in uns, völlig unabhängig von einem Gegenüber. Was vielen grundsätzlich nicht auffällt, ist, dass sie oft über Liebesbeziehungen und Formen sprechen, statt über ihr eigenes Gefühl.

Liebe und Selbstliebe ist (k)ein Konzept.

Die Urwunden-Theorie der astrologischen Psychologie spricht vom Schmerz des getrennten Werdens – von der

Erde und dem Göttlichen - mit der Geburt. Ich denke, da ist Liebe tatsächlich ein Heilmittel. Wir kommen auf diese Welt, um Liebe mit all ihren dazugehörigen Gefühlsarten und Adjektiven zu erfahren. Nicht allen ist dies in ihrer Kindheit oder später vergönnt.

Menschen sind „abhängig" davon, dass sie Nächstenliebe erfahren, um zu überleben, ihre Empathie zu entwickeln, Selbstvertrauen und gesunde Selbstliebe. Bleibt das aus, verschiebt sich die Wahrnehmung der gesunden Selbstliebe und darüber, was sie ausmacht (Selbstwert, Vertrauen, Bewusstsein, Würde, Selbstachtung) und somit auch die Liebe an sich. Eventuell interpretiert man dann Selbstliebe als Form von Arroganz/Eitelkeit/Egoismus/Selbstverherrlichung oder grenzenloser Selbstaufgabe, doch das hat mit authentischer Selbstliebe nichts zu tun. Die Selbstliebe unterentwickelt oder von außen sabotiert, lässt einen tendenziell narzisstisch oder echo-istisch werden. Ein mitunter steiniger Weg führt da raus. Dazu gibt es in der Psychologie mehr als den einen Weg, da es ein individueller Weg ist. Es heißt: Sich anzunehmen, wie man ist. Wenn man vor lauter Wut geplatzt ist, Misserfolge erlebt oder sich unter einer Decke verkriechen will. Mit Kanten und Dellen. Dies bedeutet: sich der eigenen Gefühle und Bedürfnisse bewusst zu sein, ohne anderen die Erfüllung, bedingungslos zu überlassen oder zu erwarten, wo sie stetig ausbleibt. Haben wir da Defizite, zeigen sie sich in unseren Bindungen. Dann brennen wir uns für andere aus oder gehen respektlos vor. Selbstliebe heißt auch Grenzen setzten, bevor es zu viel wird, Fehler eingestehen und Selbstreflexion. Mit sich im Einklang sein und kommen, wenn das Leben uns durchschleudert, Balance in dieser Welt finden, sich finden. Und das haben wir, heutzutage als Gesellschaft spürbar verlernt, oder? Sie weiß nicht mehr, was sie tun würde, wenn sie sich tatsächlich selbst liebt. Sie fragt es nicht. Wut, Angst, Scham und Schuldgefühle sind, wie Teerboden im eigenen Garten.

Experiment: Geh mal einen Tag wachsam durch Deinen Alltag und erkenne, wo überall genau diese Gefühle bewusst manipulativ oder einfach aus Tatsachen heraus erzeugt werden sollen!

Die Urwunde

Diese Welt ist nicht fair und ich habe für mich (zumindest heute und jetzt) verstanden, nicht mit und in jedem funktioniert Friede-Freude-Eierkuchen. Ebenfalls habe ich erfahren, dass die Gesellschaft von Menschen, die gesunde Selbstliebe praktizieren (ist ja nichts Statisches) und sich dementsprechend verhalten, guttut.
Narzisstische Menschen können dieser Authentizität kaum akzeptieren. Es interessiert sie nicht, sie werden weiter das ‚Konzept' der Selbstliebe okkupieren oder anprangern und anderen madig machen, da ihnen die authentische Selbstliebe, der anderen ihre oberflächlich gewünschte Form der Zufuhr entzieht. Die Idee, der überhöhten Selbstliebe bei Narzissten, ist ungenau. Denn wäre es Selbstliebe, würden sie ihr Umfeld nicht herabsetzten müssen. Es ist eher eine destruktive Eigenliebe.

Eine Eigensucht die bei anderen nach den Fehlern sucht. Grandiose Narzissten beziehen sich auf Status, Ansehen, Werte im außen und moralischer Selbstdarstellung. Den verdeckten Narzissten ist es ein Mangel, den es zu überdecken gilt. Auf der ewigen Jagd, entsteht eher gelebter Selbsthass. Dafür nehmen sie jede Rolle in Kauf, die ihr Schattenspiel verdeckt. Die gesunde, gelebte Selbstliebe ist das Herzstück des Schutzgartens. Das Gegengift nach narzisstischem Missbrauch. Die Basis sicherer Bindungen. Meine Mitte. Meine Verbindung zum Universum und unendlicher Energie. Sie ist der Schlüssel zur authentischen Liebe oder Partnerschaft.

Wird sie brüchig, torpediert oder unangemessen (Egomanie) handeln wir abhängig, narzisstisch oder beides, statt uns im Feld des gesunden Narzissmus zu bewegen. Sie schadet dann uns selbst und eventuell auch anderen.

Selbstliebe ist ein Grundpfeiler

Beziehungen können heilend wirken, wenn sie uns die Möglichkeit geben, das Beste in uns und im Partner zu fördern. Bleibt da das Selbstliebekonzept auf der Strecke, wird es toxisch. Das heißt, aber auch dass wir lernen dürfen, was Liebe nicht ist. Liebe lässt (in uns) ein „Wir"-Gefühl entstehen. Ob mit unseren Freunden, Eltern, Kindern, Haustieren, der Natur oder einem Partner, es geschieht in uns. Wenn wir vom Herzen sprechen, so ist es stets unser Gehirn und wiederum alle Neuronen unseres Körpers, die unsere Realität erschaffen. Die wahre, oder echte Liebe ist die, die sich in unserem Kopf abspielt und dabei ein gesundes Umfeld fördert, sich selbst multipliziert. Sie ist Bestandteil der Evolution.

Die Griechen waren unserer Zeit weit voraus, bereits die Vorsokratiker beschrieben Liebe in Wörtern, wie Storge für Verwandtschaft oder Vertrautheit. Philia für Freundschaft und/oder platonisches Verlangen. Eros für sexuelles und/oder romantisches Verlangen. Und Agape für die selbst entleerende oder aufopfernde Haltung. Daraus entstanden weitere Varianten und Prinzipien der Liebesstile. Wie von dem Sozialpsychologen, Aktivisten und Autor John Alan Lee, in seinem Buch „Colors of Love An Exploration of the Ways of Loving (1973)" beschrieben.

Eros – die leidenschaftliche, sexuelle und romantische Liebe,

Storge – tiefes Verständnis füreinander und freundschaftliche Liebe

Agape – die altruistische, aufopfernde Liebe
Mania – obsessive, besitzergreifende Liebe
Ludus – spielerische, unverbindliche, freie Liebe
Pragma – pragmatische Liebe aufgrund von sozialer/finanzieller Vorteile

Oft überschneiden sich die Liebesformen. Je mehr sie harmonieren desto gesünder und authentischer ist die Liebesbeziehung. Noch heute populär in der Psychologie, ist die Dreieckstheorie Sternbergs, die sich auf das Zusammenspiel zwischen Festlegung, Vertrautheit und Leidenschaft bezieht, aus der er 8 Kategorien der Liebe ableitete. Für viele kann dieses Model Einsicht geben. Nicht immer treffen sich zwei Menschen mit den gleichen Intentionen. Ist dem so, entstehen die verschiedensten Formen einer Beziehung. Aus dieser Sichtweise heraus wird mir verständlich, warum man mehrere Menschen lieben, sich ver-lieben kann, nicht den passenden Partner findet oder die Antwort auf die Frage: „Warum liebst Du mich eigentlich?", nicht immer die ganze Wahrheit beinhaltet oder eventuell eine, mit der wir nicht zufrieden sind. Da wir zusätzlich erschwerend unterschiedliche Sprachen der Liebe anwenden, ist es zwar immer noch einfache Theorie, doch auch verständlicher, warum die Praxis oft erschwert wird. Und nun fragst Du Dich vielleicht, Wie entstehen Gefühle?

Ein bisschen Menschheitsgeschichte

Für die ersten Menschen war es überlebenswichtig Mitgefühl und Kooperation signalisieren zu können. Der Urreflex innerhalb von 350 ms über Flucht oder Kampf zu entscheiden, bestimmt heute noch unterbewusst unser „Freund oder Feind" Denken. Um dies zu können, entwickelt unser Gehirn die Spiegelneurone unser Tool für Empathie. Die Kunst zu fühlen, was der andere fühlt. Doch wie mit allen Künsten, Naturtalente sind die Ausnahme, für den Rest gilt: „Es ist noch kein Meister vom Himmel gefallen." Wenn wir geboren werden, liegt unsere Gehirnfunktionsfähigkeit bei nur 28 %. Wir sind auf vier Dinge angewiesen: Essen, Trinken, Schlaf und Wärme durch körperliche Berührung. Um die Bedürfnisse zu sichern, spiegeln wir die zwei eindeutigsten Mimiken und Emotionsausdrücke unserer Umgebung. Lachen und Weinen und darin werden wir Meister, lange bevor Gedanken mit Emotionen verbunden sind. Kinder saugen in den ersten Lebensjahren ihre Umwelt förmlich wie ein Schwamm auf, jede Berührung, jedes Geräusch jede Schwingung wird im Normalfall angenommen und gespiegelt. Ab dem 3. Lebensjahr haben wir unsere Basis geschaffen und lernen damit umzugehen, wir entwickeln ein Ichbewusstsein, ein Bewusstsein für unsere Umwelt und für das Bewusstsein an und für sich. Bis wir sieben werden ab da lernen wir mit unseren Fehlern umzugehen und für sie selbst geradezustehen, bis wir reif genug sind, selbst einen Partner zu finden und eine Familie zu gründen. Den Partner erkennen wir an unseren Gefühlen und da tanzen die Spiegelneurone und ist man sich sympathisch, können sich diese Gefühle steigern und entwickeln, sodass ein neues Leben dabei entsteht und behutsam in eine glückliche empathische Umgebung mit 28 % hineingeboren wird. Soviel zur einfachen Theorie. Liebe ist mehr als ein Gefühl und setzt die Selbstfürsorge voraus – fordert sie nicht extra heraus. Liebe macht abhängig. Allein die Verantwortung gegenüber dem Partner und biochemische Vorgänge der Nähe verbinden. Manchmal auch unnötig lang. Frauen mehr als Männer. Noch mehr bindet Einsamkeit oder Ablenkung, das ist der Nährboden für Projektion. Liebe und Beziehung ist eine Metaebene, auf der man sich mit Ehrlichkeit, Respekt, Interesse, Achtsamkeit und im geschützten Rahmen begegnet, ohne sein Leben dafür in Gefahr zu sehen, wenn man Gefühlen des anderen Raum gibt. Liebe bedeutet sich verletzlich zu machen. Du merkst auch die Liebe ist ein Thema zu dem ich gern ausschweife, doch aus meiner Erfahrung heraus gibt es kaum etwas magischeres als die Liebe auf diesem Planeten oder in diesem Universum auch oder gerade, weil sie mit uns die verrücktesten Wege geht. Was diesen Weg der da noch vor Dir liegt betrifft... morgen mehr.

Wenn Dir danach ist und es Dein Konzept zu lässt, kennzeichne diesen Tag mit einem Herz. Ein Herz für die bedingungslose Liebe, ohne sie, wären wir nicht hier.

75. Tag

Die nächste Beziehung nach dem Trauma

Nach narzisstischer Gewalt in einer Beziehung folgt nach dem Überlebensmodus, der Lernmodus und endet in der Erholungsphase. Lernen werden wir im besten Falle bis ans Lebensende, ein brennendes und gleichzeitig angsteinflößendes Thema dabei: Gesunde Beziehung führen und erleben. Überhaupt die nächste Beziehung nach dem Trauma. Ein schwieriges Thema, da ich hier schlecht pauschalisieren kann. Meine Erfahrungen zeigt mir, dass Betroffene von narzisstischem Missbrauch, verschiedene emotionale Erreichbarkeit aufweisen. Es gibt da Bindungsängstler, Vermeider, Mischformen und auch gesunde Bindungsstile. Besonders Menschen mit Borderlinertyp, Histrioniker, Bipolare, Depressive, abhängige und schwerer emotional erreichbare Persönlichkeiten, werden mehr Skills und Unterstützung brauchen, um überhaupt gesündere Beziehung aufzubauen sowie andere Schwierigkeiten auszugleichen.
Generell ist es ratsam, 1 bis 1½ Jahre Zeit zu geben, zu verarbeiten und seine Grenzen aufzubauen. Eben der Selbstachtung, dem Selbstwert und der Selbstliebe und somit der Beziehung zu sich selbst Zeit zu geben. Doch wenn die Liebe beißt, dann beißt Sie! Toxische Langzeitbeziehung

führen auch hier und da, zu dem Entschluss bei einigen Betroffenen, lieber allein zu bleiben. Diese Entscheidung sollte jedoch keine Flucht sein. Der gewöhnliche Weg (und sicher bestätigen da Ausnahmen die Regel) ist, dass Opfer narzisstischer Gewalt allein zurückbleiben. Oft verlassen wurden oder geflüchtet sind. Sich nicht bereit fühlen, für eine weitere Beziehung oder Nähe, sowie Vertrauen.

Liegt, der narzisstischen Beziehungsstruktur, ein Muster zugrunde, greift dies vorerst auch weiterhin, solange man nicht aktiv daran arbeitet. Die Flucht-in-Beziehung-Gefahr liegt sehr hoch. Möge doch die neue Beziehung retten, was zu retten ist, führt automatisch zur Verdrängung oder schweren Aufarbeitung mit hohem Belastungsanspruch an den neuen Partner. Nach der Trennung folgt der Schock, danach das Verstehen und die Trauer, um die gespielte Beziehung, die Muster, das Alleinsein lernen, das gesunde Grenzen aufbauen und das Wissen über antisoziale, psychopathische und pathologisch narzisstische Verhaltensweisen. Bedürfnisse erkennen und an sich, mit sich und seinen Erfahrungen zu arbeiten. Selbstfürsorge. Und dann…? Dann fragst Du Dich womöglich: Wie fühlt es sich wohl an … richtig zu lieben? Da dort die ein oder andere Falle lauert, habe ich für mich beschlossen, auch diesem Thema hier Raum zugeben. Damit Du vorbereitet bist und achtsam mit Deinen Gefühlen und Grenzen bist und Verständnis findest. Es folgen typische Szenarien und Anlaufschwierigkeiten.

Traumabindung vs. All-ein-sein

Ungesunde Grenzen, es recht machen wollen, blindes Vertrauen, niemanden vertrauen, unerkannte Bedürfnisse und Hauptfokus auf Bedürfnisse anderer, überwältigt/eingenommen sein, geben so viel man kann, nehmen so viel man kann, andere Dein Leben regeln lassen, sind ein paar Beispiele, für ungesunde Beziehungsgrundlagen

223

und fehlende Selbstliebe. Die Basis einer gesunden Beziehung, ist die Beziehung zu sich selbst. Entweder sucht man sich erneut das Trauma oder lernt allein zu sein. Letzteres ist ein wichtiger Punkt im Lernmodus und ist jedem anzuraten nach derartiger Beziehungserfahrung. Keine Angst. Gib Dir Zeit und Raum dafür. Befällt Dich Panik und Unwohlsein beim daten, bist Du noch nicht so weit

Die rote Matrixpille

Eine weitere Falle ist, zu denken: Wissen ist Macht. Wissen ist: nichts zu wissen. Wissen über Narzissmus lässt einige denken, dieses Wissen wäre automatischer Schutz, vor der nächsten toxischen Beziehung. Wer prüft das Wissen, und wie gut schauspielert Dein Gegenüber? Und hast Du Deine eigenen Anteile bearbeitet? Arbeitest Du mit Ihnen? Muster sind ebenso tief greifend und Teil von uns. Ich sehe es so, die Entscheidung für die rote Pille und Wissen über emotionale Gewalttaktiken sowie Merkmale einer NPS oder Störung mit narzisstischen Anteilen, führt automatisch, zur Abneigungshaltung gegenüber diesen Zügen und verleitet dazu überall Narzissten zu entdecken. Ich beschrieb bereits, auch da sollte man rausfinden im Sinne von es annehmen, sich jedoch nicht allein darauf verlassen. Und wenn die narzisstischen Menschentypen abstoßend wirken was macht denn, dann noch an? Intelligenz? Stärke? Bodenständigkeit? Humor? Gemeinsame Pläne und Ziele? Aufmerksamkeit? Achtsamkeit. Du hast die Matrix verstanden – ein Zurück wird es nicht geben. Ernüchternd aber wertvoll.

Die langweilige Beziehung lieben lernen

Und wenn man einen potenziellen Partner oder eine Partnerin trifft, wird es möglicherweise Abenteuer ohne Aua geben. Ohne Stresspegel, es sei denn Du machst Dir welchen oder er/sie ist nicht die passende, mit kompatiblen Macken. Langweilig, unspektakulär sagen die einen, ich sage: Es ist ein sehr friedliches, zaghaftes Gefühl. Jemand dem Du vertrauen kannst, der Deine Bedürfnisse respektiert und nicht ausnutzt und kein Drama verursacht, wird Dir eventuell sehr leise, gefühlstechnisch vorkommen. Dir zuhören, nicht jedes Bedürfnis erfüllen aber mehr als jemals zuvor. Du wirst lauern auf die Red Flags, die Anzeichen, die Dir das Gegenteil beweisen und wenn Du jemand mit gesunden Vorstellungen kennenlernst, wird es sich eventuell etwas nüchtern anfühlen. Unterschätze das nicht, Dein Herz wird sich nicht unbedingt laut melden und womöglich überspringt es, den ganzen Verknalltsein-Wahnsinn. Dafür entsteht echte Bindung. Yeah! Jenes braucht Zeit, doch Dein Interesse wird wach sein und Dir wird, die Zeit zusammen guttun. Nimm Zweifel ernst, jedoch unterziehe sie Realitätschecks. Sorge für Alleinzeit und Zweisamkeit. Auf dem Weg dahin, wirst Du der ein oder anderen Challenge begegnen, doch auch da: Atme!

Der Hoax von der perfekten Beziehung

Die perfekte Beziehung gibt es nicht, ganzheitlich betrachtet … Und es gibt sie doch. Zumindest wenn Du eine Vorstellung davon hast, und ich bin mir sicher, irgendeine hast Du. Mag sein, sie stammt aus einem Film oder Märchen dann hast Du noch Hausaufgaben zu tun, andernfalls wäre es dann praktisch, Menschen mit kompatiblen Vorstellungen und Traumata zu finden. Die Wahrscheinlichkeit, nach einer toxischen Beziehung direkt eine gesunde aufzubauen, liegt gefühlt bei Null. Ich bin überzeugt, die die das von sich behaupten, sind noch nicht wahrlich weit gekommen oder haben sich von dem narzisstischen Partner, frühzeitig getrennt ohne Schaden davon zu tragen. In den meisten Fällen haben Betroffene nicht nur die Beziehung und deren Ende zu verarbeiten, sie sind auch mit ihren eigenen Mustern konfrontiert. Der Kampf sich mit seinen Schattenseiten auseinanderzusetzen und wieder zusammen, braucht Zeit und gute Lehrer. Geduld sowie die dadurch geforderte Selbstliebe sind

Baustellen, die einem zwar Ganzsein lassen, jedoch auch Energie und Zeit fordern. Genauso, wie die Information über Narzissmus sacken muss, damit sie nicht allgegenwärtig das Denken betrifft.

Sie allein bewahrt Dich nicht davor, auf Narzissten zu treffen. Wenn man diese Lektionen durchlaufen hat, wird die nächste Beziehung zur nächsten Lernerfahrungsprobe nur diesmal mit roter Pille. Keine Angst das darf auch scheitern, jetzt sind Dir ja Mittel und Wege bekannt sich nach einer gescheiterten Beziehung zu erholen. Und sind sie überhaupt gescheitert? Sind sie, als Erfahrung betrachtet, nicht einfach nur vollendet? Egal, es wird sich genauso anfühlen, wie das letzte Mal Überlebensmodus, da ein Trauma bei so was mit rein schwingt. Nicht so lange nicht in aller Härte und Konsequenz, doch diese Angst vorm Verlassen werden, vorm gefühlten Sterbeprozess danach, nun die kann Dir keiner nehmen. Es ist Teil von uns und Schattenseite, wir lernen es als Transformation betrachten zu können. Doch hast Du den Blick hinter die Spiegel gewagt, die rote Pille eingeworfen, wird es kaum ein Narzisst, eine Psychopathin oder Soziopath sein, denn diese Menschen ziehst Du nun nicht mehr an. Und wenn doch, lernst Du noch. Wie gesagt, das Wissen allein schützt Dich nicht, Intuition will auch richtig erfühlt und umgesetzt werden und nicht selten sind wir Meister darin uns auch da selbst zu manipulieren.

Gesunde Grenzen austesten, Bedürfnisse kommunizieren, Nähe genießen all das will sich ausprobieren, dabei geht es um keinen Pokal oder ein Ziel, es ist nur eine weitere Stufe unserer Erfahrung in die wir unsere Bisherigen mit einbeziehen.

Ehrlichkeit und wie sag ich es?

Was es braucht, ist die Wahrheit. Wenn es Dir um eine Beziehung geht, wird es aus meiner Sicht, unumgänglich darüber zu sprechen, was Dein Trauma ist. Nur so kann

Dein Gegenüber fair in der Beziehung agieren. Und nein das muss nicht sofort alles sein, oder beim ersten Date, doch da gibt es vieles, was ohne Erklärung eigenartig rüberkommen könnte. Schau nicht ob Du dem anderen gefällst, (solltest Du es nicht, solltest Du das auf keinen Fall ignorieren, dann ist das auch nicht Deine Wahl!) Schau ob Dir Dein Gegenüber gefällt! Das heißt auch ehrlich zu sich selbst sein und prüfen, ob es sich nur um Potenzial oder auch um Kompatibilität handelt.

Schatz Du triggerst! Machen wir Paartherapie?

Fortgeschrittene wissen, dass allein das Wort „Schatz" einen Tsunami auslösen kann. Und was erwartest Du, klar wird Dich so oder so, der nächste Partner triggern. Das lässt sich nicht vermeiden. Als ehemaliger Ko-Narzisst (ergänzender Gegenspieler) sei Dir bewusst, dass Dein Gehirn alles in Bezug auf Beziehung mit den Mustern in Verbindung bringt. Dass Du eine friedliche Beziehung womöglich als Spannung wahrnimmst, Dich die kleinste Geste oder Bewegung triggern kann und es sehr schwer wird, das Reptiliengehirn in dem Moment zu beruhigen. Das A und O: REDEN! Kommunikation! Und am besten direkt zum Anfang bei ernsthaftem Interesse eine Paartherapie nutzen um über diese Problematiken hinwegzukommen. Sich nicht selbst fertigmachen, ist hier wichtig. Es ist eine weitere Aufgabe, sich selbst in einer Beziehung zu finden. Eine die es wert ist, daran zu arbeiten.

Verletzlichkeit vs. Stärke

Mach Dir bewusst narzisstischer Missbrauch hinterlässt Spuren. Es ist Teil Deiner Geschichte, wenn es das war, und bleibt es. Die Frage ist, wie willst Du damit umgehen? Es bringt aus meiner Sicht wenig, es auf Dauer wegzuschieben oder sich an die Stirn zu heften. Es ist oft so, dass Partner von Narzissten sehr starke Menschen sind. Richtig gelesen. Superhelden sozusagen, sie fallen dabei tief und auch das, können Sie überleben und dann haben sie gelernt, dass sie nicht unverwundbar sind, trotz der Stärke. Sie haben im besten Fall gelernt für sich selbst zu sorgen und zu lieben, zu reflektieren und kranke Beziehungsmuster zu meiden. Sie sind ein 6er mit Zusatzzahl.

Eine gesunde Beziehung braucht ...
Selbstbewusstsein, (Selbst)Liebe/Achtung, Selbstwertgefühl, Vertrauen, Ehrlichkeit, Respekt, Lernbereitschaft, Verantwortung, Selbstfürsorge, Abhängigkeit die nicht toxisch ist, Zuwendung, Kommunikation und vieles mehr...All das wünsche ich Dir und Mut sowie die Zeit und den Raum dazu. Unabhängig wie weit Du davon im Moment entfernt bist, eine toxische Beziehung hinter sich zu lassen, bedeutet, den Platz zu erschaffen, für die gesündere. Alles hat seine Zeit. Schritt für Schritt sage ich und dabei ahne ich welche Frage Dir gerade auf dem Herzen liegt. Morgen dazu mehr.

76. Tag Vertrauen aber wie?

Nach der narzisstischen Beziehung ist es natürlich genau das Thema für jeden Überlebenden, wie man sich hat so täuschen lassen und vertrauen konnte? Der Vertrauensmissbrauch sitzt tief, doch was bedeutet Vertrauen? Wie entsteht es? Und was passiert, wenn es bricht? Vertrauen ist grundsätzlich etwas, was im Stillen geschieht und sich auf unseren Erfahrungen, Stärken, Schwächen sowie Vorstellung basiert. Konnten wir in der Kindheit lernen zu vertrauen, wann und wie wurde es gebrochen? Vertrauen ist eine individuelle Angelegenheit, baut sich langsam auf und geschieht im Stillen. Ist es existent, ist es so gut wie kein Thema und die Grundlage jeder zwischenmenschlichen Beziehung. Niemand ist verpflichtet, blind zu vertrauen und ob man jemand vertrauen kann, bemerkt man erst, wenn das Vertrauen gebrochen wird und es so gesehen zu spät ist.

Vertrauen ist nicht das Problem, Konsequenzen sind es.

Wenn die Überlebensmodusphase hinter einem liegt und gesunde Grenzen aufgebaut sind, kann man sich wieder offen auf Menschen zubewegen, was nicht heißt, jedem zu vertrauen. Was nicht bedeutet, jedem misstrauisch gegenüber aufzutreten, sondern mit gesunder Skepsis. Wer Hinterfragungen abwehrt, macht sich verdächtig. Und wenn man doch vertraut und das Vertrauen gebrochen wird? Dann weißt Du, woran Du bist, und kannst entsprechend reagieren und diesem Menschen nicht mehr in Deinen Garten lassen. Irren ist menschlich, sagte der Igel und stieg von der Bürste. Um sich wirklich bereit, für eventuelle Enttäuschungen, zu fühlen … vor denen man nie vollkommen geschützt scheint, ist es unabdingbar, sein Selbstvertrauen gesund zu spüren. Darin liegt das Geheimnis wundervoller Beziehungen.

Das Geheimnis lautet: Sich selbst vertrauen!
Wie sollten wir jemanden vertrauen können, wenn wir uns selbst nicht vertrauen, die richtige Auswahl zu treffen? Auf die richtigen Dinge zu achten und uns wieder fallen zu lassen? Ist man überhaupt bereit, … zu vertrauen? Oder will man nur die Flucht vor dem Alleinsein antreten, da man sich noch nicht selbst vertraut? Wie sagt man?

Geh nicht einkaufen, wenn Du hungrig bist!
Genauso verhält es sich mit Partnerschaft, die man sucht aus Liebeshungrigkeit oder gegen die Einsamkeit. Wenn wir uns selbst so täuschen, gelingt es anderen noch leichter … Das bedeutet nicht, dass wir zu Fox Mulder werden und niemand mehr vertrauen sollten, … die Frage ist: Kannst Du Dir vertrauen?

Gesunde Grenzen in Deinem Garten!

Das A und O, sich einer neuen Partnerschaft zu nähern, sind gesunde Grenzen. Die Richtlinien sind die Summe Deiner Erfahrungen. Erfahrungen sind ein Werkzeug, jedoch nicht das Ende des Weges. Nein sagen, wenn man noch nicht bereit ist oder etwas nicht zu einem passt. Einen Cut Out bei erkannten Anzeichen vorziehen, die eigene Wahrheit kennen. Alles Wissen über Narzissmus und Psychopathen wird Dich nicht davor schützen können, welche zu treffen. Was schützt, sind Deine Selbstachtung, Deine Selbstliebe und ein gesunder Selbstwert, eben gesunde Grenzen, hältst Du diese nicht ein, verletzt Du Dich selber.

Bauchgefühl und Innenschau!

Was dafür ein richtig guter Ratgeber ist, ist das Bauchgefühl. Atmen!

Wie fühlt es sich an? Worauf soll es mich hinweisen? Was will mir mein Gefühl sagen? Woher kommt es? Ich wünsch Dir aufregende, interessante, harmonische Begegnungen und Offenheit sowie Selbstvertrauen darin die Fühler auszustrecken. Das Austesten der neuen Grenzen gehört zum Heilungsprozess dazu. Wenn Du noch nicht so weit bist, ist dies auch eine Phase, die in der wir lernen dürfen, dass es auch sehr schön sein kann mit sich allein Zeit zu verbringen, sich selbst zu daten und gesunde Grenzen wachsen zu lassen. In was vertraust Du Dir bereits? Schreibe eine Liste: Ich vertraue mir darin _____.

77. Tag Die Sache mit der/dem Next ...

Ist er jetzt glücklich? Ist sie jetzt mit jemand zusammen, der besser passt? Wie können sie so schnell wieder in einer Beziehung sein? Menschen, die pathologisch bindungsunfähig sind (Narzissten/Psychopathen, Soziopathen oder mit verstärkten Zügen derer), können keine emotionale oder spirituelle Tiefe zulassen. Für sie ist Selbstreflexion ein Fremdwort und der Wunsch positive Veränderungen konsequent aufrechterhalten, ist nicht vorhanden. Sie suchen Quellen, die ihnen die narzisstischen Bestätigungen liefern oder im Außen unterstützen.

Es ist wichtig, es als Quelle zu verstehen, da sie auf lange Sicht Energie nehmen, statt sie zu geben. Dafür nutzen sie das Beziehungskonstrukt, können es jedoch nie, wie in einer gesunden Beziehung, erfüllen.

Es folgt stets derselbe Kreislauf:

1. Idealisierung
2. Entwertung/Spannung
3. Aussortieren/Eskalation und das
4. Hoover (Rückholversuche in die dysfunktionale Beziehung)

Ist ein Hoover, nicht erfolgreich oder zu anstrengend gibt es in den meisten Fällen bereits potenzielle andere Quellen und es folgt ein Grand Finale (man wird endgültig verlassen). Das war vor Dir so und wird nach Dir auch so bleiben. Es hat nichts mit Dir zu tun, sondern mit ihnen. Es ist nie eine gesunde Bindung, so sehr es alle Parteien auch zum Anfang glauben wollen. Sei schlauer und nutze Dein Wissen für Dich. Nimm es nicht persönlich. Nicht selten wird die Botschaft über die neue Beziehung inszeniert und gezielt zu bestimmten Anlässen, wie Geburtstage oder Jahrestage, verbreitet. Mal ist es das Ebenbild, mal der völlige Kontrast, nicht selten ein Partnertyp, der vorher kategorisch ausgeschlossen wurde. Der Schock sitzt bei manchen tief, wenn sie feststellen, dass ihr Platz schnell eingetauscht wurde und der Trugschluss entsteht, sie, die neuen Partner, würden jetzt all das Gute bekommen. Hier lauert Zweifel, Phantomschmerz und eventuell irrationales Verhalten. Phantomschmerz da es eine illusorische Beziehung war, von der man nun aus sich rausgeschnitten hat und die nachwirkt, weil vertraut. Unser

Gehirn ist grundlegend so angelegt, dass wir uns an das Gute erinnern, weniger das Schlechte, zumindest im Langzeitgedächtnis. Dieses wird sehr gefordert in dysfunktionalen Beziehungen. Dadurch Verleugnen betroffene die negativen Seiten. Unser limbisches System (Gefühlsbereich im Gehirn) bekommt einen regelrechten Programmfehler. Es lässt die ursprünglich alarmierenden Botschaften nicht mehr durch und klammert sich an die Hoffnung, dafür versetzt es uns entweder in einem abgespalteten Zustand (sodass wir keinen Zugang mehr zu unseren Gefühlen empfinden) oder/und in einen Dauerkampfmodus, in dem wir alles als persönlichen Angriff verstehen. Wir sind in diesem Moment nicht mehr fähig, klare Entscheidungen zu treffen. Schon gar nicht, wenn wir uns getriggert fühlen. Es ist ständig das Zurück zur Next, zum Next oder manchmal auch zur/zum Ex! Sie, die Jetztpartner und Quellen, sind genau da, wo Du einst warst.

Sodass sie noch nichts von der Psychopathologie, den Taktiken und Redflags oder einem Schutzgarten wissen oder sie haben sich bewusst dafür entschieden, sich weiter darauf einzulassen. In seltenen Fällen ziehen Narzissten auch Narzissten an, in den häufigsten Fällen jedoch Menschen die bestimmten Eigenschaften mit sich bringen und oft geht es um weit mehr als Empathie. Sie füllen die Lücke der Zufuhr und mag sein, dass sie vorerst scheinbar all das bekommen, wonach Du Dich verzerrtest, doch wie lange? Wie lange hielt bei Dir die Harmonie an? Lass Dich nicht auf das Niveau herab, die Neue oder den Neuen zu werten, wie ein Objekt. Auch wenn Du es schon lange wusstest und Dir etwas vorgespielt wurde.
Gab es vor Dir bereits einen Ex-Partner, kennst Du vielleicht die Situation besser, als Dir lieb ist. Oft werden diese Ex-Partner als missbräuchlich, psycho und merkwürdig dargestellt, wollen gar nicht mehr mit ihm oder ihr reden

oder ihn unbedingt zurück und stalken. Und diese oder dieser Ex wird genauso, wie Du jetzt mit der neuen Beziehung gehadert haben. Obwohl... Ein kleiner Teil atmet auch auf, wenn sie wissen, dass die Aufmerksamkeit ihrer Peiniger nun woanders gefordert ist. Da sie endlich mehr Ruhe finden. Falls Du noch nicht so weit bist zu erkennen, dass Dir gerade Leid abgenommen wird, indem jemand anderes bereit ist, Treibstoff zu spenden, seine Grenzen zu vergessen, sich demütigen zu lassen und am langen emotionalen Arm zu verhungern, ist das auch okay.

Lass Dir Zeit!
Nochmal: Menschen, mit psychopathologischen Bindungsproblemen können keine emotionale oder spirituelle Tiefe zulassen. Für sie ist Selbstreflexion ein Fremdwort und der Wunsch positive Veränderungen konsequent aufrechterhalten, ist nicht vorhanden. Sie suchen Quellen, die ihnen die narzisstischen Bestätigungen liefern oder im Außen unterstützen.

Dafür nutzen sie das Beziehungskonstrukt, können es jedoch nie, wie in einer gesunden Beziehung, erfüllen. Die einen brauchen länger zu erkennen, die andern weniger lang. Ich persönlich und viele Experten, raten davon ab, die Nächste oder den Nächsten warnen zu wollen. Lass Dir die Zeit und Raum, die Du für Dich und Deine Selbstheilung benötigst. Sie oder er werden Dir vermutlich nicht glauben.

Ich weiß das, weil ich selbst und viele andere auch einst gewarnt worden. Weil ich und vielleicht auch Du selbst, Zeit und Erfahrung brauchten, es zu verstehen und anzunehmen. Wenn gesunde Beziehungen zu Ende erzählt sind, dann wünschen sich Ex-Partner gegenseitig neue glückliche Beziehungen unabhängig vom eigenen Schmerz. Ich schreibe jedoch über dysfunktionale Beziehungen, in denen die neuen Partner oft Stiche sind, ein gefühltes Nachtreten und eine weitere Herausforderung.

Gern werden diese von Narzissten auch zur Triangulation oder als Flying Monkeys genutzt. Heißt: sie dienen einerseits als neue/alte Quelle und wiederum wird Treibstoff durch Deine Eifersucht regeneriert oder eine Schmierenkampagne gegen Dich geführt.

Spiel da nicht mit!
Gib Dir, Zeit für Deine Trauer und für Wut. Für all die Gefühle, die angeschaut werden wollen, im geschützten Rahmen. Schau auf Dich dabei und erinnere Dich an Deine Träume, Dein Leben. Kein-Kontakt heißt auch: Das Privatleben des Partners bleibt außen vor und hat mit Deinem nichts zu tun. Gerade bei gemeinsamen Kindern. Ja es tut weh, es ist eine der vielen Etappen auf dieser Reise und eine Einladung für Dich selbst zu sorgen.

Wenn Du heute Abend im Bett liegst oder morgen früh, frag Dich:
Was bringt mir Frieden?
Was tut mir gut?
Was würde jemand tun, der sich selbst auf gesunde Art und Weise liebt?

78. Tag Das Trauerjahr

Verwitweten Menschen spricht man ein Trauerjahr zu. Dies bedeutet, man gibt ihnen die Zeit, sich an das Alleinsein zu gewöhnen und dass, das erste Jahr mit Herausforderungen einhergeht. Das erste Mal Weihnachten, Geburtstage und andere jahresmarkante Zeiten überstehen. Dann kommen die Erinnerungen und Trauer klopft an die Tür, will ihren Platz am Tisch und das ist okay.

Ob Du heilfroh bist, dass es so ist wie es ist, noch damit zu kämpfen hast oder beides, ich möchte daran erinnern sich diese Zeiten selbst zu gestalten, gesunde Grenzen zu schaffen sowie auch hier neue oder alte Rituale, einfließen zu lassen. Das Leben mit narzisstischen Menschen ist anstrengend und an Festtagen, kippen sie die Stimmung, Planung und Organisation wird eine Herausforderung. Dann heißt es Regeln machen oder brechen? Meist nehmen sie diese Tage als Gesellschaftliche-Knebelverpflichtung wahr oder sie wollen streng nach ihrer Tradition planen. Gesellschaftskritik ist zu erwarten. Ein Teil ist bewandert seine „Liebe" in Geschenken auszudrücken, doch das ist tatsächlich auch für Menschen ohne narzisstische Störung eine mögliche Sprache der Liebe.

In den meisten Fällen liegen in den vergangenen Tagen tiefe Enttäuschungen. Passten die eigenen Projektionen der Geburtstag oder das Sommerfest würden so oder so schön werden, nicht zur Realität. Dann wird man versetzt, mit Katastrophen konfrontiert oder es wird vergessen. Das richtige Framing für Jahres, Geburtstage und Hochzeitstage ist sinnstiftend.
Framing - Etwas in einen gewissen Rahmen setzen.
Negativ genutzt erschafft das Fake News und eine Möglichkeit zur Manipulation. Gerade gemeinsame Daten hinterlassen einen bitteren Beigeschmack, wenn man diesen Rahmen bei belässt. Jetzt ist Deine Kreativität erneut gefragt, denn ich rate dazu, sich neue Bedeutungen zu erschaffen. Das kann der „Jahresputztag" werden die Scheidungsparty, das Leben, was gefeiert wird. Kreativität kennt keine Grenzen. Mag sein, dass es noch nicht im ersten Jahr gelingt, doch jeder dieser Zeiten ist zumindest ein deutlicher Hinweis, darüber zukünftig nachzudenken. Ein paar Ideen dazu will ich Dir direkt mit an die Hand geben. Es gibt ein paar Tage im Jahr, die sind für Kein-Kontakt und Überlebensmodus, eine Bürde. Ähnlich wie Narzissten wird man zum Skeptiker oder Zyniker oder verfällt in eine Depression, der Valentinstag ist so einer … die Vorweihnachtszeit, und hach… für manche auch der Mutter- oder Vatertag.

Taschentücher sollten bereit liegen, Du weißt schon, Tränen reinigen. Hier heißt es, sich selbst die Mutter oder der Vater zu sein und auch der liebevolle Partner. Valentinstag, der Erinnerungstag für die Liebe, perfekter Tag für Lovebombing, Routine oder Sabotage, natürlich eine Einladung für narzisstische Partner, diesen Tag für ihr Kontrollempfinden zu nutzen, und je mehr Energiequellen sie besitzen, intime, nicht intime … desto mehr Quellen müssen, sollen bedient oder „bestraft" werden. Bewusst oder unbewusst, die Auswirkungen für die Menschen hinter den Energiequellen und deren Umfeld, sind verheerend und ko-abhängige Züge werden gefördert. Sind diese schon vorhanden, fließt das Spiel, des oder der Narzisst/in. So ernüchternd das jetzt vielleicht war, ich denke, Liebe ist mehr als nur Manipulation und Elektrizität in unseren Zeelen. (Wortschöpfung die sich mir, seit Tagen aufdrückt, aus Seelen und Zellen steht für unsere Nervenzellen), und sicher wollen uns die Medien manipulieren… Doch bitte, solltest Du auf solche Tage wertlegen, lass Dir das nicht nehmen! Mir selbst Zuwendung zu schenken, an Tagen die mir besonders wichtig sind, erfüllt mein Bedürfnis und lässt mich objektiver betrachten, wie mich andere behandeln. Sich selbst eine Valentinstagkarte schreiben, ist eine wunderbare, schutzgärtnerische Aktion. Was ich jetzt nicht erahnen kann, wie Du den Valentinstag verstehst, siehst, begehst und welche Bedürfnisse Du damit verbindest. Ob die europäische Tradition, den Valentinstagschlüssel zu verschenken, um die Herzen zu öffnen, Dein Herz erreichte. Die letzte Wahrheit, und mein Valentinstagsschlüssel ist: Deine Wahrheit zählt.

Dein Geburtstag und die … der anderen.
Dein Tag - keine Erwartungen, kein Druck. Vielleicht hilft es Dir eine große Party zu veranstalten doch ich hör schon, wie Du stöhnst, alleine bei der Vorstellung. Oder doch nicht? Wonach Dir ist und was Dir guttut, sollte Deinen

Erdentag bestimmen. Du willst Dich aufs Sofa lümmeln und Serien schauen? Mit der besten Freundin Enten im Park füttern? In der hintersten Reihe im Kino Popcorn verkrümeln? Ein Konzertabend? Eine Städtereise, oder doch an den Strand? Niemand sehen?

Mach! Ernsthaft mach Dir zumindest an diesem Tag, die Welt – wie sie Dir gefällt ohne Gewissensbisse. Manche Dinge wollen geplant werden, wie Freistellungen, Kinderbetreuung und Haustierversorgung, das Telefon auf lautlos stellen. Es ist eventuell nicht umgänglich sich vor den Traditionen und Plänen anderer zu schützen, die Eltern die sich melden, Freunde die dann mal wissen wollen wie es einem geht oder auch nicht. Du weißt es und was Du brauchst auch. Worauf wartest Du? Du bist weder verpflichtet erreichbar zu sein noch Party zu machen, wenn Dir nicht danach ist. Du darfst Dir Zeit und Ruhe nehmen. An die Geburtstage der anderen zu denken, sind grundsätzlich gute Energien. Auch da sollte es nicht zum Pflichtprogramm werden.

Menschen, denen Du zeigen willst, dass Du an sie denkst (und hier sind die Herzmenschen gemeint), freuen sich auch über ein paar persönliche Zeilen mehr, als wenn Du den Trauerkloß auf deren Party verdaust oder noch schlimmer Dir eine Maske aufsetzt, um sie nicht zu enttäuschen, dann wird es un-authentisch und energetisch eine Verlustrechnung. Okay jetzt höre ich schon, wie Du grummelst und sagst, aber dann gibt es ja auch eventuell noch Kindergeburtstage. Ja und liebe Mütter und Väter, ich gehen davon aus, dass Eure Liebe zu ihnen, Euch führt und Ihr ihnen und Euch die Freiheit gebt ihren Erdentag auch so zu erleben, wie sie es wünschen.

Ostern, Weihnachten und andere Festlichkeiten in Familie ...

Weihnachten, das Fest der Liebe, ist für Narzissten das Fest für Konsumgeilheit, Konsumablehnung, gute

Gelegenheit so zu tun und in erster Linie Verpflichtung und Ohnmacht. Gefühlt bestimmen alle inklusive der Gesellschaft, wie man sich zu verhalten hat, und fordert dann auch noch Liebe und Frieden, es ist ein immenser Druck. Jetzt werden einige Leser aufatmen und sich denken, zum Glück wird mir Weihnachten von dieser Person nicht mehr versaut, andere haben Angst vor ihrem ersten Weihnachten in Freiheit, anderen bricht der Schweiß aus, weil sie wissen, dass ihnen Weihnachten, mit dem Grinch der Familie noch bevorsteht und dann gibt es die, die es wohl am meisten trifft, die getrennten Mütter und Väter und deren Kinder. Kindeswohl heißt in Deutschland, dass auch der Elternteil mit diagnostizierter NPS ein Umgangsrecht hat. Die Übergabe, das Festessen bei den Großeltern, die unverhoffte Begegnung. Grundregel: Atmen! Tiefes atmen, sorgt dafür, dass wir bei uns bleiben. Ja. Nein. Termine und Ortsangaben … zu mehr Austausch darf Euch niemand zwingen.

Gemeinheiten und Angriffe beobachten und bei sich bleiben. Nein sagen, wenn es zu viel wird, Grenzen setzten und wenn man bei sich ist, kann man auch hinterfragen:

„Das ist interessant. Ich frage mich, warum Du das sagst."
Aber Vorsicht! Der Shitstorm könnte damit vorprogrammiert sein.

Dein erster Jahresübergang allein?
Ich erinnere mich, noch gut an meinen, da war es noch relativ frisch. Für andere schon längst an der Zeit, mal wieder einen drauf zu machen. Nun ja, ich habe es versucht und war genau nach einer halben Stunde wieder zu Hause. Überlebensmodus.

Silvester ist bei mir eh so eine Sache, ich mag es ruhig, betrachtend. Weniger mittendrin mehr so geschützt am Rand. Ich mag es nostalgisch zu werden, das Jahr mit Top Ten Listen zu bestücken. Traurigste Momente, Highlights,

Lieblings Menschen, Serien, Bücher, Songs und inspirierende Personen. Dann kommt meist der Gesamtrückblick und ich ordne mein vergangenes Jahr in all die vorangegangenen ein. Dann Musik, alles Verdunkeln und mein Platz am Fenster. Ich liebe die Magie vom Tanz der Lichter hinter der Glasscheibe und das zuversichtliche Gefühl, was dann alle Jahre wieder in mir aufkommt. Hoffnung! Natürlich teile ich diesen Moment auch gern, mit mir nahe, stehenden Menschen. Mit narzisstischen Menschen wird einem das sehr erschwert. In diesem einem Jahr habe ich all das mal ausfallen lassen und bin pünktlich um 23:10 tief vergraben unter zwei Decken heulend mit einer „Dann spielt doch Krieg!" Stimmung eingeschlafen. Doch das Gefühl ausgeschlafen, in der Neujahrsmorgenruhe aufzuwachen und zu denken - Nichts erlebt, auch schön! – unbeschreiblich. Wenn ich rückblickend ein Wort finden müsste? Hoffnung!
Und ich wünsche mir, dass Du sie auch in Dir findest und die Magie und Freiheiten der Festlichkeiten erfährst.

Es gibt keinerlei Faustregel, wie lange jeder für sich braucht, ist individuell. Jede Beziehung sei sie noch so kurz kann nachhallen und auch jede Beziehung ist irgendwann zu Ende erzählt.

79. Tag Für immer Single oder nicht?

Oh Gott, das kannst Du doch so nicht sagen?! Oder doch, Du darfst selbst entscheiden. Ich erwähnte ja es gibt durchaus Fälle, in denen Betroffene auch nach 10 Jahren mit dieser Einstellung glücklich sind.

Jede Beziehung hat einen Anfang, einen Mittelteil und ein Ende und die Frage ist, wo man steht. Jetzt habe ich etwas geflunkert, hast Du es bemerkt? Ich schrieb „jede", allerdings sind alles, jeder und immer… Glaubenssätze. Es gibt eine Beziehung, die hält, doch… gleich mehr dazu.

Noch 13 Tage und Du hast eine Odyssee hinter Dir, die sich gewaschen hat. Wie viel da noch vor Dir liegt, steht in den Sternen und ich hoffe, Du hast Dir bereits die ein oder andere Minuten mit jenen gegönnt. Wenn Du jetzt kein Bedürfnis nach neuen Beziehungen hast, ist das normal und wird vermutlich auch seine Zeit brauchen.

Es gibt die Ansicht: Wunden, die in Beziehungen entstanden sind, sind auch da zu heilen. Anteilig kann ich dem beipflichten, denn vertrauen können, echte Verbindung und Nähe ist heilsam. Immer? Nein! Sag niemals nie. Im Idealfall bestimmst Du, wie weit Du Dich auf etwas Neues einlässt.

Eine weitere Theorie besagt, es ist unwahrscheinlich, aus einer toxischen Beziehung direkt in die nächste gesunde Partnerschaft zu wandern. Nutze die Zeit, Dich und Deinen Beziehungsstil kennenzulernen, wo Du ängstlich bist und wo vermeidend. Welche Sprache der Liebe Dir zusagt, welche Dir weniger bedeutet und was Du von einer Beziehung erwartest. Deine Werte und Ideale. Du findest sie auf der anderen Seite Deiner No-Go-Liste und tief in Deinem Herzen. Ehre Sie, lebe sie!

Und dann fragst Du Dich: ,
Ist da noch ein Mensch … der zu mir passt?

Laut Experten gibt es da mehr als einen.
Dem kann ich nur zustimmen.

Am Ende hat man die Wahl!

Doch dann wäre da noch dieser Mensch…

Dieser Mensch, der in Dein Leben tritt
und den Glitter lebendig macht.
Der Dir zeigt, wie wundervoll es ist,
aus der Kälte in die Wärme zu kommen.
Den Sonnenunter- und Aufgang mit Dir teilt.
Der Dir nachts um drei ein Lächeln zuwirft und sagt:
„Es sind nur Gedanken und Erinnerung, Du bist nun sicher."

Der Mensch der Dir tief im Inneren Verständnis zeigt
für alle Fehler, Macken und die Liebe in Dir.
Der Dir stets ein passendes Getränk besorgt
und ausreichend Nahrung für Körper, Geist und Seele.
Der Mensch, der Deine Erfolge feiert
und sich an sie erinnert in schwierigen Zeiten.
Der Mensch, der Dich akzeptiert, Dein inneres Kind spielen lässt und den Erwachsenen als dies respektiert.
Der, der die inneren Wünsche versteht und manifestiert.

Der, der bis in den Tod an Deiner Seite verweilt,
achtsam Deinen Atem beobachtet
und gleichzeitig den Sinn des Lebens darin entdeckt.
Und dieser Mensch will gefunden, gesehen und respektiert werden.
Dieser Mensch teilt mit Dir die Höhepunkte
und leuchtet Dir durch die dunkelsten Täler,
einfach so, ohne Bedingungen, jeden Tag.
Jede Nacht.

Und dieser Mensch … bist DU, Dir selbst!

80. Tag

Wenn der Schutzgarten (noch) keiner ist.

„Wir sind Sternenstaub, Milliarden Jahre alter Kohlenstoff.
Wir sind golden, gefangen in einem Handel mit dem Teufel und
wir müssen zurück ... in den Garten"
Joni Mitchell, aus dem Song Woodstock

Joni Mitchell schrieb den Song, nachdem sie dem Festival am Fernsehen beiwohnte. Woodstock war eine Antwort auf das nukleare Zeitalter. Dieses Zeitalter hat den Menschen nach einer Theorie von Caroline Myss, zwei überlebenswichtige Dinge infrage gestellt.
Überleben und Kreieren.
Mit der ersten Zündung der Atombombe war Überleben und ein Erschaffen auslöschbar per Knopfdruck. Die nukleare Explosion brannte sich als Implosion in die Seelen. Das Trauma wirkt kollektiv, ähnlich, wie ein 11. September nur weitaus prägender. Es stellte jahrelange Tradition und Werte, über das eigene Leben hinaus, infrage. Es suchte nach höher, schneller, weiter und möglichst viel davon, für das eigene Ego. Erst mal ich, könnte ja sein, dass morgen hier die Bombe hochgeht. Individualismus und Anpassung lenkt zusätzlich davon ab, dass wir alle im selben Boot sitzen.
Narzissten sind mit dieser inneren Atombombe so identifiziert, wie kaum andere Menschen. Sie spüren die Hoffnungslosigkeit, den Verrat, die Angst, diese ständige Bedrohung alles könnte mit einem Knopfdruck vorbei sein und die Scham ihrer Schuld. Gleichzeitig spüren sie keine Verantwortung dafür, vielmehr verstehen sie die Welt als Maskenspiel und Manipulationsversuch. Deshalb ist es schwer, einen Menschen mit narzisstischer Persönlichkeitsstörung zur Innenansicht zu bringen, der dem Schmerz ausweichen will. Diese Probleme lösen zu wollen greift die Realität der Narzissten an.

Niemanden an diesen Knopf ranzulassen und anderen aufzuzeigen, wo ihre Knöpfe frei liegen, ist die Überlebensstrategie.

Unkraut wächst oft schneller als die Nutzpflanze. Es gibt Pflanzen die wollen nicht in jedem Garten wachsen. Gärten, die lange vernachlässigt werden, stellen Fragen. Nimmt man die Flora und Fauna, wie sie ist, oder greift man ein? Ich weiß, einige von Euch sind gefordert in ihren Schutzgärten. Gartenschädlinge vertreiben, morsche Bäume fällen und entwurzeln, womöglich ganze Festungen einreißen und es wird sich unheimlich nackt und kräftezehrend anfühlen. Der Herbstwind bläst eisig, die Wunden klaffen vor sich hin. Es wird Winter werden und der Boden zu hart, um ihn überall gleich zu bearbeiten. Es braucht viel Theorieverständnis, um alles praktisch umzusetzen, doch und ich lade Dich ein, so oder so, es wird auch Frühling werden und irgendwann Sommer. Wunder werden geschehen!

Ein Schritt wäre es die nukleare Stimmung der Gesellschaft als jene wahrzunehmen, in uns selbst zu erkennen und sie abzurüsten. Gleichzeitig ein Warnsystem zu installieren. Uns selbst die Chance geben zu überleben und zu kreieren, ist mit einem Schutzgarten möglich, selbst wenn er noch nicht wie einer aussieht. Mit 92 Tagen Kein-Kontakt bist Du bestens vorbereitet, für den Lernmodus, den es braucht, Deinen Garten zu schützen. Die Vorstellung, wie weit Du bereits gekommen bist, bereitet mir in diesem Moment eine wärmende Freude. Unabhängig wann und in welcher Phase Du diese Zeilen liest. Du bist jemand, der zurück im Garten ist.

81. Tag Rückfall oder Fortschritt?

Man springt nicht zweimal in denselben Fluss.

Es gibt Gründe, warum man wiederkehrend über dasselbe Stöckchen oder Wurzel stolpert und nicht selten halten wir selbst das Stöckchen.

Große Wandlungen im Leben kommen oft unverhofft und dort lauern sie, unsere Ängste, Sorgen und Blockaden. Wir können es Trauma nennen, oder Lernstoff. Wenn Du viel für Dich getan hast und langsam lernst wirklich gut mit Dir umzugehen, löst sich Trauma nicht mit einmal auf. Wir lernen auf unserem Weg und jeden Tag bewegt sich etwas in unserem Schutzgarten. Stürme kommen und gehen und jeder Sturm zeigt uns die Bruchstellen in unseren Gärten. Hier auf Erden existiert kein dauerhafter Orkan, in uns Menschen gefühlt jedoch sieht das anders aus. Es ist sinnstiftend in die Mitte zu kommen, die Balance zu finden, doch je mehr Du an sie klammerst, umso erschreckender ihr entrissen zu werden. Dabei hat genau jenes unsere Ur-wunde und als Aufgabe vorgesehen, die uns begegnet bis zum Lebensende.

Wir sind gefordert dieses Stöckchen zu erkennen, zu wissen, wo es herkommt, ob es lange vor uns da war und wie es mit uns verbunden ist. Ob wir es aus der Hand legen können oder spielerisch drüber springen, Brücken bauen müssen oder einfach Abstand halten.

Wir sind beeinflusst, von unserer Idee wie es sein sollte und enttäuscht, wenn der Plan nicht aufgeht. Wir erschaffen mit Gedanken unsere Realität. Doch wie man zu der Erleuchtung kommt oder keine Illusionen und Pläne zu besitzen, wird uns weniger beigebracht. Weil die rote Pille lautet: Es ist wie es ist, Erleuchtung bedeutet genau damit konfrontiert werden, um zu lernen, wie wir mit diesen Gegebenheiten und unseren Gefühlen und Erfahrungen die Dinge werten. Wie wir sie benennen und was wir damit verbinden. Ein Rückfall ist in erster Linie ein Hinweis darauf, dass jemand irgendwo hoffte, bereits zu sein. Diese Vorstellung des Mangels und Vorstellung von Realität macht uns unnötig das Leben schwer. Die meisten Rückfälle sind verdeckte Fortschritte. Ein Thema begegnet uns so lange, wie wir etwas dabei lernen dürfen.

Dafür sich oder andere zu verurteilen ist überflüssiger Ballast. Wut darf ihre Wege finden, doch wo stecken da die Bedürfnisse hinter der Botschaft? Darum geht es bei all dem. Oft schreiben mir Menschen, sie hätten einen Rückfall gehabt, und erzählen eine Geschichte der neuen Erkenntnisse und Stärken, ohne jene zu sehen.

Wer noch mal die Zugänge frei legte, brauchte vielleicht noch mal den unsäglichen Schmerz des Egos, wenn der andere seine Wege geht. Wer die Nachricht liest, hatte noch Hoffnung, die es zu verstehen gilt. Die romantische, soziale Vorstellung von: Alles kann gut sein, stirbt zuletzt. Es ist unsere Ur-wunde, Trauma-Bindung und Lernaufgabe diese Bindung nicht zu unterschätzen. Kognitiv mag alles verstanden sein, das Herz hat jedoch ein ganzes Arsenal dagegen zu feuern. Und genau das macht uns menschlich. Es ist notwendig, die Schuld-Scham zu unterbrechen und sich der Empathie zu widmen. Selbst-Empathie für Gefühle, aber auch das Geschehene. Selbstbetrug zu vermeiden, indem man die Leugnung durchbricht, die No-Go-Liste ernst nimmt. Wenn man sich gegenseitig nicht guttut, ist es so und empathischer den Abstand zu wählen. Ich verstehe jeden, der erneut mit seinem Thema konfrontiert wird und sich erst mal verunsichern lässt, doch erinnere Dich, was Du bereits alles gelernt hast in der Zwischenzeit. Was diesmal anders ist und was es Neues zu lernen gibt. In den SOS-Teil packe ich Dir ein Geschenk mit hinein, wenn diese Bindungen besonders hartnäckig erscheinen. Alles, was unter Einmalkontakt, Sehnsuchtsanfall und Ähnliches fällt, ist unbedingt neutral zu betrachten, gerade wenn es einem danach als abstrus oder unnötig erscheint. Es war noch notwendig, um besser Abstand zu halten, Manipulation zu erkennen.

Erneute Beziehungsstarts, gemeinsame Pläne und eigene Wunschvorstellung in Bezug auf andere, regelmäßige oder offene/ungeregelte Kommunikationswege…
bedeuten erneuten Einstieg.

Oder ein noch nicht stattgefundener Ausstieg, oder besser formuliert: eine weitere Lernaufgabe. Dann wäre die Entscheidung wichtig, sich dem Kreislauf zu entziehen, und es beginnt erneut mit Tag: 1. Noch mal zur Erinnerung: Im Durchschnitt trennt man sich bis zu sieben Mal, aus toxischen Beziehungen. Der eine braucht einen oder drei Anläufe, der andere über 20.

Baddaboombaddabing!
Das Universum hat einen merkwürdigen Humor, und es wird uns vor Aufgaben und Möglichkeiten stellen, die wir nie selbst gewählt haben. Rückblickend wird man sehen können, dass Entwicklung dadurch möglich wurde.
Auch ich wurde erneut mit Kontakt konfrontiert ein halbes Jahr, nach Kein-Kontakt. Ich strafte mich dafür gelesen zu haben, was ich las und erneut verletzt davon zu sein. Panik stieg auf, doch ich beobachtete meine Emotionen und machte einen Realitätscheck, so wurde mir bestätigt, was ich wusste sowie vor Augen geführt, dass es auf meine Reaktion ankommt, meine Sicherheit vorgeht und ich viel gelernt habe. Wie eine Panikattacke mit den richtigen Skills und meiner Trostbox schneller vorbei geht und durch solche Trigger, wie erneuten Kontakt ausgelöst werden kann. Ich hatte noch zu lernen, wie ein Kontaktversuch zu überstehen ist, denn wenn das Universum meint, es gibt noch etwas zu lernen, dann ...
Für heute will ich eine Pause vorschlagen, morgen jedoch dann zu all dem, was ich bis dato gelernt habe, in der Hoffnung es unterstützt Dich.

82. Tag Wenn der Kontakt unvermeidbar ist

Es gibt aus meiner Sicht nur einen Weg, mit Narzissten umzugehen. Sie zu umgehen.

Bei Zufallstreffen auf der Straße/Geschäft, Restaurant. Augen zu und weiterlaufen. Rufe eine vertraute Person an, geht niemand ran, führe ein fiktives Gespräch am Telefon so, als ob Du mit jemand sprichst. Pro Tipp davor den Klingelton ausstellen Kopfhörer ins Ohr und losquatschen! Achtung erzähle nicht aufregendes von Dir oder einer Situation. Geeigneter wäre eher, als ob Du einem neutralen Bericht lauschst oder die Zeitansage anrufst und mit *„das dachte ich mir, soso, ja, ja und naja"* antwortest.

Wenn sich die Kurzkommunikation nicht vermeiden lässt (zum Beispiel auf Arbeit, Familientreffen, Übergaben). Mehr als ein Hallo und Tschüss braucht es nicht.

Stoppe Dein Gedankenkreiseln direkt. Bewerte nicht, erkenne die Ausnahmesituation und wende Dein bisheriges Wissen an. Gib Dir Zeit, diese Begegnung zu verdauen.

Achte darauf Muster zu vermeiden.

Dokumentiere bei Verdacht, auf mehr als Zufälle.

Mehr zum Thema Stalking findest Du im SOS Bereich, des Buches.

Generell bei Terminen und Veranstaltungen
Hier meine Schutzgartentipps, wenn der Kontakt unumgänglich ist.

Beobachter werden!

Schutzkreisgrenze imaginär zwischen Euch ziehen.
Betrachte Dich diesbezüglich, als die kleine Pflanze, wie in meinem Logo.

Gib Dir **Zeit und Raum** zu wachsen und Grenzen zu setzen.

Realitätschecks!

Habe eine (oder mehrere) **Powerhymne** im Kopf! Ein Song, der Dir gute Laune verschafft. Rock, Heavy-Metal sowie eintönige und Störfrequenzen meiden.

Trage **etwas Gelbes** bei Dir. Gelb bringt uns in die Mitte und hilft uns unser Immunsystem zu balancieren. Es reicht auch ein kleines Stück Stoff, ein Schlüsselanhänger. Bei mir ist ein gelber Antistressball ein Begleiter und Beschützer. Definitiv auch ein Tipp, für Deine Reise.

Entscheide für Dich, auf welcher Seite Du an Dir arbeiten willst. An der, es irgendwie zu ertragen? Oder doch lieber, jene wo Du fest entschlossen bist, nichts mit Menschen, die Missbrauch betreiben gemein haben zu wollen?

Es nicht persönlich nehmen, ist eine Herausforderung. Toxische Menschen haben Defizite und können ihre Bedürfnisse kaum zurückstellen. Schuldumkehr, Schuldtrip, Entwertung, Idealisierung.

Ihnen zu begegnen wird in der Lernphase im besten Fall, zu einer Art **Kino der Beweise**, indem Du Beobachter wirst. Der Kreislauf läuft auch ohne Dich, lehn dich zurück und beobachte die Show. Für Fortgeschritten kann diese Methode sehr heilsam sein, aber auch schmerzhaft. Vorsicht – nicht aufsaugen.

Bitte Bekannte, Freunde oder jemand Vertrautes Dich zu begleiten und Dein Schutzwall zu sein. Das heißt die Person steht, sitz und geht stets zwischen Euch und schirmt Dich ab. Die Ideallösung wäre, die toxischen Menschen befinden sich außerhalb Deines Blickfeldes oder werden von Deiner Begleitung, wie beschrieben verdeckt.

In gegengesetzter Meinung sich zu verteidigen und standhaft zu bleiben, rate ich von Augenkontakt ab. **Vermeide direkten Augenkontakt.** Da er Sympathiezentren in Gang setzt und uns angreifbarer macht, im Falle, des bereits erfolgten Missbrauchskreislauf.

Es fördert Empathie und gerade Hochempathen neigen dazu, die Energien aus solchen Momenten schwer zu verdauen und lange daran zu knabbern.

Werde ortskundig. Was ist in der Nähe der Location? Ein Park? Ein gemütliches Café? Wo kann man seine Füße vertreten und durchatmen?

Ein Highlight setzen! Plane etwas Besonderes. Belohne Dich mit einem Geschenk oder einen Ausflug im Anschluss oder davor. Setze bewusst positive Erlebnisse am besten 3 auf 1 Negatives.

Was auch immer kommt, **verteidige Dich nicht**. Schweigen wäre Gold. Lässt es sich nicht vermeiden, sind defensive Sätze notwendig.

„Es ist interessant, dass Du das sagst, ich frage mich was Du damit bezweckst?"

„Deine Meinung ist möglich, meine auch."

„Ich sehe Ihnen geht es nicht gut damit, ich wünsche Ihnen das sich die Umstände für sie verbessern."

Für Übergriffigkeiten auch von Flying Monkeys

„Danke Nein! Nettes Spiel – Falsche Adresse!"

„Man sagt, wenn Menschen sich derart herablassend anderen gegenüber äußern, dass sie in irgendeinem wichtigen Bereich in ihrem Leben die Kontrolle verloren haben. Ich frage mich, welcher das bei Ihnen ist."

„Ich bitte Dich diesen Satz noch einmal zu wiederholen, so dass ich mich weniger als Objekt verstehe und es meine Würde zulassen will, Dein Anliegen verstehen zu wollen."

„Du überschreitest gerade meine Grenzen."

Achte dabei darauf, diese Sätze authentisch rüberzubringen. Übe sie laut zu sagen, verinnerliche Dir ihre Bedeutung. Bleibe bei einem sachlichen, ruhigen Ton dabei.

Lass die Gefühle zu Hause oder in eine Schutzzone raus beziehungsweise zu.

Reinigungsbad mit Meersalz/Ursalz hilft schlechte Energien zu reinigen.

SELBSTFÜRSORGE! Alles was Dir gut tut!

Hol Dir die Kontrolle zurück und lerne die Option der Sahnetorten kennen. Am liebsten mit Topping und in einem Schutzgarten, in dem man sich mit Respekt und Würde begegnet sowie auf Manipulationen verzichten kann und will.

Fühle Dich, **mit dem Universum* verbunden.** (*Gott, Allah oder dem Heiligen Baddaboombaddabing)

Wenn es nicht geht, geht es nicht. Du darfst Dich vor erneutem Missbrauch schützen. Hör auf Dein Bachgefühl es gibt genug andere Möglichkeiten seine Komfortzone zu erweitern. Retraumatisierung gehört, aus meiner Sicht zu den Experimenten vor denen ich abrate. Eventuell ist es notwendig eine Krankschreibung oder ein Attest einzuholen, bei Gericht so oder so die psychosoziale Unterstützung und Opferschutzhilfe anzufordern.

Bleib auf Deinem Weg! Schutzgärtnere!

83. Tag Vergeben, vergessen, verzeihen

Gerade als spiritueller Coach begegne ich vielen Glaubenssystemen, weniger Wegen. Diese Systeme richten sich nach unterschiedlichsten Philosophien und haben jedoch, wenn es um Missbrauch geht, oft einen fahlen Beigeschmack. Ich sehe wie sich Menschen aufgrund ihres Glaubens weiter verdrehen, die andere Wange hinhalten, auf Rechte verzichten, und das sind die harmlosen Varianten. Es ist so ziemlich jeder schon mal in einer scheinbar ausweglosen Situation gestanden und hat auf ein Wunder gehofft. Das ist Privatsache aber eben oft auch bescheidene Coping-Strategie, wenn es an das Eingemachte geht und den Moment, größter Verwundbarkeit. Opfer des narzisstischen Missbrauchs, besonders jene mit Kindheitsmustern, neigen dazu sich ständig für alles zu entschuldigen, blind zu vertrauen und zu hoffen. Viele haben gelernt die Verantwortung, automatisch zu übernehmen, da sie dazu erzogen sind. Egal ob Goldkind oder schwarze Schafe und rebellierenden Exemplare, sie sind automatisiert sich für ihre Bedürfnisse zu entschuldigen und für die, der anderen gleich mit. Du kannst das für Dich leicht überprüfen, in dem Du einfach mal darauf achtest, für was und wann Du Dich entschuldigst. Wir sind hier, mitten im Grenzen lernen Thema. Mit der Bewusstwerdung ist ein erster Schritt getan, gib Dir Zeit an diesen Mustern zu arbeiten.

Wie entschuldigt man sich und wie kann ich verzeihen?

Eine Entschuldigung setzt voraus, dass ein Schuldbekenntnis vorliegt und die Einsicht, diesen Umstand nicht zu wiederholen sowie eine selbstreflektorische Reue. Was sich mit narzisstischen Verhaltensweisen kaum ehrlich vereinbaren lässt, von beiden Seiten betrachtet. Um zu entschuldigen, bedarf es aus meiner Sicht mehrerer Schritte. Für mich war es ein wesentlicher Schlüssel, in meine Richtung, diese Handlungsweise zu verinnerlichen und mit meinem Erlebten abzugleichen.

1. Die Bitte, sich entschuldigen zu dürfen und Gehör.
2. Die Erklärung darüber was schiefgelaufen ist.
3. Die Übernahme der Verantwortung dafür.
4. Die aufrichtige Reue.
5. Ein Angebot zur Wiedergutmachung.
6. Die Bitte darum, diese Entschuldigung anzunehmen.

Auch narzisstische Menschen können sich entschuldigen, sie spielen, was gebraucht ist.

Die Ernsthaftigkeit und Änderungsprozesse lassen sich hier nicht finden. Wer geistig sich bereit fühlt, alles und jedem insbesondere seiner Täter gegenüber Vergebung zu üben, hat hoffentlich die Wut, Scham und andere Phasen intensiv durchlebt und auch sonst ein recht individualisiertes geheiltes Leben. In der Soziologie weiß man, ohne Feindbilder, kommt Mensch kaum aus. Betroffenen, radikale Vergebung ans Herz zu legen, ist wie ihnen zu erklären: „Was Du gerade versuchst zu verstehen, ist gar nicht so schlimm, mach einfach weiter wie immer." Wenn für Betroffene noch eine jahrelange Konsequenz entstanden ist … ist Vergebung, womöglich ein re-traumatisierender Tipp.

Klar ist es mir möglich, von einer weiteren Perspektive aus, die Opfer in den Tätern zu sehen und im Spiel des Lebens Vergebung zu finden, jedoch ist Realität damit, schwer verdaulich. Ein blaues Auge oder eine zerfleischte Seele mit „ich verzeih" Dir zu heilen, halte ich für: weiteren Missbrauch. Hier geht es eher darum die Realität anzunehmen und es nicht persönlich zu nehmen und das hat etwas mit Verarbeitung, Verständnis, Abstand und Information zu tun. Genau das Verleugnen der Tat, macht den seelischen Missbrauch erst salonfähig. Einen Psychopathen zu entschuldigen, ist russisches Roulette nach Ansage. Ein Soziopath soziale Verantwortung aufzuzwingen fast schon Gaslighting und bei narzisstischen Störungen ist die Entschuldigung die Einladung oder der Fuß in der Tür und ein Katalysator für ein ausgereiftes Stockholmsyndrom. Aus meiner Sicht geht es, über die Vergebung zu sich selbst.

Warum man geblieben ist zum Beispiel. Und das ist ein Weg für sich, individuell und im eigenen Tempo. Dort, wo sich aber Verbitterung, Groll und Missgunst breitmachen, ist Abhilfe gefordert, sich insofern Unterstützung zu holen, da tiefer in die Materie zu gehen und sich mit, den Warums und welche Auswirkungen das wiederum auf Deine Zukunft hat, auseinanderzusetzen. Baddaboom-baddabing!

84. Tag DARVO - die Schuldumkehr

Die Loslösung nach narzisstischen Missbrauch und seinen Folgen, bringt neben der Innensicht auch die Aufgabe mit sich, mit dem Erlebten umzugehen, sich Vertrauten zu öffnen, in einzelnen Fällen ist es notwendig, weiter zu gehen, sich zu wehren, Anzeige zu erstatten kurz: sich erklären. Dann lauert eine bekannte Gefahr und die hält Opfer in Kreisläufen und manövriert sie direkt wieder in einen, wenn nicht gerade die Menschen selbst und im Umfeld (Richter, Gutachter, Begleiter, Therapeuten, Anwälte) von ihr wissen. Der Moment, wenn der Täter sich als Opfer darstellt. Dabei geht es, um einen Handlungscluster von Manipulatoren und Tätern. Dank Jennifer J. Freyd amerikanische Psychologie-Professorin und Autorin, hat das ganze einen Namen. Ursprünglich ist es ein Zweig der Psychologie zu Opfern sexueller Übergriffe, und der Begriff erschien 1997 in ihrem Werk „Violations of power, adaptive blindness, and betrayal trauma theory". Da die Psychologie keine Unterschiede zwischen sexueller, physischer und psychischer Gewalt macht, ist es ein viel breiteres Thema möchte ich Dir DARVO nicht vorenthalten. Ich versuche Beispiele zu finden, die nicht allzu sehr triggern.
DARVO – Deny, Attack and Reverse Victim and Offender
Verleugnen, Angreifen und Opfer-Täter-Umkehrung

1. Das Verleugnen (Deny)
Spricht das Opfer die Tat an, setzt der Täter direkt an, das Gesagte zu entkräften, in dem es einfach nicht passierte, oder anders passierte. Deine Wahrheit vs. die des Täters

„Das ist so nicht passiert!"
„Das habe ich nie gesagt!"
„Du wolltest es doch auch!"
„So schlimm war es doch nicht!"
„Du kennst mich doch!"
„Du wolltest das doch nicht!"
„Du hast doch keine Angst vor mir!"

Bereits hier, wird das Opfer verunsichert, erlebt eine Doppelbindung (Realität Handeln des Täters vs. Wahrheit des Manipulators) und beginnt sich, im schlimmsten Fall bereits hier, zu hinterfragen an. Übertreibe ich? Ist das so gewesen? Habe ich falsche Signale gesendet? Habe ich jetzt provoziert?

Anmerkung: In gesunden Beziehungen mag das auch normal sein, sich gegenseitig zu reflektieren und über das Gesagte nachzudenken. In toxischen Beziehungen ist das Ziel Kontrolle und Macht und dafür muss der Wille und Glaube des Anderen gebrochen werden.

2. Attack – Der Angriff

Im zweiten Schritt holt der Täter zum Angriff aus.

„Wenn ich so ein schlechter Mensch bin, warum verlässt Du mich nicht?"
„Du übertreibst!"
„Du willst mir schaden!"
„Es hat Dir doch Spaß gemacht"
„Du weißt, das würde ich nie machen!"
„Das ist doch krank von Dir!"
„Wenn Du das so sagst, dann …"

Da kommt dann die ganze Palette an Taktiken zum Zug, Ausschweigen, Schuldumkehr, Nachäffen, Entwerten, Spiegeln/Projektionen, Lügen, Minimierung … Drohungen. Und ja, DARVO wird auch von Institutionen ausgeübt, Therapeuten und Angehörigen.

3. Täter- Opfer Umkehr

Das ursprüngliche Anliegen des Opfers kommt unter den

Tisch, als ehemalige Betroffene möchte ich es beschreiben mit: wie verschwunden. Nebulös kommt man selbst entweder in eine Rechtfertigungsschlaufe oder wird direkt mit Schuld und Selbstscham sowie Zweifeln überhäuft. An den Beginn solcher Diskussionen kann man sich nicht mehr erinnern, solange man „umnebelt ist". Das erzeugt Angst, macht krank und brennt aus. Gaslighting! Es entsteht die klassische Täter-Opfer-Kontrolldynamik. Um die zu durchschauen, braucht es tieferen Einblick in die Beziehungen. Dokumentation.

Ein Beispiel, bei dem man das sehr gut beobachten kann, sind die MeToo Anklagen. Reaktionen von Beschuldigten lassen massenhaft diese Taktik erkennen. „War ich nicht, die hat Spaß gehabt und jetzt will Sie mein erfolgreiches Leben ruinieren." Man kann sich als Außenstehender eventuell vorstellen, wie wütend und hilflos sich Betroffene von DARVO in den Debatten fühlen mögen. Es entsteht ein erneutes Trauma. Eine Langzeitwirkung von DARVO, ist die erlernte Hilflosigkeit. Diese verhindert, sich aus solchen Beziehungen zu lösen. Es ist die Annahme, diese Situation nicht mehr ändern oder kontrollieren zu können. Das führt zur Depression und Energieverlust. Das bewusste Verstehen dieser Zusammenhänge, ist die Voraussetzung, diese Kreisläufe zu durchbrechen. Das heißt auch, sich dieser Scham und Realitätschecks zu stellen, in die produktive Wut zu kommen und sich die Kontrolle über sich selbst zurückzuholen, Schattenarbeit mit psychologischer Unterstützung. Schritt für Schritt und dabei sich so viel Ruhe, wie möglich zu gönnen.

Dr. Jennifer J. Freyd belegt ihre Arbeit mit mehreren Studien unter anderem das DARVO-geschultes Personal auf Amtswegen, deutlich mehr dieser Fälle registriert und entsprechend intervenieren kann. Es ist etwas für Fachleute nicht die Öffentlichkeit. Atme! Für diese Themen zu sensibilisieren braucht Zeit und ist ebenso Aufgabe der Fachleute.

Nicht selten, wird der Verrat, Untreue und Enttäuschung auch tatsächlich als Schmierenkampagne genutzt und morgen will ich Dir erklären wie es möglich ist, auch da sich zu schützen.

85. Tag Was Du bei Schmierkampagnen bedenken solltest

Smear campaigns oder Schmierkampagnen sind Teil der narzisstischen Beziehungen und entwickeln gerade nach der Trennung, aus narzisstischen Strukturen, möglicherweise gewaltige Dynamiken. Für Betroffene das Trauma nach dem Trauma und unvorbereitet, ein destabilisierender Schock, den niemand gebrauchen kann.

Einer der Gründe, warum Menschen mit narzisstischen Partnern mit einer Trennung hadern, haben sie bereits miterlebt, wie diese Form der Selbstdarstellung und Schuldumkehr verbrannte Felder hinterlässt und die Angst vor der narzisstischen Rage. Schmierkampagnen, Verleumdung, schlechte Nachrede findet bereits in den Beziehungen statt. Es ist eine Form der Triangulation, die vielerlei Zufuhr schafft. Reaktion und Aufmerksamkeit von außen, Entwertung und Kontrolle über die Opfer und Selbstschutzreflex der Narzissten. Dafür werden zum Teil Menschen aus dem gemeinsamen oder unbekannten Umfeld eingespannt (Flying Monkeys) um auszuspionieren, Unruhe zu stiften oder Gerüchte und Infos zu streuen. Bedenkt man, je sehr jemand seine Lügen glaubt, desto überzeugender wird er, ist fast erklärt, warum es überhaupt funktioniert. Gerade wenn Du Grenzen ziehst wie eine Trennung oder "Kein Kontakt", nutzt ihnen der Teil der Wahrheit, um die eigenen Taten zu verschleiern. Es geht nicht um Schuld. Für Narzissten aber schon! Ein Großteil der Narzissten manipuliert nicht bewusst. Ich denke, wenn ich einbruchsicher sein will, schadet es nicht die Sichtweise von Einbrechern zu verstehen. Und da sehe ich – als Berater und Coach für Menschen in und nach narzisstischer Gesellschaft - in H.G. Tudor eine interessante Quelle, wenn er sich in endlosen Monologen darüber ausleert, wie sie ticken und ich mir meinen Reim darauf machen kann. Aus Opfersicht alles sehr schwer zu begreifen und zu ertragen, doch dafür gibt es den Schutzgarten. Wenn Du Kontrolle über Deine Realität gewinnst, über Grenzen und Selbstwert bedeutet es gleichsam Kontrollverlust sowie Illoyalität für sie.

Wenn Du Deine Stärke (wieder)entdeckst und nutzt, fühlen sie sich bedroht und es fängt die innere Uhr an zu ticken. Sie kennen ihre Muster, Beziehungsverläufe, wiederkehrende zwischenmenschliche Problematiken. Sie wollen die Ersten sein, die von der Dysfunktionalität berichten, sie spiegeln, sie verzerren die Wahrheit und erfinden sich eine, in der sie als Opfer hervorgehen. Die kognitive Voraussetzung, Denken und Fühlen zu filtern, zu reflektieren oder zu überprüfen ist nicht gegeben. Das, was möglicherweise als Konsequenz auf dem Plan steht, wird nicht bedacht. Das würde nur zusätzlich Zeit in Anspruch nehmen und noch längeren Kontrollverlust in Kauf nehmen, ist nicht. Und das ist es!

Ein kindlicher, empathieloser, antisozialer Überlebensmechanismus. Theoretisch, eine Art Auszeichnung für die Opfer, die bedeutet: Du bist auf Deinem Weg. Wenn es denn so einfach spurlos an einem vorbeigehen würde.

Gerade Empathen, Ko-Abhängige oder Muster-Ko-Narzissten, kommen nicht umhin sich mit der Fremdwahrnehmung anderer und deren Energien auseinanderzusetzen. Da hilft ein einfaches: „Ignorier das!" oder „Nimm es nicht persönlich!" nicht aus. Besonders toxische Scham kann hier einen regelrechten dekonstruktiven Mechanismus auslösen. Die extremste Form der Hetzkampagnen? Wenn es um den geschäftlichen oder öffentlichen Ruf, Existenz oder gemeinsame Kinder geht.

Schmierkampagnen können über Nachbarn, Kinder, Familie, die Arbeit, das gemeinsame Umfeld, Fremde verstreut werden. Und dann?

Ein paar Pro-Tipps:

1. Erinnere Dich, warum Du gegangen bist!

2. Lege Dir einen Schutzgarten an.

3. Kenne Deine Wahrheit!

Die Gerüchte sind nicht Deine Realität!

4. Verteidige Dich nicht!

5. Vermeide den Kontakt zu „infizierten" Menschen. Je mehr Du solche Flying Monkeys fütterst, desto verrückter wirst Du dastehen. Du konntest auch eine Zeit lang die Wahrheit nicht sehen, hast sie gemieden oder verleugnet. So geht es ihnen oder sie finden Gefallen an diesem Spiel.

6. Behalte die Kontrolle oder wie ich sage: den Schlüssel zu Deinem Garten.Realitätschecks, Mindset, Achtsamkeit.

7. Teile Deine Wahrheit im vertrauten Kreis. Auch hier wird sich zeigen, wer Freund und Feind ist. Akzeptiere, dass Dein Kreis eventuell noch etwas kleiner wird oder komplett wegbricht. Nach der Gehirnwäsche brauchst Du erst mal Dich und dann Menschen, die hinter bzw. neben Dir stehen, denen Du vertraust sowie Ruhe vor jeglichen weiteren traumatischen Erfahrungen.

Wenn Kinder mit betroffen sind…

Psychologen sind sich einig, demonstriere was gesunde Grenzen sind, und bekämpfe Feuer nicht mit Feuer. Lehre Kindern, dass man nicht über Menschen schlecht sprechen muss, dennoch seinen Wahrnehmungen vertrauen kann, benennen kann, was einem passierte und wie man sich damit fühlt. Es ist eine Herausforderung da bei sich und achtsam zu bleiben, keine Frage. Auch ich habe diesbezüglich noch zu lernen, Grenzen eher zu ziehen. Wir müssen dazu, weder lügen noch darauf verzichten, authentisch zu sein. Würde und Achtung helfen dabei, doch auch die Gefühlsschau ist aus meiner Sicht wichtig und die Akzeptanz darüber, wenn etwas triggert, dass es uns triggert. Dokumentiere.

Zwar ist es in den meisten Fällen Hören-Sagen, doch die Menge machts, sollte es aus dem Ruder laufen und offensichtliche Bedrohungen daraus resultieren (Jobverlust/Mobbing/Kindesveränderungen) sind Anwälte, Opferberatung und psychologische Unterstützung notwendig. Im besten Falle arbeiten alle zusammen direkt oder indirekt. Mir ist bewusst hier eine Idealvorstellung zu beschreiben und viele Risiken damit verbunden sind, genau deswegen rate ich hier stets zu einer Rechtsberatung bei engagierten Anwälten, für die Sache und entsprechender Expertise, die in der Regel, mit Psychologen zusammenarbeiten.

86. Tag Opfer und Täterschutz

Ich wünsche mir, dass emotionale Gewalt strafrechtlich mehr Relevanz bekommt. Jede Gewalttat geht mit ihr einher, dennoch wird sie zusehends oft als solche ignoriert. Pathologische Narzissten empfinden sich selbst, mehr oder weniger bewusst, als Opfer.

Jedes Opfer des narzisstischen Missbrauchs kann genauso Täter werden, mindestens sich selbst gegenüber. Narzisstischen Missbrauch kann jeder verüben, dazu benötigt es, weder eine tief greifende Störung noch den Willen dazu. Dauerhaft unreflektiertes Handeln reicht aus. Dann haben wir als Betroffene die Möglichkeit, eine Grenze zu signalisieren. Diese selbst einzuhalten, wäre der ideale Weg. Das bedeutet, wenn die Person nicht in der Lage ist davon abzulassen, sich selbst von Ihr abzugrenzen.

Den Täter-Opferkreislauf verlassen.
Natürlich kann man erwarten, dass Menschen sich nach dem eigenen Sinn und Werten ausrichten, doch erkenne, wenn diese Pläne nicht aufgehen und von bestimmten

Menschengruppen nicht so erfüllt werden, wie Du es Dir wünschst oder auf sie projizierst. Denn so wirst Du Dir selbst schaden mit Deinem Narrativ der Hoffnung, auf Veränderung im Außen. Menschen mit extremen narzisstischen Zügen und Störungen befinden sich einem dauerhaften Überlebensmodus, nein Mitleid bringt da auch nichts, sie reagieren deshalb auch aus diesem Schema heraus. Wie ein verletztes wütendes, ängstliches Tier. Haben sie das Gefühl, die Kontrolle zu verlieren, springt der Überlebensreflex an. Durchaus wollen sie dann bei allen anderen die Schuld suchen oder und da wird es dann kritisch erkennen sich selbst als die Belastung, welches sehr schwer zu verdauen ist und bis zum Suizid (auch erweitert) führen kann. Dann wehren sie sich, ohne diese Handlungen und Auswirkungen zu überdenken. 90 % ihrer Drohungen setzten sie nicht um, bleiben noch 10 %. Auch Drohung zählen zur emotionalen Gewalt.

Das Schiff ist längst gekentert! Doch Du bist noch da!
Ein Schiff, was nur von einer Seite gesteuert wird, dreht sich im Kreis. Bohrt noch jemand Löcher ins Unterdeck, geht es unter. Du bist längst an die neue Insel angespült, was Du nun spürst, sind all die Strapazen und Wunden, die Du Dir im Laufe des Überlebenskampfes zugezogen hast. Zeit, die Insel zu erkunden, bleibt noch, sobald Du Dich erholt hast. Erst mal Luft holen und in Sicherheit sein. Du bist im Überlebensmodus und es ist völlig okay, nicht okay zu sein. Dennoch gibt es vieles, was Du jetzt für Dich tun kannst, das Wichtigste ist, Dir selbst näher zu kommen, und auch das braucht Zeit und geht nicht über Nacht. Es geht darum Dir selbst zu verzeihen – nicht Deinen Peinigern! Auch wenn, in den Texten und Erklärungen über Narzissmus und Misshandlungen, immer wieder die Bezeichnung: Opfer auftaucht, ist das nicht die Bezeichnung, mit der man sich selbst dauerhaft identifizieren sollte. Bist Du da raus, ist es wichtig Dir darüber

bewusst zu werden, dass Du Opfer in der Vergangenheit warst. Jetzt, bist Du Überlebende(r) einer Extremsituation.

Die Sache mit dem Victimblaming ...

...Hat viele Gesichter und beschreibt das Beschuldigen der Opfer selbst für Missbrauch verantwortlich zu sein. Es kann jeder Mensch Opfer, des seelischen Missbrauchs werden und direkt im Umgang mit schwierigeren Menschentypen besteht da eine hohe Gefahr, dass das Umfeld mit drauf einsteigt, verharmlost und ohne Samthandschuhe-Wertungen ablegt. Doch auch untereinander ist die Gefahr kaum abzuwenden. Der Begriff tauchte ursprünglich mit sexuellem Missbrauch das erste Mal auf, wenn es um Schmierenkampagnen und Flying Monkeys geht, verweise ich auf eine besondere Art des Victimblamings. (DARVO)

Ein schwieriges Unterfangen ist es, jedem in seiner Phase der Verarbeitung, gerecht zu werden. Um sich aus einer Opferposition zu befreien, ist es notwendig, dass Betroffene verstehen, sich in einer Opferposition zu befinden und narzisstisches, soziopathisches und psychopathisches Verhalten und entsprechende Dynamiken zu erkennen. Der zweite Schritt wäre, aus dem Opferstatus wieder herauszutreten, sich als Überlebenden begreifen.

Erst im dritten Schritt ist es sinnvoll, sich seiner eigenen Anteile zu widmen. Auch da ist eine Pauschalisierung ungünstig. Es geht darum gesunde Grenzen auszutesten und aus dem Erlebten eine Erfahrung werden zu lassen. Im besten Falle eine, die anderen hilft.

Ich wünsche mir, dass Deutschland den Anforderungen der Istanbul-Konvention nachkommt. Frauen und Männerhäuser massiv aufgestockt werden sowie eine breite Aufklärung erfolgt.

87. Tag Anderen helfen

Neurologen sind sich einig, wir wollen Gutes tun als Mensch, doch wer bewertet dieses gut? Gut gemeint, gut verkauft, gut gedacht – sind nicht selten inkohärent mit dem Ergebnis.

Ein klassisches Symptom im Opferverhalten ist es, eher anderen als sich selbst helfen zu wollen. Der pathologische Altruismus definiert dieses Verhalten zum Verdrängungsmechanismus oder Helfersyndrom. Doch was bestimmt die korrekte Grenze? Wie moralisch ist es, jemanden abzusprechen, Hilfe anzubieten? Hier liegen die Themen begraben wie Entwicklungshilfe, Ehrenamt, Gemeinnützigkeit, die stets im großen Zusammenhang mit Kultur, Bildung und Empathievermögen steht. Empathie bedeutet mehr als nur die eine Seite sehen wollen und sich ihr moralisch zu unterwerfen, es beinhaltet alle Perspektiven zu verstehen. Schaf und Wolf und daraus einen Mittelweg zu finden, der Du ahnst es, unweigerlich nicht jedem so schmeckt, wie er aufgetischt wird. Somit kommen neben der Moral unsere Ethik und Werte zutage. Wer den Rat sucht, versteht ihn nicht. -Wer ihn versteht, braucht ihn nicht. Es gibt Menschen, die kommen mit einem Gefühl auf die Welt anderen helfen zu wollen, ohne eine genaue Vorstellung wobei und womit. Andere werden berufen, durch gewisse Lebensereignisse und ihre Erfahrungen. Und dem daraus entstandenen Gefühl zurückgeben zu wollen. Selbstloses Verhalten löst Wohlgefühle aus, mindert Stress und ist in unserer Gesellschaft ein Überlebensfaktor. Was nützt es mir, meinen eigenen Garten blühen zu sehen und mich am Überfluss der Ernte zu erfreuen, wenn um mich herum die anderen Gärtner verzweifeln und hungern? Ich fühle mich nicht verantwortlich, doch wenn jemand fragt oder ich spüre, dass ich effektive Lösungen kenne. Wenn, empfinde ich es als meine Pflicht, meine freien Ressourcen, anderen zugänglich zu machen oder anzubieten. Ein englischer Garten benötigt jedoch andere Expertise als Steingärten oder Wildgärten.

Die Hilflosigkeit, die Menschen während und nach narzisstischem Missbrauch erfahren, ist ein schweres Los, welches bei vielen den Drang auslöst „anderen helfen zu wollen". Verständlich, wenn man selbst lange nach Erkenntnissen forschen musste oder von ihnen überrollt wurde. Laut Barbara Withfield und vielen weiteren Experten, ist es auffällig das Opfer noch bevor sie aus der Opferrolle aussteigen und ihre Geschichte verdaut haben, sich bereit fühlen, anderen zu helfen. Die traurige Wahrheit ist, sie können nur von der Heilungsgeschichte berichten, die sie bis her erlebten. Oft präsentieren sie dann die eigene Leidensgeschichte und hier und da unreflektierte Überheblichkeit.

„Wenn ich das schaffe, dann ihr auch alle!"
„Ich möchte Euch allen Mut machen! Trennt Euch einfach!"

Nicht selten erfolgt dann der öffentliche Zusammenbruch indem sie dann ihre Hilfe zurückfordern. Dabei triggern sie unbewusst andere und setzten sich selbst unter Druck. Kaum ein Coach, Berater, Psychologe, Therapeut ist dazu verdammt, stetig erhaben über den Dingen zu stehen und alles zu wissen. Wissen und Selbstfürsorge schützt nicht allein vor Missbrauch oder Trauma. Viele erleben, gerade in dieser Phase erneuten Violation. So gibt es in der Selbsthilfeszene bereits unschöne öffentlich ausgetragenen Fälle. Ein Quell von Drohungen und rechtlichen Tabuzonenbrüchen. Sich selbst und sein Privatleben zu schützen ist ratsam. Auch ich habe Downs, erlebe Rückschläge und finde unentdeckte Muster an mir, die ihre Aufmerksamkeit fordern. Genauso stoße ich auf Themengebiete, wo ich sag: Du da kenne ich mich nicht aus! Dann will ich mich selbst erst mal informieren und auf andere Unterstützer und auf ihre Quellen hinweisen. Die Krux ist: Mit dem Erleben des narzisstischen Missbrauchs, bekommt man ein unheimliches Fakten-Upload, was weiteren Wissensbedarf mit sich bringt. Vielleicht hast Du bereits festgestellt, dass Du jetzt mehr Hintergrundwissen hast als zuvor, was Deine eigene Geschichte betrifft. Du hast genug anderer Geschichten gelesen, um sicher zu wissen, was Phase ist? Diese ungefilterten Wahrheiten passen sich in Gruppen an, die Wirklichkeit dahinter ist nicht selten eine narzisstische Filterblase, die der Gruppennarzissmus gnadenlos aufbauscht. Der Fokus liegt dann darauf, sich gegenseitig zu retten und „ganz" zu werden. Ist gut gemeint, jedoch birgt dieser Weg Gefahren. Einige „Helfer" kommen in die Bredouille ihr Privatleben zu vernachlässigen oder mit der Verantwortung überfordert zu sein. Daraus ergeben sich unschöne Übergriffe, bei sich selbst und auch gegenüber denen, denen man ursprünglich helfen wollte. Die Arbeit mit, sowie die Hilfe für traumatisierten Seelen benötigt Feingefühl, Resilienz, Geduld und einen bewussten Umgang mit Energien. Etwas was ich nun wiederholt beobachte, sind Menschen, die ein erstes Hoch empfinden und sich kopfüber in die Unterstützung und Beratung weiterer Opfer stürzen. Sich selbst 10 Schritte weiter abverlangen und damit andere Betroffene und auch nicht Betroffene forcieren. „Es liegt ja nur an Deinem Selbstwert, Selbstliebe …. daran musste jetzt arbeiten!" Sich selbst zum Narzissmus- oder Heilungsexperten qualifizieren ohne den Hintergrund ausgiebig zu beleuchten, ohne sich ein breites Wissen anzueignen und lediglich, aus der eigenen Filterblasen und der anderen „Opfer" ihre Schlüsse ziehen, ist mehr als ein nach außenverlagerter Therapieersatz zu verstehen. Die Folge: „Aufklärerische Berichte, Videos, Bücher die vor allem die Reproduktion der eigenen Geschichte und (Un-)Wissen bedeuten. Fahrlässigkeit und Burn-out. Aus einem kurzzeitigen Überfluss kristallisiert sich Mangel, statt Freude.

Nicht nur das Mindset aufbauen

– Grenzen der Hilfe

Bist Du noch in Verhandlungen verstrickt? Darauf aus, Deine Narzissmus-Story detailliert mit anderen zu teilen? Noch am Anfang Deines Wissens über Taktiken und Abläufen? Oder noch nicht zurück in Deiner Kraft? Dann ist es nicht an der Zeit, anderen zu helfen, dann ist es notwendig, vorerst Dir selbst zu helfen und Hilfe in Anspruch zu nehmen. Deine Aufgabe ist es: Dich zu schützen. Es existieren erkennbare Unterschiede in den Angeboten zur Hilfe von ehemals Betroffenen. Es gibt die, die psychologische Hilfe in Anspruch genommen haben und nutzen konnten/können und sich mit Beratung und Seelsorge und verschiedenen Methoden auseinandergesetzt haben und jenen, die die Reise über die praktizierte Hilfe für andere antreten ohne Aufarbeitung oder in dem sie ihre Therapie, auf andere anwenden oder in die Selbsthilfegruppe verlegen. Letztere werden es schwer haben authentisch und positiv verstärkend dauerhaft wirksam zu sein, aber unschlagbar darin Echokammern und Fan-Kreise zu produzieren. Das Prinzip von Selbsthilfe ist es, dass sich Betroffene untereinander unterstützen, doch was wäre die Suchtberatung, von einem Süchtigen geleitet oder jemand der gerade so auf Entzug ist? Doppelmoral? Fahrlässig? Ein Versuch?

Rauszuhören was der Gegenüber braucht, will und was er bereit ist zu verstehen, beinhaltet sich für den Moment raus zu nehmen. Abstand zur eigenen Geschichte. Es benötigt Menschenkenntnis und Selbstlosigkeit. Die Frage ist hier: Dient es zur Ablenkung oder ist das ein höheres Bewusstsein in seiner Natur. Realitätschecks sind in diesem Feld notwendig, Selbstfürsorge und Achtsamkeit. Viele beenden ihren Heilungsprozess mit Hilfe und merken nicht, wie ihre Bindung zu den Betroffenen zum

Energieräuber wird. Einige haben dann mit einem schlechten Gewissen zu kämpfen.

Das Gefühl Bindungen zu verlieren oder ihrer Verantwortung nicht nach zu kommen. Es ist okay, hör auf Dein Bauchgefühl, wann es Zeit wird sich anderen Dingen zu widmen. Unterstützung braucht es an den verschiedensten Orten. So heftig wie es sich anhört, sobald es mehr Energie kostet, als es Freude bereitet, ist es eine belastende Aktivität. Ich bin froh, dass mein Leben mir die Zeit und Freiräume dafür zur Verfügung stellt, meiner Berufung zu folgen und dafür zu brennen ohne mich zu verbrennen. Geht es darum in kurzer Zeit, möglichst alle Aspekte zu erfassen, die für den Menschen aktuell wichtig sind, ist es mir wichtig, dem Ganzen einen geschützten Rahmen zu bieten. Das braucht Vorbereitung, Nachbereitungszeit und ist aus meiner Sicht neben dem Schutzgarten, als allgemeinen Ratgeber, die effektivste Methode meiner Unterstützungsmöglichkeiten.

Viele Helfer kündigen laut Unterstützung an und waren im nächsten Moment von der Bildfläche verschwunden. Dafür kann es mehrere Gründe geben. Einige dieser Menschen erfuhren dabei eine Retraumatisierung durch ihre zu früh angebotene Hilfe. Denn über Missbrauch öffentlich zu sprechen, zieht Gegenwehr mit sich und darf die eigenen Grenzen nicht außer Acht lassen. Einige setzten sich dem Druck beharrlich weiter aus und werden so, zu tickenden Zeitbomben bis sie die Kraft oder das Interesse verlieren.

Fazit

Willst Du anderen helfen, lerne es, gesunde Grenzen aufzubauen sowie das Know-how und wachse damit. Wir brauchen dringend Menschen die unterstützen und helfen wollen, die das, was sie bekommen haben, weitergeben im Rahmen ihrer Möglichkeiten. Da wo der Überfluss herrscht. Jede Selbsthilfegruppe, jedes Ehrenamt, jegliche benötigte Zuwendung sind kleine Felsen in der Brandung, doch wenn Dein Fels scharf und kantig ist, oder der Rücken eines unbearbeiteten Monsters, ist er möglicherweise eine Gefahr. Die Heilung von Missbrauch, ist ein langsamer Weg, den niemand für einen gehen kann. Erholung ist ein lebenslanger Prozess. Menschen auf diesem Weg sind häufig mit Rettern konfrontiert, die einen überreden wollen ins Boot zu springen und dabei mehr als Wellen verursachen. Was Betroffene benötigen, ist ein Anker, der in sich ruht in Sichtweite. Es gibt viele Möglichkeiten, wo man zurückgeben kann, es sollte für Dich möglichst triggerfrei sein und Freude bereiten. (Trigger lassen sich beim Thema narzisstischer Missbrauch kaum vermeiden, also ist es wichtig zu lernen wie man mit Triggern umgeht.) Deine Privatsphäre sollte gewahrt bleiben.

‚Gesehen und Gehört werden Wollen', ist kein guter Berater, in diesem Themenbereich. Viele erkennen, dass sie nach ihrer Heilung lieber neue Themen entdecken. Dass sie sich nicht mehr jeden Tag erinnern wollen und keine Abgrenzung diesbezüglich gelingt. Das ist okay, das meinte ich eingangs mit, ich denke, es gibt Menschen, die sind dazu berufen und haben die Voraussetzungen, andere nutzen es, als Ablenkung oder zur Verarbeitung. Anderen dient es zur Maskerade und zum Eigenschutz. Wer Autorität und Machtgefühl sucht, findet in der Selbsthilfeszene traumatisierter Menschen sehr schnell Anhänger und Fan-Kreise. Die Verantwortung und Vorbildfunktion dabei, schieben so einige galant beiseite. Genauso, wie die eigene Heilung. Auch das ist, wenn man sie erfährt, eine wichtige Erfahrung.

Ist es gut jemand retten zu wollen, wenn man gleichzeitig andere damit in Gefahr bringen kann? Ich mag das nicht allgemeingültig beantworten, ich ziehe meine Schlüsse, aus meiner Erfahrung und der meiner Lehrer, wie Meredith Miller, Kim Saeed, Bree Bonchay, Sam Vaknin, Ross Rosenberg, Alice Miller, Peter Levine, Barbara Withfield,

Pete Walker, Karyl McBride, Susan Forward, Rhonda Freeman, Sandra L. Brown, Rick Hanson, Franz Ruppert, Dami Charf, Hans-Jochaim Maaz, Rumi und viele weitere und das zeigt mir: Anderen zu helfen ohne Erfahrung und Überfluss, behindert tatsächlich oft konstruktive Hilfe.

Ohne ein gesundes Selbstwertgefühl und mit der Erwartung an Dankbarkeit und Effektivität bringt die Hilfe Überforderung, Übergriffigkeit, begünstigt Missbrauch mit dem Missbrauch und bildet Filterblasen, in der die ursprünglich angedachte Hilfe unter den Tisch fällt. Ich bedanke mich bei allen Helfern und Menschen die ihren Überfluss teilen. Ich bedanke mich beim Universum mir die Wege dahin zu ebnen und mir selbst ... sie zu gehen. Wer durch schwere Phasen geht und auch so, von Zeit zu Zeit ... zu Zeit ist es unterstützend, sich selbst radikal zu danken.

Danke, dass ich bereit bin, zu lernen!
Danke, für die Gefühle.
Danke, für meine Erkenntnis.
Danke, dass mich mein Körper/meine Gesundheit am Leben hält.
Danke, für meine Geduld.
Danke, für den Spaziergang.
Danke, für meinen Humor.
Danke dafür, dass ich mir die Zeit gebe, die es braucht.

Und das heißt, manchmal auch Danke, dass ich offen bin, mich zu interessieren, sonst würdest Du das hier nicht lesen gerade und hey, dafür danke ich Dir! Ich danke Dir, denn allein die Bereitschaft zu den Erkenntnissen und das Erlernen, seine Seele in und nach narzisstischer Gesellschaft zum Blühen zu bringen, ist eine große Hilfe und Unterstützung der Gesellschaft auf dem Weg, zu einem würdevollen Miteinander.

88. Tag Armer schwarzer Kater

- zwischen Mitgefühl und Mitleid

Kennst Du das „Armer schwarzer Kater Spiel" noch, aus
Kindertagen?
Ein Kind miaut ein anderes möglichst qualvoll traurig an.
Das andere Kind musste versuchen, über den Kopf zu
streicheln und mitleidsbekundend „Armer schwarzer Kater" rüberzubringen! Ist es nicht überzeugend und lacht
dabei, wird es selbst zum Kater.
Pech, Leid und Unglück schürt menschliche Urängste.
Allzu menschlich ist es, denen dies widerfährt, Mitleid zu
bekunden oder sie meiden zu wollen. Es heißt jedoch nur,
dass wir das Ausmaß des Schmerzes anerkennen. Wenn
uns etwas in Mitleidenschaft zieht, leiden wir mit. Dann
grenzen wir uns entweder davon ab, oder wollen helfen.
Mit Empathie hat es erst mal weniger zu tun, als die meisten Menschen denken. Nun auch jemand der empathisch
mitfühlt, hat dieses Problem unter Umständen. Es ist eine
Frage der gesunden Grenzen. Mitgefühl ist das Verständnis über ein gesamtes Gefühlsspektrum. Eine Form der
Anteilnahme, nicht der Vereinnahmung oder Bewertung
einer Situation. Oft benötigen Menschen, denen wir Mitleid schenken, konkrete Lösungen, die erfragt werden
wollen. Und Menschen, die unser Mitgefühl benötigen,
Zuwendung und Trost. Dir tut Dein Ex-Partner oder die
Ex-Partnerin leid? Der Elternteil, die Freundin oder Ar-
beitskollege, weil sie armselig oder erbärmlich sind? Solche Opfer ihrer selbst sind? Was stimmt mit Dir und Deiner Eigenempathie nicht? Du machst Dich angreifbar für
weitere Angriffe und stellst Dich, gegen Dein eigenes
Leid. Kurz: Narzissten sehen in Opfern etwas Erbärmli-
ches oder eine Quelle.
Mitleid für pathologische Narzissten, hat nichts mit em-
pathischem   Bewusstsein   zu   tun   oder   einem

Vorankommen im Thema. Es ist Treibstoff für Dein Ego und der versteckte Hinweis immer noch helfen zu wollen. Der Retter kommt nicht umhin, selbst gerettet werden zu wollen. Das hat uns, zum Glück, die Natur so eingeimpft, der moralische Antrieb Schwächere zu unterstützen, doch Vorsicht! Es sollte nicht zur altruistischen Falle werden, vor Deiner Selbsthilfe zu flüchten.

Jetzt komme ich zu einem Skill, für den zum Beispiel hochempathische Menschen bekannt sind. Mitgefühl. Mit größer werdendem Abstand, zu den toxischen Beziehungen, sehe ich, wie mein Mitgefühl genährt hat, ohne zu nähren. Wie es mich verzehrt hatte, innerhalb der Beziehungen. Mir fehlte die Grenze zwischen deins und meins. Ist ja nicht unüblich, dass sich das in Beziehungen vermischt. In toxischen Beziehungen übernimmt man die Stimmungen irgendwann ungefiltert und kann es nicht mehr unterscheiden. Mit mir wurde lange Zeit, ohne dass ich es wusste, armer schwarzer Kater gespielt. Dabei blieb ich, ernsthaft besorgt. Doch weder mein Trost noch Lösungen für Andere beendeten es. Nicht mein Spiel falsche Adresse, weiß ich heute.

Mein Mitgefühl für narzisstische Taten und ihr Opferdasein hält sich mittlerweile in gesunden Grenzen. Heute fühle ich, die Angst, Eifersucht, Wut, Macht, Dominanz, ihre Grandiosität und Leere. Dafür habe ich kein Mitleid mehr, was mich zum Handeln zwingt. Welches die Hoffnung schürt, ich könne daran aktiv etwas ändern. Maximal Verständnis, das es ist, wie es ist. Ich habe nach langer Odyssee, endlich Mitgefühl für mich selbst entdeckt.

Und jetzt frage ich Dich! Wie sieht es bei Dir aus?

Was suchst Du eher bei anderen, Mitleid oder Mitgefühl?

Und schenkst Du Dir Mitleid oder bist Du schon bei Mitgefühl und aktiver Selbsthilfe?

89. Tag Schuld und Scham

- Was geschehen ist, ist geschehen

Wenn ich zurückblicke, gab es seit meiner Kindheit ein Gefühl, welches Gift trinken gleichkam. Das „Schäm Dich!"/ "Du bist schuld!" Gefühl. Es sagte so viel, wie: Mit mir stimmt was nicht, ich bin nicht okay. Um es nicht zu trinken, müsste man ja sehr wütend werden oder schamlos, so dachte ich. Und doch kennen wir alle diese Konfrontation, nur gehen wir nicht alle gleich mit Scham und Schuldgefühlen um. Die gute Nachricht: Es lässt sich damit leben, auch ohne zu explodieren, schamlos zu werden oder sich zu vergiften.

Da ist sie wieder, die bewusste Frage nach dem Warum und wofür? Warum und für was schäme ich mich? Warum und wofür fühle ich mich schuldig?

Scham geht an die Existenz und doch gibt es weltweit Schamgefühl, es ist ein Urinstinkt der Menschen, den wir vielleicht besser kennenlernen sollten, als ihn unterdrücken zu wollen. Scham ist Selbstschutz, aber auch Bewahrung. Mit Scham umzugehen, erlernen wir im Kindesalter. Nach narzisstischer Erziehung neigen Kinder auch im Erwachsenenalter dazu, regelrecht panisch auf Schuldzuweisungen zu reagieren, besonders Narzissten werden irrational, denn es zeigt Opfern und Tätern unterbewusst, die nicht vorhandenen Grenzen und traumatisiert. Nach und während einer narzisstischen Beziehung neigen Opfer zu Scham und Schuldgefühlen. Es ist eine Art Überlebensreflex, teilweise Projektion und einem Trauma zuzuordnen. Vorsicht auch der Narzisst fühlt sich als Opfer und je nach Schauspielkunst und Ausprägung der PS, sind ihnen das Scham- und Schuldgefühl Prinzip, welches sich oft in Wut zeigt, bekannt. Scham zeigt uns, wie ein Sturm, wo der Garten seine Bruchstellen hat. Scham und Schuldzuweisungen sind ein Manipulationsmittel und bei

Nichtbeachtung eine tickende Zeitbombe. Beschämte neigen zu Wut. Sich Schämende zur Stagnation. Der Vorwurf an sich und selbst sowie die Schuld der Anderen, können lähmen und vergiften. Das typische Gedankenkreiseln der Medaille: *Ich hätte doch gehen können, hätte es mehr ertragen können, hätte es mehr recht machen können, …* Hätte, hätte, … Fahrradkette, das ewige Warum und grübeln sind pures Gift, denn nachweislich macht unbearbeitete Scham auf Dauer körperlich krank und boykottiert den Selbstwert. Genauso ist ein „Warum trennst Du Dich nicht?" beschämend und oft kontra induktiv für eine Trennung von narzisstischen Partnern. Die Aggression überträgt sich in die Beziehung und zu sich selbst.

Dieser Umstand kann uns extrem handlungsunfähig werden lassen oder handlungsfähig, er ist eine Einladung genau hinzuschauen, sich zu fragen: Woher kommt das Gefühl? Die Psychologie und besonders die Thesen der Gewaltfreien Kommunikation (GfK), arbeiten mit der Scham-Schuld-Wut Spirale. So sei Scham und Schuld oft Ursache für Wut und alle drei Teile, einer Medaille. Es geht auch umgedreht, so wird unterdrückte Wut und gerade das „Nicht handeln" zu Scham- und Schuldgefühlen. Denn das Gift wirkt am besten, bei dem der es einnimmt. Und das ist eben der Knackpunkt, das Gegengift ist oft verschleiert und selten offen diskutiert. Wer würde schon sagen „Schau mal auf deine Selbstliebe!", wenn der Gegenüber mit Wut, Scham oder Schuld zu tun bekommt? Dabei weisen da schon alte Lehrmeister wie Rumi den Weg.

„… Dem dunklen Gedanken, der Scham, der Bosheit – begegne ihnen lachend an der Tür und lade sie zu dir ein. Sei dankbar für jeden, der kommt. Denn alle sind zu Deiner Führung geschickt worden, aus einer anderen Welt."
Rumi

Bevor ich auf ein paar Punkte komme mit der Scham/Schuld/Wut umzugehen, möchte ich auf die Autorin Liv Larsson hinweisen, die ebenfalls dazu rät: „Dem Signal – sich wieder mit dem Leben zu verbinden", dankbar entgegenzutreten. Weiter schreibt Larsson, wäre es sinnvoll, sich zu fragen, um was es genau geht. Geht es um Würde und Selbstrespekt, um Akzeptanz oder Zugehörigkeit? Und dann?

Dann könnten folgende Dinge helfen:

1. Inneren Kritiker abstellen. (Siehe auch Punkt 5.)

2. Entschuldige Dich bei Dir selbst (eventuell auch bei anderen) Dich unwissend verhalten zu haben.

3. Aus Fehlern lernen! Wie willst Du zukünftig in solchen Situationen reagieren? Erstelle einen Plan für die Zukunft. Mögliche Beispiele: Zukünftig löse ich mich schneller aus einer toxischen Bindung. Ich nehme die Kritik erst mal nur sachlich nicht persönlich wahr und höre zu. Wenn ich das nächste Mal Scham/Wut/Schuld empfinde, freue ich mich darauf herauszufinden, was es mir sagen will.

4. Lass die Selbstbestrafung gehen ...

5. Das Gegenteil und somit Antidote von Schuld und Scham ist praktische Selbstliebe, das Erkennen und Annehmen der eigenen Bedürfnisse und Achtsamkeit.

6. Weitere Vertiefung in das Thema Scham (Schuld, Wut)

7. Wichtig gerade nach narzisstischem Missbrauch in psychologischen Gesprächen (im geschützten Rahmen) diese Gefühle anzusprechen, zu überprüfen (Realitätschecks) und somit auch viel Mut.

90. Tag Die Therapeutenbesichtigung

Im Idealfall findet ihr in einem guten Therapeuten folgende Eigenschaften:

Fragt nach, ist empathisch, hört gut zu, gibt gute Denkanstöße und Hausaufgaben, hat ein umfassendes Verständnis für die Problematik der Patienten, überprüft Deine Fortschritte, informiert sich über neue Erkenntnisse und Studien zum Thema, hat eine Verbindung zum Patienten, lässt Dich sicher und bequem fühlen, versucht nicht Dein Freund zu sein.

Er/Sie erinnert sich an Inhalte der vorausgegangenen Sitzungen und behält Deine Zuversicht und Selbstvertrauen im Auge. Es gibt verschieden Methoden, Provokation, Gestalt-Therapie, Verhaltens- oder Musiktherapie und Kombinationen, Gruppen oder Einzeltherapie und viele Weitere. Viele Experten raten zur EMDR Methode der Traumatherapie nach Francis Shapiro. Dennoch ist es eine sehr individuelle Sache, was Dir guttut, wo Du einen Zugang findest und natürlich auch welches Angebot existiert. Bitte achte auf die Räumlichkeiten, damit meine ich nicht, dass Du eine Staubprobe machst mehr, ob Du bereit bist, in jenen Dich zu öffnen, entspannen und sich sicher zu fühlen sowie nicht abgelenkt wirst.

Kommt ein Patient zum Therapeuten und sagt: Ich komm nicht klar überall, wo ich hingehe, verfolgen mich Schmetterlinge! – Ja, sagt der Therapeut und fängt an mit den Armen zu wedeln… aber warum kommen sie denn mit dem ganzen Fliegzeuch zu mir?

Denke daran, Therapeuten sind normale Menschen und selten problemfrei, doch diese haben in (D)einer Therapie nichts zu suchen. Das heißt, nicht, dass Therapeuten nie etwas Privates erzählen dürfen, doch wenn Du nach Hause gehst und Dir Gedanken über ihre Problematiken machst, läuft etwas gewaltig schief.

Lass Dir Zeit, zu entscheiden, und habe den Mut es selbst herauszufinden, wer zu Dir passt. Am Ende hat die Methode nur sehr geringen Einfluss und selbst der Therapeut macht nur ein Drittel des Fortschritts aus. Der Rest ergibt sich aus Deiner Arbeit und Erkenntnis sowie den Sachen, die Du in Deinem Alltag erlebst und wie Du sie verarbeitest. Eine gute Therapie begleitet Dich fürs Leben, und im besten Falle hast Du Deinen eigenen Werkzeugkasten, um Dich selbst zu regulieren, oder eine Adresse an die Du Dich wieder wenden kannst. Reden, Körperarbeit und Geduld sind aus meiner Sicht notwendig.

Und noch ein paar Tipps:

Halte eine Liste bereit, mit den Themen, die Dir wichtig sind.

Halte Dir nach dem Termin den restlichen Tag frei.

Es ist okay, erst mal alles raus zu lassen (Teils notwendige verbale, emotionale Entlastung, bevor man konstruktiv daran arbeitet.)

Lass Dich nicht irritieren, wenn die Dinge auf Deiner Liste in den Hintergrund rücken und andere Themen auftauchen während einer Therapie, das ist eher wahrscheinlich.

Verstehe, dass die Therapie allein, keine Wunder bewirken kann.

Habe Mut und Zuversicht!

Therapeuten, die Grenzen überschreiten bitte beim jeweiligen Therapeutenverband melden.

Try & Error! Das ist auch das Prinzip der Phase nach dem Überlebensmodus. Zum Beispiel, wenn man neue Grenzen aufbaut und austestet.

91. Tag Dein Garten – Deine Grenzen

Heute wage ich einen weiteren Blick in die Lernphase. Ob körperlich, räumlich oder psychisch, jeder Mensch hat seine persönlichen Grenzen. Die Frage ist, wie gut kennt er sich mit ihnen aus? Wie sehr hinterfragt er sie? Wie oft übergeht er sie und wie oft arbeitet er an oder mit ihnen. Ob wir Grenzen akzeptieren oder überschreiten, entscheiden unsere Furcht und Wünsche.

Narzisstischer Missbrauch kann nur stattfinden, wenn das Opfer die Grenzen anderer übernimmt und seine eigenen dabei übergeht. Wie ein Garten ohne Zaun. Wie fühlt es sich wohl an, wenn jeder darin rumlatscht und seinen eigenen Zaun mitbringen kann? Um zu verstehen, woher die Grenzen kommen und, warum wir sie hinnehmen, muss man schauen, wie gesund die Grenzen sind und woraus sie entstehen. Eine Rosenhecke mag dornig und unüberwindbar wirken, ein Berg oder eine Schlucht unbezwingbar. Grenzen entstehen im Kopf. Sie sind die Gratwanderung, zwischen Realität und Illusion, und erschaffen unser individuelles Bild.
Ein Vogel, mit dem Wunsch nach Freiheit, der im geöffneten Käfig sitzt, könnte hinausfliegen, dazu müsste er lediglich seine Angst überwinden, dass es außerhalb der Käfigvorstellung nicht lebenswert wäre. Wir Menschen unterscheiden in verschiedene Arten von Angst. Fast 250 Synonyme spuckt das Internet ad hoc aus, wörtlich herrscht die Furcht, der Terror, die Panik, überrennt uns das Muffensausen, die Paranoia, die Bangigkeit, das Grausen und Phobien. Scheinbar gibt es, kaum etwas, vor dem unser Gehirn uns nicht Angst machen kann. Oft werden wir abgelenkt von der eigentlichen Sache.
Zur Erinnerung: Es gibt positive und negative Ängste. Positiv ist, zum Beispiel, die Angst vor Veränderung, die Angst die uns Schwächen oder Bequemlichkeit aufzeigt

und unsere ureigenen Grenzen, wie zum Beispiel, die Höhenangst. Diese sagt uns innerlich ganz eindeutig: bis hier hin und nicht weiter. Eine weitere Angst ist die vor dem Unbekannten ähnlich wie bei der Veränderung beschützt sie uns vor falschen Entscheidungen. Wir können sie überwinden oder akzeptieren. Negativ ist die Angst, die uns Grenzen vorgibt, die uns am Weiterkommen hindern und Leid erzeugen. Existenzangst, Versagensangst, Verlustangst.

Hinterfrage Deine Ängste!

Angst ist nicht gleich Angst, es gibt, verschiede Gefühle, die hinter der Angst stehen können. Aufregung, Ärgernis, Bedrohung, Befangenheit, Befürchtungen, Besorgnis, Bestürzung, Grauen, Furcht, Feigheit, krankhafte Furcht, Mutlosigkeit, Schrecken, Unsicherheit und Wahnvorstellungen. Darüber hinaus gibt es, noch weitere und es lohnt sich, seine Ängste genauer zu hinterfragen, und ihnen eine Wertung zu geben. Von 1 kaum vorhanden bis 10 absolut, wie viel Angst hast Du und was steckt dahinter? Alles über 5 zeigt Dir eindeutige Grenzen auf. An allem darunter kannst Du arbeiten.

Kenne Deine Grenzen zuerst!

Es ist also Deine Entscheidung, mehr über Deine Grenzen und Ängste und Wünsche, zu wissen und Dir nicht, von anderen aufzeigen zu lassen, wo Deine Grenzen sind. Natürlich kommt auch das vor, zum Beispiel, wenn Du eine Grenze der anderen überschreitest. Doch für jemand, der seine eigenen Grenzen nicht schützt und einhält, ist es unmöglich, nicht von fremden Grenzen überrollt zu werden. Klingt nach Krieg und genau das, findet auch statt in narzisstischen Beziehungen. Die Lage wird stets angespannter, die Friedensphasen irgendwann, nur noch zu „aneinander vorbei sprechenden Verhandlungen", und der Narzisst feiert die Übernahme, Kontrolle oder Zerstörung. Deshalb ist es wichtig, seine Grenzen zu kennen, zu benennen im besten Falle: vor dem Grenzübertritt. Wichtig ist es auch, sie regelmäßig auf ihren Zustand, Ursprung und Sinn zu überprüfen.

Respektiere Deine Grenzen!
Halte sie ein und schütze sie vor Respektlosigkeit.
Je besser Du Deine Grenzen kennst, desto besser erkennst Du, wo Deine aufhören, Grenzen fließend ineinander übergehen und fremde Grenzen anfangen.
Sich dieser Felder bewusst zu sein, und dabei keine Grenzen zu verletzten, bedingt eine gesunde Resilienz (psychische Widerstandskraft).

Beim Komplementärnarzissten ist diese, entweder in der Kindheit nicht aufgebaut worden, oder beeinträchtigt.
Sie will reaktiviert oder erlernt werden. Der Zaun will gebaut oder erneuert werden. Habe Geduld, wenn eine derartige Aufgabe vor Dir liegt, und suche Dir dabei Unterstützung, wenn Deine Kraft nicht ausreicht oder knapp bemessen ist.

Behalte den Schlüssel!
Zurück zu Deinem Zaun, vergiss nicht den magischen Eingang einzubauen, nur Du besitzt den Schlüssel und bestimmst, wem Du die Tür öffnest und wem sie verschlossen bleibt. Du und Dein Garten seid in einer Beziehung bis zum Lebensende, also behalte den Schlüssel und überlass ihn nicht vertrauensblind den Anderen. Ein guter Freund, Therapeut oder Coach, wird es nicht darauf anlegen, selbstständig in Deinem Garten alles umzustrukturieren, er kann Dir lediglich Tipps und Ratschläge geben, wie Du es selbst gestaltest. Und er wird Dir vorschlagen, Deinen Schlüssel zu behalten!

Erst, wenn Du eine gesunde Abgrenzung kennenlernst, wirst Du merken und lernen, wo die Türen offenstehen und wo sie besser verschlossen bleiben. Ein gesundes

Selbstvertrauen bedarf der Selbstliebe, Selbstachtung und den Selbstwert. Um alles zu erhalten, braucht es den Schutz eines inneren Kreises – Dein Schutzgarten! Um diesen herum läuft 24/7, ohne Dein Zutun, der Empathie-Scanner (Dein Zaun). Du entscheidest, wie nah sich Menschen auf Deinen Garten zubewegen können, es gibt viele Umlaufbahnen. Die Narzissten und alle anderen die von Wünschen oder Ängsten getrieben werden die Dir schaden, schweben dann im äußeren Rand und können nicht mehr durch Deine gesunden Grenzen hindurch. Habe Geduld, gerade nach traumatischen Erfahrungen, wie der emotionale Missbrauch über längeren Zeitraum, oder ein ganzes bisheriges Leben, sind Herausforderungen, diesen Lernprozess anzustoßen. In den ersten Wochen, Monaten gibt es spürbar kaum Fortschritte. Der Überlebensmodus ist Teil des Vorgangs und am Anfang steht immer die Idee. Die Umsetzung beginnt mit dem Wissen und das ist die gute Nachricht: Deine ersten Schritte liegen bereits hinter Dir. Geduld ist ein weiterer Weg sowie positive Vorstellungskraft. Deine Grenzen – Dein Zaun – Dein Garten – Deine Gestaltung!

Lange habe ich überlegt meine ausführlichen Gedanken dazu diesem Buch beizufügen, meine Entscheidung dazu mir extra Raum und Zeit zu verschaffen beinhaltet ein eigenständiges Projekt. Kein-Kontakt bedeutet für mich Ruhe und zu sich selbst finden. Und ich denke, mir ist es gelungen, Dich mit dem einen oder anderen Tipp dabei zu unterstützen.

92. Tag Plus

Nun ist er da der 92. Tag Deiner Reise, und ich habe eine wunderbare Idee und Erinnerung für Dich in die Zeilen gepackt. Doch vorerst gratuliere ich Dir, zu Deiner Kraft, dem Ja zu Dir und den Mut, der narzisstischen Gesellschaft aus der Reihe zu tanzen.

Die Neurologie ist so ein spannendes Feld und sollte dringend im Schulunterrichtsstoff einfließen. Denn manches lässt sich dadurch leichter verstehen und umsetzten. Heute möchte ich Dich erinnern oder darauf hinweisen, dass unser Gehirn und das neuronale Netzwerk was damit verbunden ist, mindestens 21 Tage braucht, um ein neues Muster zu integrieren. Deswegen ist jedes schnell durchgelesene Buch, jede 7 Tage Challenge und gute Neujahrsvorsätze so schnell vergessen und selten im Potenzial genutzt. Andersherum können wir uns aus purer Bequemlichkeit heraus, es mehr als gemütlich in der Komfortzone machen. Willst Du etwas für Dich erreichen, lohnt es sich, sich und dem Thema kontinuierlich Zeit und Raum zu geben. Ich denke, Menschen in und nach narzisstischer Gesellschaft und im Überlebensmodus haben viel Zeit dem Negativen gewidmet. Oder?

Es ist wie es ist, die Frage ist doch: Wie soll es werden?

Ich lade Dich ein, folgende neurologisch-tiefenwirksame Methode zu nutzen, um Deinem Leben mehr Lebensqualität zu sichern. Notiere Dir zum Ende des Tages 3 Dinge, die gut waren und für die Du am heutigen Tag dankbar bist. Achte darauf mindestens 21 Tage dies in Dein Abendritual einzubauen, oder am Morgen danach rückwirkend, auf den vergangenen Tag. Das Gute an positiver Psychologie ist, sie lässt sich leicht selbst anwenden und spüren. Die durchgängigen 21 Tage sind Pi mal Daumen, die Zeit die es braucht die neuronalen Verbindungen auszubilden und den Effekt zu erspüren. Mir hat diese Methode sehr geholfen, den Fokus neu auszurichten. Heute habe ich ein ‚Glas der guten Momente' für das ganze Jahr. Auf bunten Zetteln notiere ich mir schöne, dankbare Momente, die ich erlebe und freue mich zum Ende des Jahres alle guten Erinnerungen gesammelt zu wissen. Der April ist noch nicht mal vorbei und das Glas ist schon zur Hälfte gefüllt, ich denke, ich brauche ein größeres… Und das, wünsche ich Dir auch. Ein gut gefülltes „Gute Momente"

Jahr. Ich weiß nicht wie Dir ist, auf meinem Zettel landet heute, diesen Tag geschrieben zu haben und die Vorstellung Du hast diese Reise hinter Dir und den Mut gefasst, Dein neues Leben zu erkunden, mit Höhen und Tiefen und einer ganzen Ladung imaginären (ökologisch abbaubaren) Glitter zum Drüberstreuen. Auch wenn wir uns in der einen Dimension nicht persönlich kennen, gefühlt war ich beim Schreiben Dir sehr nah und Du kennst jetzt einen Teil von meiner Geschichte die wiederum, ein kleiner Deiner ist. Alles ist verbunden.

Das 92. Symbol auf der X-Liste, 92 Tage Hölle und hoffentlich hier und da auch Einiges an Baddabing.
Viele Themen fanden keinen Platz in diesem Buch, ich habe gezielt, die Fragen und Phasen des Überlebensmodus hier reingepackt, doch da jede Geschichte individuell ist, ist es unmöglich, auf all Deine Erfahrungen einzugehen. Was das Schutzgärtnern betrifft, wünsche ich mir, dass Du für Dich da dranbleibst, es anfüllst und Dein Garten erblüht, gedeiht, duftet und Dich mit allen Sinnen verwöhnt, auffängt und inspiriert.

Und jetzt?

Atme!

Klar ist mit dem 92. Tag weder alles neu und anders. Ich erwähnte ja bereits, es ist ein Richtwert. Um ehrlich zu sein, es hat mich fast das Doppelte an Zeit gekostet, aus dem Überlebensmodus zu kommen. Vieles lag jedoch am Nichtwissen und der damals noch sehr mühsamen Recherche zum Thema und fehlendem Wissen im Umgang mit narzisstischem Missbrauch. Jeder in seinem Tempo. Und auch die Erholungs- und Lernphase ist für mich mit Triggern und Tiefpunkten verbunden gewesen. Nicht jeder geht mit einer posttraumatischen Belastungsstörung oder einer komplexen Belastungsstörung da raus, doch ein Großteil. Aus meiner Sicht ist es möglich auch damit zu lernen und sich einen funktionierenden Schutzgarten aufzubauen. Ebenso gibt es eine Menge Menschen die Kein-Kontakt nur begrenzt erleben können, Verpflichtung, Rechtsangelegenheiten, gemeinsame Kinder lassen sich kaum in jedem Falle beiseiteschieben. All jenen möchte ich Mut zusprechen, sich diesbezüglich jegliche Unterstützung ins Boot zu holen, die sinnstiftend ist: sozial, finanziell, rechtlich, physisch und psychisch. Baddabing! Es liegt mir am Herzen noch mal darauf zu verweisen: Es gibt Pflanzen die wollen nicht in jedem Garten wachsen.

Was dem einen guttut, kann das Gift des anderen sein und manchmal entscheidet da ein Tropfen. Die Arbeit am inneren Kind wäre so eine Methode, die nicht bei jedem Anklang findet, oder Yoga. Bitte nutzt stets Expertenwissen und ich hör Dich schon fragen: Woran erkennt man jene? Aus meiner Sicht daran, wie lange sie mit ihrer Thematik verwoben sind, wie aktuell sie sind, und wenn sie sich auf ein tiefes, übergreifendes und breites Wissen stützen.

Als Spirit-Coach helfe ich Menschen ihre eigene persönliche Spiritualität zu entdecken, dabei lege ich mich weder auf Religionen noch auf ein bestimmtes Glaubenssystem fest. Ich gehe davon aus, dass wir von Natur aus, spirituelle Wesen sind, die hier auf diesem Planeten reale physische Erfahrung sammeln. Ich unterteile die Welt weder in Gut und Böse oder Schwarz und Weiß, denn all das ist stets verbunden. Ich spüre seit geraumer Zeit einer Art Code nach, den ich überall zu erkennen denke. Weit über Wissenschaft und Geisteswissenschaft hinaus. Ich sehe ihn im Menschen, der Psyche in Dynamiken in der Natur. Vereinfacht ist es wohl die Trinität, und das, was Du für Dich damit verbindest. Für den eigenen Schutzgarten ist es der Selbstwert, die Selbstachtung und die Selbstliebe. An dieser Stelle möchte ich gern ein neues Buch aufschlagen.

Und jetzt?! Jetzt vertraue ich Dir, Deinen Weg weiter zu gehen, wünsche Dir wundervolle Erfahrungen, Momente und Erfolge und bedanke mich, für Dein Vertrauen. Natürlich freue ich mich über Feedback und Erfahrungsberichte, Rezensionen sowie Weiterempfehlungen noch mehr freue ich mich, wenn Du Dich auch dabei schützt und überlegst, wem Du, welche Info zur Verfügung stellst, beziehungsweise ob Du Dich dafür bereit fühlst, die Lücke im Universum mit mir gemeinsam zu schließen!

Alles hat seine Zeit … das hier ist unsere!

Im SOS Teil, folgen weitere Tipps und Hinweise für Dich sowie Erinnerungen. Setzt Dich nicht unter Druck! Atme. Ein und aus. Ich wünsche Dir ein wundervolles aufregendes Leben und einen lebendigen, funktionierenden eigenen Schutzgarten. Bleib bei Dir, und falls es noch schwerfällt, kehr behutsam zu Dir zurück.

Deine Schutzgärtnerin

Manja Kendler

SOS – Hinweise, Tipps und Anlaufstellen

Frauenhäuser /Männerhäuser - Die Infos dazu können Dir die Gewaltberatungs-Kontaktstellen, die für Deinen Bereich zuständig sind, mitteilen. Meist erfolgt vorab ein Beratungsgespräch, entscheiden - ob Du das Angebot nutzt - kannst Du danach. Es gibt ausgewählte Häuser in denen ist das Mitbringen von Haustieren erlaubt, andere arbeiten eng mit Tierpensionen zusammen.

Häusliche Gewalt - Beratung
https://www.hilfetelefon.de/
https://www.gewaltinfo.at/
https://www.opferhilfe-schweiz.ch

Sozialpsychatrischer Dienst
Anlaufstelle für Unterstützung im Alltag sowie für Angehörige von psychisch Kranken.

Caritas/kirchliche Verbände
Soziale, psychologische sowie finanzielle Unterstützung ist je nach Einrichtung möglich.

Seelsorgetelefon
24/7 die Möglichkeiten mit psychologisch geschulten Menschen zu sprechen, kostenfrei und diskret. (Auch per Mail oder Chat möglich.)

Weisser Ring e.V. NoStalk App, Beratung, Unterstützung

https://www.deutsche-depressionshilfe.de

Kein Kontakt mit Kindern

Wichtige Fragen bei so was:
Bekommen sie essen? Warme Kleidung? Haben sie Spaß?
Kinder haben das Recht auf beide Eltern auch auf Kranke,
solange das Kindeswohl nicht gefährdet ist. Sie erleben
ihre eigene Bindung und oft eine Parallelerziehung. Denn
mit narzisstischen Menschen wird ein gemeinsames Er-
ziehungsbild obsolet. Es geht dann eher darum. Ob es einen Ausgleich gibt und nicht nur die eine Welt. Doch es
ist Teil ihrer Welt, ihre Aufgabe damit umgehen zu lernen.
Du kannst ihnen, so lange kein offizieller Missbrauch vorliegt, da nur den Rücken stärken, selbstbewusste Menschen zu werden und Empathie zeigen, ihnen Wertmäßig-
keit und Verzicht lehren. Ich verstehe Deine Sorge, die
Eingangsfragen, das sind ja eben die Tatsachen, wie es andere sehen und bewerten, zeigen sie keine Entwicklungs-
störungen, wird es objektiv, möglicherweise als Deine
Verletztheit ausgelegt und Deine Befürchtungen oder Projektion. Noch mal, die sind in vielen Fällen berechtigt und
da wünsche ich Dir diesbezüglich zu unterlassen, das Gift
zu trinken, welches man Dir präsentiert, sondern mehr
Dich auf deinen Part zu konzentrieren. Was Du als Mutter
oder Vater mitgibst, was Deine Realität ist, Deine Grenzen
und das betrifft, theoretisch auch die Diskretion des Pri-
vatlebens beider Elternparts und das Recht der Kinder auf
beide Elternteile. Selbst wenn sie ‚gekauft" werden oder
subtil manipuliert. Ihnen das wegnehmen zu wollen, wird
keiner verstehen am wenigsten die Kinder. Warum funktioniert Letzteres? Weil Du die Kontrolle behältst. Zumindest die, die Du kontrollieren kannst. Bei sich bleiben vor
dem Kind.
Ich verweise auf das für uns irrationale, aber eine tatsächliche Lösung beinhaltende:
Meine Meinung ist möglich, seine/ihre auch.

Warum? Kinder können sich schlecht teilen und die Psychologie sagt, dass sie es erst mal (solange es nicht strafrechtliche relevante Gewalt gegenüber dem Kind herrscht (Einzelhandlungen zählen leider selten) hat das Kind auch ein Recht auf (tief einatmen) psychisch kranke Eltern. (Tief ausatmen!) Daher ist die Dokumentation wichtig. Persönlich verstehe ich es auch sehr schwer auf alle Fälle bezogen, denn mit diesem Fakt öffnet sich eine Mega-Grauzone. Was dann unbedingt notwendig wird, ist das mit psychologischer Unterstützung zu händeln. Kinderpsychologie auf das Thema spezialisiert. Achtung kein "Streitigkeiten unter Eltern Thema" eher: emotionale Instabilität innerhalb der Familienkonstruktion nach Trennung aus "häuslicher Gewalt mit anhängendem Rechtsstreit und Wechselmodel.

Es ist eins der leider unbedachtesten Gesetze in Deutschland und ein Segen, wenn richtig genutzt. Nach § 158 Abs. 1 FamFG hat das Gericht einem minderjährigen Kind in Kindschaftssachen, die seine Person betreffen, einen geeigneten Verfahrensbeistand zu bestellen, soweit dies zur Wahrnehmung seiner Interessen erforderlich ist.

Wo wir beim Thema sind. Familienaufstellen (systemisch heranzugehen) kann sinnstiftend wirken. Dafür wäre eine vorherige Stabilisierung notwendig. Ein Kreislauf, aus dem es auszubrechen gilt, ist es, sich selbst weniger als alleiniger Manager zu verstehen, auch nicht als Wasserschöpfer in einem Sinkeschiff.

Es gibt bei uns in Deutschland lokale Selbsthilfegruppen für Angehörige psychisch Erkrankter. Ich denke, das wäre eine weitere Anlaufstelle. 1. um zu reden, 2. um zu hören, wie es andere machen, 3. lokale Möglichkeiten zu erfahren und 4. machen jene oft Ausflüge und bieten ein Netzwerk an. Das Wichtigste ist jedoch, das eigene Verhalten gegenüber den Kindern. Die Erwachsenen lösen ein Problem und brauchen dabei von außen Hilfe, es ändert nie etwas an der Liebe zu den Kindern oder Elternstatus (Für Kinder oft das, was sie beruhigt und kooperativ werden lässt) Privatsphäre Papa und Privatsphäre Mama.

Ich möchte hier mal einwerfen, dass es durchaus auch bei Jugendämtern ein Interesse des Kindeswohls besteht, was sie nicht behandeln dürfen sind Beziehungsprobleme, da veranlassen sie dann Mediation. Ich kenne mehr als einen Fall, wo festgelegt wurde, dass sie erst helfen können, wenn die betroffene Person eine klare Grenze zieht. Genauso gibt es Anwälte, die darauf spezialisiert sind.

Mütter und Väter im erhöhten Wachsamkeitsstatus und mit posttraumatischer Belastung sind kognitiv im Überlebensmodus und da steht primär ‚Schaden vermeiden‘ und ‚Unglück verhindern‘ auf dem Plan. Ich bin totaler Freund davon Realitätschecks durchzuführen und sich entsprechend Unterstützung ins Boot zu holen und ehrlich zu sich selbst zu sein. Nur Funktionieren wollen – tut in dieser Situation Kindern nicht gut und Kinder sind da Schwämme. Weiter kommt hinzu, das Jugendamt ist für Kinder zuständig und Elternpflichten, weniger Rechte. Das heißt, sehen sie hauptsächlich einen Konflikt zwischen den Eltern, dann wollen sie, dass man sich dem Kind zu liebe einigt- das ist deren Job. Natürlich gibt es auch beim Jugendamt Plinsen, Manipulatoren und Fachidioten. Auch wesentlich ist die Kompetenz des Anwalts für Familienrecht. Praktisch macht es keinen Sinn, dass sich ein Anwalt öffentlich auf die Fahne schreibt: „Spezialisierung Narzissmus". Leuchtet ein, wem nicht dann ist noch mal kurz erwähnt, dass Narzissmus ein Label ist und selbst Fachleute über Definitionen stolpern. Die Stichworte sind psychische Gewalt, häusliche Gewalt, Manipulation und Mobbing, wenn er oder sie damit vertraut sind, bist Du gut aufgestellt. Einige Anwälte arbeiten mit Psychologen zusammen. Das wäre für mich eine ideale Aufstellung.

Unterstützung im Boot ist notwendig!
Kindererziehung ist nicht einfach, erst recht nicht, wenn
man noch selbst am Rudern ist ohne Land in Sicht. Es
braucht ein ganzes Dorf, um ein Kind zu erziehen, besagt
ein afrikanisches Sprichwort. Viele Elternteile lassen sich
von ihren Ex-Partnern befeuern und kämpfen tagtäglich
mit Drohungen, Überforderung und juristischen Paragra-
fenhickhack. Stopp damit! Ist ja ganz imposant, wie einige
gleich mehrere Superactionheldenkostüme im Schrank
hängen haben, doch wer jeden Tag versucht, Unmenschliches allein zu bewältigen, überbeansprucht sich automatisch selbst.

Der eigene Therapeut und Coach
Es gibt dafür keinen richtigen Zeitpunkt und erst beim
nächsten Zusammenbruch derlei Hilfe in Anspruch zu
nehmen, ist wie Auto fahren mit blinkender Motorölan-
zeige und angezogener Handbremse. Eine narzisstische
Beziehung sowie der damit einhergehende Missbrauch
gehören aufgearbeitet und das am besten auf neutralem
Boden.

Freunde, Familie und „Hallo" Frau Nachbarin.
Fragen kostet nichts, traut Euch alle Optionen auszuloten,
für Euch wertvolle Auszeiten zu bekommen. Es ist völlig
okay, die Kinder für ein paar Stunden in vertraute Hände
zu übergeben. Nichts wirkt entspannter auf Kinder als
entspannte Eltern.

Kein-Kontakt oder doch, aber wie? – Der graue Fels
„Kein-Kontakt" ist in erster Linie ein Ideal, doch kommt
mit Kindern und ohne richterliche Beschlüsse kaum infrage. Dennoch gibt es, eine Methode die es möglich
macht gegenüber dem Ex-Partner minimale Kontaktschä-
den, davon zu tragen. Im Englischen, als die Grey Rock-
Methode bekannt. Sie lässt sich in 3 Stichpunkte fassen:

1. langweilig
2. uninteressant
3. „Ja ist möglich, meine Meinung auch".

Im direkten Umgang sollte man keine starke Meinung äußern, alles ist möglich, die eigene Wahrnehmung und die des Ex-Partners. Dazu sollte klar sein, dass jeder Elternpart sein eigenes Privatleben hat und dieses ist Tabu. Das heißt, es wurden klare Grenzen gezogen, ein weiteres Zusammenleben (mit Narzissten) aus finanziellen Gründen oder für das Wohl der Kinder, halte ich für Selbstbetrug.

Wer mit wem und was sollte egal sein, der Fokus liegt lediglich beim Kind. Alles andere ist uninteressant. Das bedeutet, man selbst sollte auch nichts über sich preisgeben, man führt weder die neue Kaffeemaschine, Outfit, Geschäftsidee vor, noch erzählt man vom Ausgehabend mit den Freunden. Man ist langweilig, hat Staub gewischt und nichts erlebt. Den Narzissten wird es eventuell nicht schmecken, doch je mehr man diese Praxis betreibt, desto mehr Kontrolle und gesunde Grenzen erlangt man für sich selbst. Und plötzlich gibt es da so gar keinen Grund noch zu telefonieren oder lange zu reden. Die Gefahr bei dieser Methode ist der eventuelle Versuch narzisstischer Menschen, über die Kinder dann an Informationen gelangen zu wollen. Man sollte versuchen, auch da einen Weg zu finden die Kinder (je nach Alter) darüber zu informieren das, falls der andere nachfragt, man es einfach nicht möchte, dass da Informationen wandern. Jedoch sollte das Gefühl nicht aufkommen, das Kind könne über bestimmte Dinge nicht reden.

Wichtig sind lediglich Informationen, die das Kind betreffen. Innerhalb von 72 h müssen Erziehungsberechtigte auf Schriftverkehr bezüglich des Kindes reagieren, man hat also genug Zeit, durchzuatmen und sachlich distanziert zu reagieren.

Eine weitere Idee ist ein Umgangskalender. Ein Buch, welches mit den Kindern mitwandert einzurichten wäre eine Möglichkeit, die einige dankbar nutzen. So dokumentiert man ganz nebenbei den Verlauf. Ist das nicht mehr möglich und ist die eigene Gesundheit durch Panikattacken und andere körperliche Symptome bedroht, besteht die Möglichkeit den Kontakt ausschließlich, über das Jugendamt oder einen Anwalt zu regeln, dazu sollte man selbst aktiv werden und am besten ein ärztliches Attest dazu vorlegen.

Bist Du jedes Mal aufgewühlt oder hast einen Ex-Partner, der sich mit Anklagen und Haianwälten schmückt, bestehe auf zusammengefasste Berichte. Anwaltssprache ist barsch und nichts für schwache Nerven. Kontakt über Anwälte sollte nicht in dem Fall bedeuten, sich jedes Schriftstück vom gegnerischen Anwalt vorlegen zu lassen. Und wenn, kann man auch eventuell einen Bekannten bitten, die Zusammenfassung zu übernehmen, so viel Selbstschutz darf sein. Dazu gehört auch die Türschwelle als Grenze für Übergaben, bei sich selbst sowie die, bei dem Ex-Partner. Noch ein Wort zum Wechselmodell. Hier geht es in erster Linie um das Kindeswohl, weniger um Elternrechte. Die Gerichte entscheiden nach Einzelfall, kümmert sich ein Elternteil nachweislich nicht oder entsteht dem Kind nachgewiesen psychischer Schaden, wird kaum ein Richter für ein Wechselmodel stimmen, hier ist vorausgehender Aktivismus gefragt und gute Beratung.

Kinderpsychologie gehört in Expertenhände

Selbst der erfahrenste Psychologe dürfte nicht die eigenen Familienangehörigen therapieren, also versuchen sie es gar nicht erst. Mutter, Vater oder beides zu sein, ist ein Allroundjob, doch ich erlebe oft, wie Eltern versuchen, alles an Katastrophen zu kompensieren und eben Übermensch und Diplomsozialpsychopädagoge zu sein. Das geht in vielen Fällen, nach hinten los. Erziehung ist ja in erster Linie eine Vorbildfunktion, die man ausübt. Man ist mehr so Führer und Ratgeber. Wenn ein Kind Entwicklungsrückschritte macht, wie zum Beispiel wieder ins Bett zu machen, sind das: eindeutige Kriterien, die von Fachärzten begutachtet werden sollten.

Allerdings auch verständlich für mich, denn auch Kinder haben den Verlust und die Trauer über die zerbrochene Elternbeziehung oder eben posttraumatische Störung durch narzisstische Gewalt zu verarbeiten. Lasst Euch beraten, entscheidet nicht unbedingt allein.

Wie erkläre ich es dem Kind?
Bis zum siebten Lebensjahr lernen Kinder sich zu verhalten, dazu sind Grenzen und ein strukturierter Alltag notwendig. Förderlich ist es seine Kinder zum Nachdenken anzuregen und Entscheidungen möglich zu machen, indem man die Kinder versucht altersgemäß mit einzubeziehen. Ab sieben Jahre sind sie fähig zu lernen, dass sie für ihr Handeln Konsequenzen tragen, wie sie dies tun werden, haben sie bis dahin nur abgeschaut. Dazu gehört es auch, Fehlentscheidungen zu treffen und damit umgehen zu lernen. Die klügsten und erfolgreichsten Menschen durften genau das und sie haben aus ihren Fehlern selbstständig gelernt, sind mit und an ihnen gewachsen. Ebenso wichtig ist es, dem Kind zu erlernen, Gefühle wahrzunehmen und nicht nur Emotionen walten zu lassen. Wut ist meist ein Zeichen für unterdrückte Schuld oder Scham. Manchmal ist Überdrehtheit auch nur zu viel Zucker von der heimlichen Süßigkeit oder Anspannung, dazu sollte man mit seinen Kindern kommunizieren. Und all das geht leichter durch gewaltfreie Kommunikation. Und dann wäre es wichtig, ruhig und kindbezogen zu erklären, dass man sich selbst erst an die neuen Umstände gewöhnen muss und alle Parteien versuchen, ihr so weit Bestes zu geben, oder eben die neuen Partner nichts daran ändern, dass Mama, Mama bleibt und Papa, Papa. Wertet nicht

Eure Ex-Partner vor den Kindern, versucht neutral heranzugehen.

Wie können sich narzisstische Elternteile auf Kinder auswirken?

Je mehr man das Bild hinter den Spiegeln überschaut, desto mehr versteht man die Auswirkungen von narzisstischem Missbrauch in der Kindheit. Man kann nur mit gutem Beispiel vorangehen, indem man selbst an sich arbeitet und aus dem Opferkreislauf austritt, der Rest ist eine Frage der Zeit, gesundem Selbstvertrauen der Kids und eben psychologischer Aufarbeitung. Es geht nicht um Schuld, es geht um gesunde Selbstkontrolle und Grenzen. Sich selbst zu heilen, ist das beste Vorbild für Kinder. Dazu gehören sich auch die nötigen Auszeiten zu gönnen, sich selbst zu verwöhnen sowie schöne Dinge, mit dem Kind zusammen, zu planen und sicherlich oft auch: tief ein und auszuatmen und sich beherrschen, eben Selbstkontrolle. Umso wichtiger mit sich selbst im Reinen zu sein oder ins Reine zu kommen. Natürlich sind Gefahren wie Elternkindentfremdung/PAS oder das Kultivieren narzisstischer Züge auch zu erwähnen, doch sind dies Deine Themen, benötigst Du Fachlektüre und spezielle Beratung. Im Überlebensmodus neigt man dazu, sich selbst sowie den Überblick in diesen Themen zu verlieren. Auch wenn ich mich wiederhole, eine Elternbeziehung ist sehr schwer mit toxischen Menschen zu realisieren. Es handelt sich um eine Elternebene. Elter1 und Elter2. Die Ebene besteht durch die Pflichten und Rechte und den Erziehungsauftrag, was in diesen Fällen meist zwei unterschiedliche Stile sind. Auf dieser Ebene ist das Privatleben des anderen genau das, und der Fokus liegt darauf sich auf das Kind/die Kinder sowie die eigene Verantwortung zu konzentrieren. Absprachen Kind-betreffend wären idealer über Dritte zu regeln, dabei sollte: wie man miteinander eine Beziehung führt diesbezüglich, kein Ziel sein, denn das ist ja eher eine Wunsch-Fantasie-Vorstellung bezüglich toxischer Beziehung und klappte vermutlich schon davor nicht. Man führt dann eher Beziehungen mit dem Jugendamt und Richtern.

12 Schritte Plan

trockener Supporter der Narzissten

Die folgenden Punkte lehnen sich an das 12 Schritte Programm an und bedient sich der Formulierungen.

1. Anerkennen, dass man Narzissmus gegenüber machtlos ist.

2. Zum Glauben kommen, dass nur ein Baddaboombaddabing, größer als man selbst ist und es die eigene geistige Gesundheit wiederherstellen kann.

3. Den Entschluss fassen, seinen Willen und sein Leben der Sorge des Universums, anzuvertrauen.

4. Eine gründliche und furchtlose Inventur von sich selbst machen.

5. Vor sich selbst und einem anderen Menschen gegenüber sein begangenes Fehlverhalten eingestehen.

6. Die Bereitschaft, Verhaltensweisen, die das Leben behindern, vom Baddaboombaddabing entfernen zu lassen.

7. Demütig darum bitten, dass das Baddaboombaddabing sämtliche persönliche „chronische das Leben behindernde Verhaltensweisen" beseitigt.

8. Auflistung aller Personen, denen man durch eigenes narzisstisches Handeln oder durch die Beziehung, Unrecht getan und Schaden zugefügt hat sowie die Bereitschaft und den Willen zur Wiedergutmachung entwickeln.

9. Wo immer möglich, die Menschen entschädigen, außer, wenn sie oder andere dadurch verletzt würden.

10. Die „Innere Inventur" fortsetzen und zugeben, wenn man im Unrecht ist.

11. Durch Achtsamkeit versuchen, eine tiefe bewusste Beziehung zum Universum, wie sie jeder für sich selbst versteht, zu verbessern und um die Erkenntnis bitten, seinen Willen zu sehen und die Kraft, ihn umzusetzen.

12. Nach der nun erfahrenen „spirituellen Erweckung" versuchen, die Botschaft (wie der Einzelne die Schritte für sich genutzt hat und weiter danach lebt) an andere Betroffene weiterzugeben und seinen Alltag nach den Grundsätzen der jeweiligen Zwölf-Schritte-Gruppe auszurichten.

Das magische rote Geschenk

der Schutzgärtnerin

Ich schreibe magisch, weil wir uns in einem magischen Bereich befinden, den der feinstofflichen Verbindungen zwischen Energiefeldern Beziehungen und eben auch zu narzisstischen Menschen. Die Dynamik dieser Beziehungen, sie binden. Emotional, körperlich, geistig seelisch, die Schmerzkörper (er)leben sehr eng beieinander in diesen Beziehungen ... um die Energiezufuhr zu gewährleisten braucht es einen regelrechten Kanal eine Art Nabelschnur nur von Brust ... Brust. Du brauchtest diese Verbindung, um überhaupt noch zu verstehen, um Energien/Reaktionen zu tanken, tanken zu lassen.

Was einst ein zartes Band der Liebe ... wird zum scheinbaren Stahlseil mit mehreren Fäden ... ein Spinnennetz, in dem man versucht, den Sinn zu erkennen, und da kann man ans andere Ende der Welt flüchten ... Du ahnst es, ja es nützt nichts. So was Absurdes ist nicht auf der Ebene zu lösen, wie es entstanden ist.

Ich lade Dich ein, Folgendes zu tun: Such Dir einen entspannten, sicheren Platz und mach es Dir bequem. Schließ Deine Augen. Stell Dir dieses Stahlseil bildlich vor, wie es aus Dir herauskommt und sich bis zu der anderen Person bewegt. Schau ob, und wie gespannt es ist, von welcher Seite, versuche es, zu beobachten, ohne Wertung. Die achtsame Wahrnehmung, der entstandenen Verbindung. Ist doch interessant, wie Du sie getragen hast? Wie Du Kraft herausgibst in diese Verbindung, wie sich diese kostbare Energie im Netz verfangen hat?

Diese Kraft holen wir jetzt zurück, denn ich bin mir sicher, diese Energien sind in Deinem Energiefeld besser aufgehoben, als in diesem Scheinspiegelkonstrukt eines Menschen, der nicht fähig ist, mit derartigen Energien achtsam und bewusst umzugehen. Wenn Du diese Tatsache emotional tragen kannst, wird es Zeit für den nächsten Schritt. Danke ihm oder ihr, für diese Art von Verbindung und sage, dass Du sie jetzt nicht mehr brauchst. Er oder sie den eigenen Weg gehen darf. Stell Dir vor neben Dir liegt etwas, was stark genug ist, diese Verbindung nun zu kappen, Dich zu befreien. Mein magisches rotes Geschenk für Dich. Es ist Deine eigene knallrote, kräftige Gartenschere.

Natürlich stahlerprobt, ich habe sie Dir dahin gelegt, die darfst Du gern benutzen in Liebe zu Dir und all dem, was da noch kommen mag und Dich abnabeln. Zu dieser Art von Verbindung sind Menschen fähig, doch können sie uns so sehr an sich binden, dass wir uns selbst verlieren, wenn es der andere tut. Die Verbindungen mental zu trennen, gibt uns Menschen die Möglichkeit neue Verbindungen zu erschaffen, in denen wir freier und doch verbunden leben können. Bewusster entscheiden, zu wem wir derartige Beziehungen aufbauen. Vielleicht ist es nötig, diese Übung zu wiederholen. Vielleicht benötigst Du schwereres Geschütz, möge Dir alles, was Du dafür brauchst, zur Verfügung stehen. Wir sind mit allem verbunden, besonders mit der universellen Energie. Nur wenn wir diese Energien voll und ganz jemand anderem überlassen, schneiden wir uns selbst ab von dieser universellen Energie, das ist gar nicht so einfach, dafür brauchen wir eine ziemlich starke Bindung, eine Traumabindung hat diese Stärke. Liebe ist ein zartes Band keine Fessel. Wenn Du bei solchen Sätzen noch Abwehr empfindest, ist das eine Wertung, die vielleicht ein Hinweis ist, auf die eigenen Anteile, die zu einer Ko-Abhängigkeit in Beziehungen führen. Das sind traumatherapeutische Themen, die viele Menschen aufweisen, jedoch nicht jeder in sich trägt. Hol Dir dementsprechend auch Unterstützung, wenn es Dein Thema weiterhin bleiben sollte.

Deine Kein-Kontakt-ABC-Liste

Ein ganz besonderer Listentipp.

Erstelle Dir eine eigen ABC Liste in der Du alphabetisch Dir Stichwort-artig notierst, was Dir wichtig ist, woran Du Dich erinnern willst.

A wie atme und Achtsamkeit und

B wie Beziehungschronik oder Baddaboombaddabing.

C wie ...

D wie ...

E wie ...

Bis hin zu X-wie die X-Liste oder

Y wie die YouTube-Schlaufe und

Z wie Zentrierung.

Narzisstischer Missbrauch –

Was kannst Du für Dich tun? Ein Überblick

Den ersten Schritt hast Du bereits getan. Du hast erkannt, dass Du etwas für Dich selbst tun kannst und dieses „für sich selbst" wird Deine zukünftige olympische Disziplin werden. Hier eine Auswahl der vielen Möglichkeiten, zu denen ich Dich einlade. Befindest Du Dich aktuell in ernsthafter Lebensgefahr? Fühlst Du Dich bedroht, oder werden Dir, die eigenen Gedanken zu übermächtig. Suche Dir direkt Hilfe bei der Polizei, kontaktiere den Weisser-Ring e. V. oder begebe Dich in ärztliche Obhut. Du befindest Dich in einem Ausnahmezustand, der nur schwer alleine zu bewältigen ist, und schon gar nicht unter anhaltender neuer Gefahr.

Informationsflut!
Das große Bild des narzisstischen Missbrauchs zu überblicken beinhaltet viele Informationen. Sei Dir bewusst, dass es seine Zeit braucht, diese Dinge zu verarbeiten. Manches muss man regelrecht studieren, ständig wiederholen. Wie schnell die Blumen in Deinem Schutzgarten wachsen, kannst Du nicht bestimmen, genauso ist es mit der Zeit, die es braucht, bis die neuen Erkenntnisse in Dir ankern. Wichtig ist, dass Du Dir selbst die Fragen beantwortest, die noch offen sind und dass Du versuchst, den Kopf über Wasser zu halten.

Akzeptiere, was ist! Hätte, wäre, könnte war gestern.
Es gibt kein „vielleicht" und „wenn" mehr. Denn könnte, wäre, hätte – ist Fahrradkette, mehr nicht! Das zählt nicht mehr! Ich weiß, wie weh das tut, ich verspreche Dir, es wird irgendwann schwächer. Nimm diesen Schmerz an, Du bist lange genug davor weggelaufen, aber verliere Dich nicht darin. Beobachte ihn und erkenne, was dahintersteht.

Übe Dich in Geduld!

Mit allem, was Du tust. Erkenne die Notwendigkeit des Schmerzes, den Du verarbeiten darfst und kannst. Gib Dir auch dafür, die nötige Zeit. Manchmal ist es besser, bewusst Abstand zu nehmen und ein Eis essen zu gehen, aber nur wenn Du es willst.
Es ist okay, nicht okay zu sein.

Erkenne die Chance!

Ich war da auch …, Alles stellt sich infrage und der Boden unter den Füßen löst sich in Luft auf, doch es ist der Beginn, einer Heldenreise zu Dir selbst. Das Problem ist da, um Lösungen zu finden, es zeigt Dir lediglich das Potenzial der Entwicklung! Es fordert Dich heraus, Schmerz und Veränderung anzunehmen und genauer hinzuschauen.

Vertraue auf Deine Intuition!

Frage Dich selbst: Macht es mein Leben besser? Wenn ja, mach es!

Kein-Kontakt! Lerne, Grenzen zu setzten!

Bis hierhin und keinen Schritt weiter! Sei Dir bewusst, dass Du eine Art Virus auf Deiner Festplatte hast, der sich nur vernichten lässt, wenn Du keinen Kontakt zum Wirt aufnimmst und ihn auch selbst nicht aktivierst. Halte den Kontaktabbruch ein, es ist der einzige Weg die Kontrolle zurückzugewinnen. Es ist Selbstschutz und gleichzeitig die gesündeste Lösung, für den Umgang mit Narzissten. Grenzen setzten!

Kalter Entzug!

Hände weg von der Herdplatte! Wärme, Essen, Ruhe und Schlaf musst Du Dir gönnen. Sei Dir bewusst: Chemische Reaktionen und Hormonschwankungen sind, nach der Trennung vom Narzissten, völlig normal. Der Narzisst war Deine Sucht, aber eben auch die Schattenseite, und wenn wir ehrlich sind, die gefühlte Hölle! Das Spiel mit den Hormonen wird unterbrochen und es fühlt sich dadurch, wie ein kalter Entzug an, es ist eben einer. Dieser Vorgang ist unheimlich wichtig, um einen erfolgreichen Realitäten-Check durchzuführen.

Realitäts-Check!

Dein Geist, Dein Herz und Deine Seele stehen in den Ecken des Zimmers und kommen kaum zusammen. Sie haben alle eine unterschiedliche Geschichte. Es ist also völlig normal, verwirrt zu sein. Hin und her zu wanken und vor dem Schmerz wegzulaufen zu wollen. Es ist aber auch wichtig sich selbst zu spiegeln, um so einen Realität-scheck machen zu können.

Male, schreibe, nimm Dich selbst auf, tanze Ausdruckstanz!

Alles was Deine Erfahrungen und Gedanken verbildlicht, hilft Dir zu erkennen, wo Du stehst und was Du noch verdrehst. Die Taktiken der Narzissten sind darauf ausgelegt, Dich zu vernebeln. Erst wenn sich dieser Nebel verzieht, ist es möglich, Deine eigene Wahrheit zu entdecken.

Nimm es nicht persönlich!

Die narzisstische Persönlichkeit hat mehrere Defizite, sie ist krank. Erkenne die Gefahr und warum Du das perfekte Match warst und nicht mehr sein willst.

Es geht nicht um die Schuldfrage!

Erkenne, dass die Gründe tiefer liegen als in nur einer Beziehung. Klar kann es prinzipiell, jedem Menschen passieren, an einen krankhaften Narzissten zu gelangen, doch bei den meisten zeichnet sich ein klares Muster ab. Diese sind ein eindeutiges Zeichen dafür, dass in der Kindheit bereits ein Missbrauch stattgefunden hat. Für schlechtes Verhalten gibt es, so oder so, keine Entschuldigung. Die Täter-Opfer-Frage lässt vielseitige Antworten zu.

Gehe neue Wege!

Bleib nicht stecken. Wenn Du merkst, dass Du es tust, unternimm etwas. Sortiere Unterlagen, putz die Ecken, die lange nicht geputzt wurden. Werde kreativ. Alleine einfaches Gehen bewirkt, Denkprozesse neu anzukurbeln, durch die gleichmäßige Rechtslinks-Aktivierung Deines Gehirns.

Hol Dir Kraft in der Natur!

Sie ist der größte Heiler, Lehrer und Meister.

Glaube an die universelle Kraft!

Was haben alle Heldengeschichten gemeinsam? In einer ausweglosen Situation bleibt ihnen nur der Glauben an eine höhere Macht. Du kannst sie Ingrid, universelles Bewusstsein oder heiliges Spaghetti Monster nennen, die Wirkung bleibt gleich. Manche nennen es Gottvertrauen andere die Magie des Lebens. Wie magisch Dein Leben wird, liegt bei Dir. Hier im Schutzgarten nenne ich es das Baddaboombaddabing!

Atme!

Die Erfahrung zeigt, dass sich bei Missbrauchsopfern eine regelrechte Kurzatmigkeit aufzeigt. Lerne bewusst zu atmen, wende Deine Konzentration auf den Atemfluss. Lerne in den Bauch, die Flanken und Lungen zu atmen und auszuatmen. Klingt komisch, aber Du wirst schnell merken, dass es da tatsächlich ein paar Defizite gibt. Dauerhafte Schnappatmung war gestern. Bewusste Atmung ist jetzt!

Suche Dir Unterstützung!

Es ist für jemand, ohne die Erfahrung in einer narzisstischen Beziehung gelebt zu haben, nur sehr schwer begreifbar, was mit Dir passiert. Eine posttraumatische Belastung erfahren auch nur circa 50 % der Menschen. Deshalb ist es wichtig, dass Du Dir Unterstützung von außen suchst, die Dir in Deiner Erholungsphase, genau dabei, weiterhelfen. Suche Dir empathische Vertraute, vielleicht jemand mit dem Du telefonieren kannst.

Du wirst schnell feststellen, wie wichtig gerade das Meiden bestimmter normaler Reaktionen auf Trennungen und zwischenmenschlicher Probleme so wichtig ist! Lass Dich nicht triggern! Therapeuten, Coachs und Selbsthilfegruppen, die sich speziell mit dem Thema Narzissmus, narzisstischer Missbrauch und Posttraumatischer Belastungsstörung befassen, sind bestens geeignet. Vertraue dabei auf Dein Bauchgefühl, nicht jeder Therapeut, Coach, Berater oder Gruppe, eignet sich zu jeder Zeit, Deine Intuition leitet Dich zu den richtigen Themen, zur richtigen Zeit.

Drei wirksame Methoden, bei aufkommenden Panikanfällen:

Methode 1. Klopftechnik

Klopfe Dir auf das Brustbein und sage Dir, dass Du jetzt sicher bist.

„Ich bin sicher, es ist nur eine Erinnerung!"

Methode 2. Bewusst sein/werden

Werde Dir selbst bewusst und finde Deine Mitte mit einem kleinen Spiel!

Beantworte fünf Mal, was Du siehst. Ich sehe … ich sehe … ich sehe … ich sehe … ich sehe …

Beantworte fünf Mal, was Du hörst. Ich höre …,usw.

Beantworte fünf Mal, was Du spürst. Ich spüre…, usw.

Doppelnennungen sind möglich.

Wiederhole die Gedankenverfolgung anschließend vier mal.

Dann dreimal, zwei Mal und am Ende

Ich sehe … ich höre … ich spüre…!
Du kannst diese Übung auch noch mit „ich schmecke"
und „ich rieche" erweitern.

Methode 3. Sinnesreize

Der Schnippsgummi am Handgelenk, Chili-Bonbons, Eis-
würfel lutschen … je abgefahrener der Sinneseindruck,
desto mehr holt er Euch aus dem Flashback. Achtung! Sicherheit geht hier vor. Selbstverletzendes Verhalten ist ein
Hinweis, sich mit einem Therapeuten auf die Suche nach
den Ursachen, zu begeben.

Auf der Schutzgartenseite im Internet findest Du auch
Links für Angehörige, unter anderem was bei narzisstischem Missbrauch und Trennung zu beachten ist und was
man besser meidet. Du findest sie auch da im SOS Bereich.

Zuletzt mein wichtigster Tipp:

Lege Dir Deinen eigenen mentalen Schutzgarten an!

Du hast überlebt, um viele neue Entdeckungen zu machen, wunderbare Menschen kennenzulernen und Dich
selbst. Nutze den Schutzgarten, lerne wie Selbstliebe,
Selbstachtung und Dein Selbstwert damit zusammenhängen. Ich freue mich, dazu im kommenden Buch: Dein Garten – Deine Grenzen, dem Schutzgarten-Ratgeber für Fortgeschrittene in und nach narzisstischer Gesellschaft, näher darauf einzugehen. Alles hat seine Zeit.

Weiterführende Literaturtipps und Linktipps

Graig Malkin – Der Narzisstentest
Hans Joachim Maaz – Die narzisstische Gesellschaft
Reinhard Haller – Die Macht der Kränkung

Pierre Stutz – Verwundet bin ich aufgehoben
Tatjana Reichhart – Das Selbstfürsorge Prinzip
Sarah J. Arnold – Ausmalbuch für wache Nachtstunden
Hideko Yamashita – Dan-Sha-Ri
Tala Mohajeri – Die Wildnis in Dir
Peter Levine – Trauma redet mit uns
Francis Shapiro – Frei werden von Vergangenheit
Franz Ruppert –
Wer bin ich in einer traumatisierten Gesellschaft
Rolf Sellin – Bis hierhin und nicht weiter

Isabelle Aga-Nazar – Dies ist mein Leben
Karyl Mc Pride – Werde ich jemals genug sein?
Susan Forward – Wenn Mütter nicht lieben
– Vergiftete Kindheit

Liv Larson – Wut, Schuld und Scham
Gerald Hüther – Würde

Rüdiger Schache – Der Herzmagnet
Gary Chapman – Die 5 Sprachen der Liebe
Amir Levine –
Warum wir uns immer in den Falschen verlieben

englische Bücher

Meredith Miller – The Journey: A Roadmap for Self-healing After Narcissistic Abuse
Barbara Withfield – From Survive to Thrive
Sandra L. Brown – Women Who Love Psychopaths
Ross Rosenberg – The Human Magnet Syndrom

wnaad.com
Die Webseite des jährlich zum 1. Juni stattfindenden inter-
nationalen Tag zur Aufklärung und Sensibilisierung über
narzisstischen Missbrauch –World Narcissistic Abuse A-
wareness Day.

Neuroinstinct.com
Die Webseite von Rhonda Freeman betrachtet Gewaltbe-
ziehung aus neuro-psychologischer Sicht heraus.

emdria.de
Fachverband für Anwender der psychotherapeutischen
Methode Eye Movement Desensitization and Reproces-
sing - EMDR

Und natürlich

schutzgarten.wordpress.de
sowie **manjakendler.de**

Printed in Poland
by Amazon Fulfillment
Poland Sp. z o.o., Wrocław

58948260R00181